李鸿章
全传

林浩波 著

华中科技大学出版社
http://www.hustp.com
中国·武汉

图书在版编目(CIP)数据

李鸿章全传/林浩波著. ---武汉：华中科技大学出版社，2017.2(2020.5 重印)

ISBN 978-7-5680-2334-4

Ⅰ.①李… Ⅱ.①林… Ⅲ.①李鸿章(1823-1901)-传记 Ⅳ.①K827=52

中国版本图书馆 CIP 数据核字(2016)第 264804 号

李鸿章全传
Lihongzhang Quanzhuan

林浩波 著

责任编辑：	康　艳　沈剑锋
封面设计：	刘红刚
责任校对：	张会军
责任监印：	张贵君
出版发行：	华中科技大学出版社（中国·武汉）　　电话：(027) 81321913
	武汉市东湖新技术开发区华工科技园　　邮编：430223
印　　刷：	天津中印联印务有限公司
开　　本：	710mm×1000mm　1/16
印　　张：	18
字　　数：	288 千字
版　　次：	2017 年 2 月第 1 版第 1 次印刷　　2020 年 5 月第 1 版第 5 次印刷
定　　价：	38.00 元

本书若有印装质量问题，请向出版社营销中心调换
全国免费服务热线：400-6679-118　竭诚为您服务
版权所有　侵权必究

【序】

一切消逝者只是一个象征

　　中国的晚清史，就是一部腐朽没落、残酷黑暗，无论皇族还是庶民都活得毫无尊严的屈辱史！

　　在晚清历史上，有那么一个人，其活动范围之广、行迹之远、影响之大、争论之多，都是绝无仅有的。在他去世后的一个世纪中，关于他的研究一直为学术界所重视，他的传记、年谱、回忆录数不胜数，关于他的论文亦层出不穷。不同的人按照自己对晚清历史的理解，对其功过是非作出评价时，都有一个无法绕过的词语——卖国贼。这个人就是李鸿章！

　　李鸿章（1823—1901），字渐甫，号少荃，安徽合肥东乡磨店人。身为清末重臣，他既是洋务运动的领袖，又是淮军创始人和北洋水师统帅，官至直隶总督兼北洋通商大臣，授文华殿大学士，与曾国藩、张之洞、左宗棠并称为"晚清中兴四大名臣"。纵观李鸿章的一生，尽管他建功立业众多，但是在封建皇权体制下，"惜英雄未造时势"，抱负未能实现，生前骂名起，身后亦不绝，这并不仅仅是李鸿章个人的悲哀。

　　作为封建士大夫和地主阶级的代表人物，李鸿章首先代表和维护的是封建统治阶级的利益，他一生最大的特点是"守困"，即忍辱负重、舍小保大、变弱为强——为了守住权位而建立功名，为了守住大清江山而不辞劳苦。他镇压太平天国运动、剿灭捻军时，毫无仁慈之心，杀人如麻，目的是维护清王朝的统治。他兴办洋务运动不遗余力，谋求国富，目的仍是维护清王朝的统治而不是民强，所以他兴办洋务运动的一系列措施并没有改变清王朝继续沉沦的命运，也没有让自己的苦劳变成功劳。

但李鸿章终究是一个开明的士大夫，在与各国的广泛通商中，他清醒地意识到清王朝的落后，极力倡导向西方学习以实现国家的自强，并身体力行，主持创办了江南织造总局、天津机器制造局、上海轮船招商局、开平矿务局，并设立了铁路局、电报局等一批近代军事工业和民用企业，客观上抵制了资本主义的经济侵略，刺激了民族资本主义的发展；他全力推动并筹办清王朝的海防，建立北洋水师，在一定程度上增强了清王朝的国防能力；他还主张派人出国留学，兴办新式学堂，培养了一批科技人才，引进了西方先进的生产技术，客观上促进了中国的近代化。李鸿章是个能臣，可惜他未能抵御住金钱的诱惑，借着兴办洋务大肆敛财，所以人皆称"宰相合肥天下瘦"。

而一个多世纪以来，对李鸿章非议最多的是他对内残酷压制爱国军民的反侵略热情，对外则极力妥协，无论战争胜败，所签条约均丧权辱国。作为清王朝代表，他与列强签订的不平等条约包括：1876年9月《中英烟台条约》；1884年5月《中法会议简明条约》；

1885年4月《中日天津会议专条》，6月《中法新约》；1895年4月中日《马关条约》，11月《中日辽南条约》；1896年6月中俄《御敌互相援助条约》；1898年3月中德《胶澳租借条约》，6月中英《展拓香港界址专条》；1901年9月《辛丑条约》等。这一系列不平等条约，给中华民族带来了深重的灾难。

今天我们评述历史人物，当遵循实事求是的原则，将历史人物放在特定的时代背景下，从阶级立场和历史发展的角度全面分析，切忌以偏概全。

李鸿章生逢清王朝最黑暗、最动荡的年代，他的每一次"出场"，无不是在国家存亡危急之时，所要承担的无不是"人情所最难堪"之事。尽管他竭尽全力在万难之中为清王朝争得一分之利，但在弱肉强食、强盗横行、弱国无外交的国际大环境中，作为一个弱国的外交大臣，他又如何能够取得平等的发言权？丧权辱国的背后暴露出清王朝的腐败、昏庸，这是一个落后民族的悲哀。歌德有诗云："一切消逝者，只是一象征。"当李鸿章走完自己的人生历程，被史家写进历史时，其个人形象被定格为一个误国者并与慈禧太后联系在一起。

但是，李鸿章作为一个有思想、有血肉的人，其性格是复杂的、多面的、充满矛盾的。处在"三千年未有之变局"中的李鸿章，既温文尔雅，又奸诈诡谲；既争强好胜、妒贤嫉能，又坚忍宽容、气宇轩昂；既韬晦善谋，又锋芒毕露；既因势利导，又不识时务；既开放鼎新，又故步自封；既宽厚贤良，又凶狠残暴；既傲慢清高、藐视洋人，又忠诚仗义，对主子奴颜婢膝……

　　本书秉笔直书，对李鸿章一生的经历进行了细致生动的描述，读者从中可以看到一位"万里长江作浴盆"的懵懂少年，如何一步步跻身封疆大吏的行列；看到他在并非一帆风顺的个人经历里，如何击楫中流，投笔从戎，甚至在戎马倥偬中横槊赋诗，对酒当歌。当我们了解了李氏发迹的过程，也就看到了淮军子弟的历史功勋，理解了困囿于历史现实的无可奈何，倾听到与世浮沉、无处诉说的辛酸苦楚，亦听到一个为民族的强盛而呕心沥血、在莫大的屈辱中为国争利的老臣的残喘声……

　　李鸿章是一个活生生的人，只有从多个角度全面认识这个人，才能对其功过是非有一个更接近事实的、更恰当的评说。

目 录
Contents

第一章　簪花扬声一少年　奇才欲试万言诗 ………… 1

一、斑驳"熊砖井"　清冽润后人 ………………………… 1

二、大脚麻姑女　教子领风骚 …………………………… 5

三、少年逞英豪　刚猛露霸气 …………………………… 9

四、意气百尺楼　入都欲封侯 …………………………… 13

第二章　四海无家苦飘零　袖携淮河新诗卷 ………… 17

一、翰林护乡切　离京办团练 …………………………… 17

二、抛荒浩劫中　牛马走风尘 …………………………… 24

三、投身曾幕府　格局更精进 …………………………… 29

四、临危挑大梁　受命组淮军 …………………………… 40

第三章　翰林巡抚配淑女　鲲鹏展翅冲云霄 …… 50

　　一、出师战上海　淮军扬声威 …… 50
　　二、师西夷兵器　整规范清军 …… 57
　　三、施痞子手段　揽军政大权 …… 65
　　四、非将才不嫁　须嫦娥方娶 …… 71
　　五、杀降惹风波　反手制洋人 …… 75

第四章　巧取功名争荣宠　徇私枉法无曲直 …… 84

　　一、首功巧相让　声名更鼎盛 …… 84
　　二、受命任钦差　挂帅剿捻军 …… 91
　　三、徇私走后门　枉法蔽权臣 …… 105

第五章　能文能武能通达　谦逊博览谋大事 …… 114

　　一、内政与外文　周旋藏机宜 …… 114
　　二、广纳中外才　放眼看世界 …… 124
　　三、恩师乘鹤去　孤胆扶摇升 …… 131

第六章　师夷长技以制夷　试倚奇局建伟业 …… 138

　　一、图天下之变　发展制造业 …… 138

二、痴迷新兵器　巨资购军舰 …………………… 145

三、取官商督办　大兴民用业 …………………… 152

四、反思旧教育　培养留学生 …………………… 160

第七章　内政外交决策误　舰炮闲置战必败 ……… 168

一、怀揣兴国志　缔造海军梦 …………………… 168

二、辖北洋水师　享七十大寿 …………………… 175

三、退让埋祸端　战败失属国 …………………… 179

四、甲午风云起　战舰覆没悲 …………………… 181

五、朝臣互制掣　战败谁之过 …………………… 189

第八章　丧权辱国遭罢黜　特使出访欧美国 ……… 203

一、忍辱求议和　马关续国耻 …………………… 203

二、中俄签密约　神州纷割地 …………………… 211

三、中欧礼遇隆　其意甚欣然 …………………… 219

四、誓以己所知　补一国之缺 …………………… 227

五、喜获千金杖　随性美国行 …………………… 233

第九章　秋风宝剑孤臣泪　落日旌旗吊国难 ……… 241

一、弱国无外交　咒骂无绝期 …………………… 241

二、情牵新变法　无奈当看客 ………………………… 248

三、巡黄河无果　"友帮"起祸端 ………………………… 255

四、车马未离鞍　忧国一死难 ………………………… 265

附录　李鸿章年表 ………………………………………… 275

第一章　簪花扬声一少年　奇才欲试万言诗

一、斑驳"熊砖井"　清洌润后人

旧时，人们常以籍贯作为某名人的代称，比如"宰相合肥天下瘦，司农常熟世间荒"就分别影射李鸿章与翁同龢两位晚清大员的籍贯与人品。人称"中堂大人"的李鸿章为"李合肥"，顾名思义，李鸿章是安徽合肥人。庐州府合肥县以东30里的磨店（今安徽合肥市瑶海区磨店乡群治村祠堂郢）便是李鸿章的出生地。因为这里出了个李鸿章，原本默默无闻的磨店名扬四海。

在磨店祠堂郢村西有一口非常著名的古井，井水长年涌动、甘甜清澈，四周村民都到这里来汲水。据说，开凿者是明朝一位姓熊的侍郎，所以这口古井又叫"熊砖井"。为什么人们会把李家的兴盛与"熊砖井"联系在一起呢？这还得从李氏家世谈起。

"熊砖井"附近曾住着一户人家，主人是一个名叫李心庄的农民，虽然他家境清贫但十分勤劳，过着日出而作、日落而息的平淡生活。明末的某一年，李心庄的一个远方姻亲许迎溪（又名许光照）因躲避战乱，从江西湖口迁来合肥定居。合肥县位于长江、淮河之间，在巢湖北岸的巢芜盆地，土地广沃，沟渠纵横，旱涝保收。从此，许迎溪过上安定自在的日子。许、李两家相距不远，既是姻亲又是好友，往来十分密切。李心庄膝下无子，于是请求收养好友次子稹所（因避雍正帝名讳改为慎所）为嗣，许迎溪慨然应允。之后，许慎所便改为李姓。

李家从李慎所这一代开始，一直居住在熊砖井旁边，经过几代繁衍，李家人丁渐旺。至清朝乾隆年间，李家家境已较为殷实，积攒了200多亩土地，李慎所的五代孙李椿成为一乡的小地主，但因家族人口多，人均占有土地并不算太多。

不过，李家世代无人做官，缺少政治靠山，有钱没势，因而在村里常常遭到恶劣官绅的欺压盘剥。所幸李椿口才不错，又稍通文墨，据理力争之后才保住李家的家产和田地。通过这件事，李椿悟出一个道理："力田习武"只能养自身，志大则可养千口，要想光宗耀祖、出人头地，晋身仕途才是最根本的途径。于是，李椿把"劝子读书、文章经国"当作家训，将李家的希望寄托在长子李殿华的身上。

李殿华（字庆庵）谨遵父命，一度热衷于功名仕途，但他累年苦读，学业却没有多大长进。在两次参加省里的乡试举人考试不中后，他觉得自己无缘仕途，于是彻底放弃考取功名的念头，甚至发誓一辈子不再进城，回到乡村领着子孙一边种地一边教他们读书。此后，他果然近50年没有再进城一步。直到去世，他仍是一个囿于耕织的小农。

当然，每天看着子孙读书倒也其乐融融。由于李氏宗族人口越来越多，仅凭祖上留下来的土地和家产，已显得家大业小，无法支撑大家族式的生活，所以后来就分家而居。李殿华平素已养成随遇而安、与世无争的品性，在分家一事上，他作为长子，十分谦让大度，因此分得的土地财产最少，负担很重。而他花钱向来大方，又因治病花掉不少银两，在外边欠下不少债务，常有人上门讨债，每到年终的时候，络绎不绝的债主让李殿华十分难堪。他是个很讲体面的人，对债务不躲不避，但一时确实难以偿还，只得跟债主们说尽好话，求他们宽限几日，幸亏债主们大都通情达理，好言好语也就应付过去了。但这终究不是长久之计，几天后要债的人又来登门，李殿华脸上挂不住，只能去一些家境还不错的亲戚好友家讨借，想着他们不会定归还的期限，待日后慢慢偿还。但亲友们也渐渐开始感到厌烦，有的干脆不再与之往来，见了李殿华唯恐避之不及，担心他再来借钱。当时有一位叫周菊初的姑舅亲，为人厚道，心地善良，愿意帮助李殿华一家，同时劝告他要勤俭，再困难也不要忘了家训，尽力供儿孙上学读书。

李殿华十分感念周菊初出手相助，对于他的一番劝告也深明其理。基于自己年轻时科举失败的教训，他把希望寄托到下一代身上，十分重视对几个儿子的培养，严格督促他们读书，期望他们能够出人头地、光宗耀祖。也许皇天不负苦心人，李家数代人的努力最后会换来一个满意的结果。

李殿华一共生有四个儿子，依次为文煜、文瑜、文球、文安。长子李文煜博学能文，但因家境贫寒上不起学堂，只能趴在窗户外边听课。他苦学不辍，成年之后开始收徒，教他们学知识，为日后李氏宗族的崛起起到带头作用。喜好吟诗作赋的他后来著有《晴岚文集》二十余卷。次子李文瑜和三子李文球也都是极有才华的人。最小的儿子李文安，本名文玕，字式和，号玉泉，别号愚荃，生于嘉庆七年（1802年）。他也跟几个兄长一样，读书十分用功。

李文安小时候不仅没有过人的天资，相反还有点笨，"资性中下"，性格比较内向，又体弱多病，一般的孩子4岁就开始启蒙了，而他到8岁才读书。到了13岁，已经有同龄人考上秀才了，他才读完"四书"和《诗经》，但他没有放弃，仍坚持苦读。李殿华自知这个儿子天生笨拙，于是"时亲督课，每作文脱稿，必先阅，指其瑕疵"，"或为讲书史懿训，或为述失曾祖暨先祖盛德"。尽管如此，李文安还是跟不上其他人的学习进度。李殿华为此忧心如焚，由于自己的身体不是很好，无奈之下只能让李文安回家一边学习料理家务，一边跟着大哥李文煜读书。

李文煜严格、用心地教授和督导幼弟，每年从正月初三开学，直至年终除夕仅停课三日。李文安也自知资质不高，只有勤奋学习，才能有所长进，因而时常激励自己，专心攻读。除了跟兄长一起读书外，他还先后跟随几位老师学习，包括童培山、汪子庄以及名噪一时的庐阳书院的山长杨静闲先生。

李文安的科举之路开始并不顺利，考中秀才之后就再无进展。20岁时，他开馆授徒，一边农耕，一边教习。教学相长，他的学识不断精进，加上屡试不第的经验使他较为系统地总结出一些适应科举考试的技巧，终于乡试中举。之后，他又接连几次进京参加会试，有志者事竟成，道光十八年（1838年），37岁的李文安考中道光戊戌纽福保榜进士第112名，殿试三甲，与曾国藩同年，朝考后被录用为刑部主事。大器晚成的李文安就此成为李家晋身仕途的第一人，并由此改变了李家日后的命运。

李家有好几代人生时依井而居，死后绕井而葬。从李氏先祖李慎所到七世祖李文安，他们中有的人在外闯荡若干年后，到了叶落归根的时候又回到这里。有些人即使活着的时候不住在井边，但死后也葬到了井边。因此，当地人得出一个结论："熊砖井"是一口很有水平的井，村子里不少人都是因为饮此井之水后走向了新天地。李鸿章一家也喝这井里的水，后来一路发迹荣升、家道中兴。

几百年来，井绳在这口古井中上上下下负重运作，在井边上勒出好几道深深的豁口。曾经有一位官员为求庇佑，从井栏上敲下石头，回去刻作官印，所以"熊砖井"有一处豁口特别大，远远望去就像一张缺了牙齿的嘴巴，犹豫着是否要说出那些不可告人的秘密。

19世纪末，李氏聚族而居，在磨店附近有一座规模宏大的宅院，被当地人称作"李府半条街"。李氏家庙位于磨店乡祠堂郢村东，占地约1公顷，系李家祭祀祖先和炫耀门庭的场所，整个建筑雕梁画栋，气势恢宏，正门上方悬挂着一块清朝道光皇帝手书的"李氏家庙"匾额。家庙旁有棵望春树，院内有蜡梅数株，寒冬腊月，梅香四溢，风景雅致。

李家的发迹与"熊砖井"到底有多大的关系，没有人能说得清楚，但是，李氏耕读传家的传统对李氏家族的兴旺发达起了极为重要的作用，这点是毫无疑问的。

二、大脚麻姑女　教子领风骚

李家的发迹除了因李文安"以科甲奋起,遂为庐郡望族"外,还有一个人功不可没,她就是李文安的"大脚媳妇"李氏。

说起这个女人,真是充满了传奇色彩。据说她是合肥处士李腾霄的女儿,后来被遗弃。那年李殿华设馆开学不久,教学之余,常在村边散步。有一天,他在路边发现一个小女孩躺在地上,额头发烫。他不由得心生怜悯,于是将她抱回家医治。女孩得了天花,所幸救治及时,几天后病就好了,只是脸上留下稀稀落落的白麻点。这对女孩来说是个无法弥补的缺陷,好在女孩的容貌不算难看。她无家可归,而李殿华恰好没有女儿,便收养了她。当时李文安七八岁,刚入学堂,很喜欢这个"外来妹"。心慈面善的他见不得人家受苦,因此常常暗中帮助她。

在封建社会,女孩不能入学,也不用取学名,大家就叫她麻姑,她对这个称呼也不置可否。她天生勤快,六七岁就帮李家做各种家务,到了十一二岁开始干农活。那个年代,大家闺秀自小就要裹脚,并以此为美。李氏因为要干活,又没人督促她裹小脚,便长成一双男子汉一样的大脚。麻脸加上一双粗糙的大脚,她显得更丑了。李氏自己倒不以为意,反而"豁出去"了,什么活都干,整天跑进跑出,常常受到村民的讥笑。

李殿华眼看养女渐渐长大,想给她寻一门亲事。可是以李氏的模样,哪个好人家的公子愿意娶她?李殿华有了这件心事,便对她日益关注起来。一天,他看见李氏挑着一担水走在跳板上,将跳板都压弯了。这位塾师凭借多年生活经验判断,这姑娘"身板重",胯宽,有福气,会生养。他希望自己的哪个儿子能娶她,于是就有意设计观察他们的表现。进入寒冬后某日大雪,李殿华故意没有给姑娘加被子,让她睡在灶门边的柴草铺上。第二天清晨,他发现李氏的铺上多了件棉衣,便叫来四个儿子，责问是谁给的。李文安承认说："夜晚从书房回来，经过灶房，见姑娘没有被子，冷得蜷缩在草窝里，于心不忍，便脱下棉衣给姑娘御寒，并无他意。"李殿华知道他对李氏有情，但仍佯作恼怒，拍着桌子喝道："这还了得，瓜田李下，败我家风事小，毁了姑娘名节事大，事已至此，你非娶她不可！"李文安原本就对李氏有意，现在又得父命，便娶了这位大脚麻姑为妻。

李殿华果然慧眼独具，这大脚媳妇为李家撑起了一片天，家里家外、待人接物，有礼有节，事事办得井井有条。李文安什么事都不用操心，一心只读圣贤书，唯一一件大事就是备考，先是乡试中举，后又考中进士，终于成功步入仕途。

李文安为官忠厚正直，尽心职事，是一位躬行的君子。他在刑部任职时，明典治狱，政声卓著。按照惯例，囚犯每人每餐只能分到一勺米饭，往往吃不饱。为避免囚犯长期忍饥挨饿，李文安管理分发饭食时，将每勺都盛得特别满。犯人的饭菜不够卫生，难以下咽，为此他经常亲自检查伙食，认真尝一遍犯人的饭食，又自己捐米熬粥，提供给那些过了吃饭时间才收押的犯人。监狱里瘟疫容易流行，他恳切作愿文向神祈祷保佑犯人平安，平时预备药材供疫病流行的季节救急使用。夏天他自己花钱捐蒲扇，每到秋天各司捐棉衣，他又在每所添加12条棉被，供发汗养病的犯人使用。那年头连无辜的老百姓都没人关心，谁还去关心那些狱囚呢！所以，李文安的所作所为特别令人动容。一些正直的同事看在眼里，纷纷写诗赞颂李文安的德行，比如《咏李玉泉先生为提牢诗》中这样写道：

一汤一饭浅深量，是否堪餐每自尝。甘苦可推军十万，狱中留得姓名香。晚饭散过号腹来，双眸炯炯不胜哀。狱中幸有推恩米，例自先生到此开。棘墙深闭见天遥，溽暑熏蒸未易消。赖有仁风吹隔座，蒲葵五万共招摇。托钵沿门醵俸钱，秋深检点补黄棉。先生更给病囚被，寒到囹扉不耸肩。

李文安声名如此好，也与李氏的持家有道分不开。李氏成为"官太太"后，依然简朴勤劳，"尺布寸缕，拮据经营"。不仅如此，她还是李家人丁兴旺的功臣，先后为李文安生育了六儿二女。这六个儿子依次为李瀚章、李鸿章、李鹤章、李蕴章、李凤章、李昭庆。

人丁逐渐兴旺的同时，生计窘迫的李文安对此大感苦恼，写诗发牢骚："难得多累怨丁添，烦碎高堂问米盐。"李氏听了把眼一瞪："我教孩子发奋读书，长大后都能成为栋梁之材，还怕什么贫穷？"她是一位品行好又有智慧的"福人"。每当丈夫和儿辈升迁，别人都是喜笑颜开，她却不露喜色，反而沉静地劝告他们时时以盈满为戒。后来，李瀚章官至两湖总督，李鸿章为直隶总督，权倾朝野，但在李氏眼里他们仍是当年寒窗苦读的稚子。

咸丰二年（1852 年），太平军攻占安庆，两淮陷入动荡。李文安在乡倡办团会，并积谷备荒。咸丰五年（1855 年），李文安奉命在合肥、巢县设立清湖、保卫两局。因严寒奔驰，积劳成疾，55 岁便不幸病逝。留下孀居的李氏一个人养育八个子女，尝尽人间辛酸后，她终于把他们抚育成人并取得功名。李氏比丈夫多活了二十几年，后半生享尽荣华富贵。

李瀚章任江西布政使时，李氏原本跟着他住在南昌。李鸿章升协办大学士，授湖广总督后，开府建牙，起居八座，享用自非藩司可比，于是兄弟二人商量，将老母亲接到武昌，由李鸿章负责奉养。于是，李瀚章亲自护送，前呼后拥，安车蒲轮，先将李氏送到九江。轮船招商局汉口分局专门派了一艘布置十分精致舒适的汽船，在九江等候，待李老太太上了船，一路舒适妥帖地送到了武昌。李鸿章亲率满城文武到码头跪接老母，场面十分隆重。

汽船靠岸，搭起跳板，一位精神矍铄的老太太从船舱中现身，手持一根旱烟袋，翡翠烟嘴还叼在嘴里。丫鬟想上前搀扶，李老太太缓缓喷出一口烟，挥挥烟袋，丫鬟只得后退。在众目睽睽之下，只见李老太太迈开腿,三步并作两步,"腾、腾、腾"就走过跳板,上了岸。码头上响起一片交头接耳之声。

李老太太坐进八抬绿色呢绒大轿,轿起,扶着轿杠的李鸿章一低头,看到母亲的一双大脚有一大半露在轿帘外面。他心里有些不自在,于是悄悄扯了扯轿帘,想要遮住母亲的大脚,并低声说了句:"娘,你把脚往回收一收。"李母闻言大怒,一抬脚踢开轿帘,当街训斥道:"不孝的东西,你父亲不嫌我脚大,你还嫌我不成?"于是喝令"回轿",吓得李鸿章叩头赔罪不迭。

一旁听候的藩司、臬司,武昌府、县,总督府的幕僚,还有一众轿夫,都听见了母子对话,大伙憋足了气才没有笑出声来。李氏来到武昌后,日子久了,周围人也觉得那大脚不再神秘可笑,竟然还有许多女人尝试不裹脚,以大脚为乐,几成一种风气,李氏可谓"独领风骚"。

后来,李鸿章升任中堂,李瀚章接任湖广总督,李氏也不需要"挪窝",走了一个总督是她的儿子,再来一个总督还是她的儿子。乡间邻里口耳相传:"李家是总督换防,老太太不换防。"言语之间充满了羡慕之情。

李氏后半生不仅享受了一般官僚家庭的荣华富贵,还屡受皇恩。慈禧太后40岁寿诞时,恰逢李氏75岁生日,同治皇帝特颁《褒赏谕旨》予以赏赐。光绪五年(1879年),李氏庆祝80大寿,收到的钦赐的御匾,上书"松筠益寿"四字,并有玉如意等赏赐。古文大师俞樾作寿联祝贺:

起居八座,亦多寿,亦多男,先百花生日,祝慈荫长春,凤舞鸾歌,遍浙江东西、洞庭南北

文昌六星,有上将,有上相,以万石家风,佐熙朝景运,金昆玉友,比荀龙少二、贾虎增三

光绪八年(1882年),李氏身体久病不愈。同年4月19日,光绪

帝下谕旨，赏李鸿章一个月假期去湖北武昌探望，并赐其母人参8两，以资调理。不料，李氏在圣旨下达当日就去世了，光绪帝又追加一道谕旨，准许李鸿章扶母灵柩回籍安葬，沿途地方官，妥为照料。一日两旨，足见皇恩浩荡。

第二年，李鸿章送母灵柩回故土磨店，一路上各地官员以最隆重的礼仪迎送。李氏去世后二十年间，朝廷三次给她追封名号，由一品夫人直至一品侯夫人，成为民间"母以子贵"的典范。

三、少年逞英豪　刚猛露霸气

名人的家世往往被后人演绎得颇具传奇色彩，而名人的降世也多被附会异象。道光三年（1823年）正月初五，这一天是民间迎接财神的日子。淮河两岸的乡村，沉浸在浓郁的过年喜庆气氛中。事实上，迎接仪式在前一天就做过了，初五只是等着五路财神光临，在财神光临之前，四处鞭炮声不断，而初六又有"菩萨踩水"的活动，各家都已备好祭神用的香纸、供品、鞭炮，十分热闹。

这天清晨，李家诞下了一个男婴，他就是李鸿章。事先既没有梦熊之兆，降生时也没有异香满室，伴随他而来的只有漫天呼啸的北风，还有迎接财神的鞭炮声。迎财神之日又添丁，给这个家庭带来了新的欢乐。这个孩子是不是与财神一起光临的呢？这多少让人浮想联翩。

第二天，人们忙着参加"菩萨踩水"活动，还没来得及用金银花水给这个新生婴儿洗身，远处就传来鞭炮声、欢呼声、锣鼓声，由远而近，如同山洪暴发一样，在村子里四下蔓延、奔腾高涨。老的们（合肥方言中对成年男子的称呼）把平日供奉在庙里的龙王、菩萨抬出来，沿着河坡堤岸奔走，一边走一边大声吆喝；村民们扶老携幼，簇拥而行；最后，人们根据菩萨停下来的地方，判断这年是旱是涝，水位高就涝，水位低就旱。这天风很大，合肥人把这种天气叫作"六风子"，正月初六刮风，预示一年四季都有风。

李鸿章似乎被外面嘈杂的喧闹声吓着了，放声大哭起来，家人这才将关注的目光投向他。除了个头稍大一点，这个孩子的降生没有任何异象。但后来有人传言，李氏产前在田里干活的时候，被乌龟咬了一口，使得她分娩比预产期晚了近一个月——而她这个在卯时出生的儿子，自然是个贵（龟）子。

不管有何说法，李鸿章都健康成长着。"文章经国"是李氏家训，李文安对这个与财神一同降临的儿子尤其看重，在他三四岁时便专门修书屋让他与兄长一起读书，寄望他"学而优则仕"，将来能光大李家门楣。

李文安曾记录下旧居棣华书屋的环境，"门临方塘，水光照屋，菊花三径，杨柳数株"，隔着柳荫塘望去，有一片稻田，是李氏耕作过的"麻大田"。面南而望，则是垂柳依依、碧波微漾的柳荫塘。棣华书屋和沧浪亭紧靠塘边，构成一幅淡雅的水墨画，别有一番景致。这里是李鸿章少年时嬉戏、凫水及与兄弟们一起读书、休息的地方。在这个地方发生了李鸿章的不少童年趣事。

李鸿章天资聪颖，头脑灵活，才思敏捷。道光八年（1828年），6岁的李鸿章正式开始在父亲开设的家馆中学习。酷夏之时，他经常一个人到棣华书屋读书，而那方水塘也几乎成了他每天光顾的地方。

有一次，正值炎热的三伏天，他和几个小朋友在池塘边玩耍，恰巧私塾先生周菊初也来到池塘边，他浑身大汗淋漓，见池塘里的水清澈见底，就脱了衣服下去洗澡。周先生把衣服挂在树枝上，口里喃喃地说："千年古树为衣架。"李鸿章见先生正在捧水洗身子，触景生情，随口应道："万里长江作浴池。"周先生见这孩子出口不凡，心里很喜欢，想教他读书。后来一打听，这孩子原来是自己的好友李殿华之孙，便主动找上门与李文安协商，准备收下这个学生。李文安望子成龙心切，也有心聘请这位当地名儒教授李瀚章和李鸿章念书。周先生在李文安面前夸奖说，李鸿章聪颖过人，很有文采，将来必成大器。于是，李文安把李瀚章和李鸿章一起叫到自己的书房考试。李文安指着摆在书案上的账本，随口说出上联"年用数百金，支付不易"，李鸿章脱口而出"花开千万朵，色彩无穷"，站在一旁的李瀚章苦思冥想了好一会儿，最后还是没有对出。李文安再联想到李鸿章与财神一起降生，觉得周先生的话或许可信，于是决定给他改名，让李鸿章随同李瀚章一起接受启蒙教育。

李鸿章原本叫李章桐，李文安给他改名"鸿章"，希望他"鸿图大展，文章经国"。李鸿章果然没有辜负父亲的厚望，聪明好学的他9岁时已念完了"四书"。周先生十分喜欢他，外出时经常带着他。他不仅灵透、聪颖、开朗、诙谐，也喜权力、爱面子、重义气、狡猾、精明、志向远大。在《南亭笔记》里，李伯元记载李鸿章"未达时尝与人言志"，宏愿是"吾愿得玻璃大厅七间，明窗四启，治事其中"。从前玻璃是昂贵的进口奢侈品，大厅面阔七间，也是王侯将相的宅邸规格，一个乡间布衣竟有如此抱负，李伯元对此评论道："其胸襟实有过人处。"

跟随周先生读书的两三年间，李鸿章不仅学识大有长进，个头也长得飞快，偶尔也很顽皮。一天，李文安约同村的王先生一同来考儿子，一进门就看见李鸿章正与几个孩子把桌子垒叠起来，上面放着靠背椅，李鸿章端坐中央，以将相口吻发号施令，突见先生和父亲来到，他战栗着不敢下来。王先生说："不要怕，我出一上联与你，若对成了则不罚你。"说完即说出上联"三下下到地"，李鸿章应声答道"一飞飞上天"。王先生笑着将他扶下来。李文安喜形于色，这孩子每次对对子不仅对仗工整、文采华丽，更在气魄上远远超过他的哥哥李瀚章。男子汉的豪气和霸气蕴藏在这个小小少年的胸中。

李鸿章从小爱放风筝，大约11岁时，他跟哥哥李瀚章、弟弟李鹤章经常在一起放风筝。有一次，哥仨又去放风筝，眼看风筝飞得老高，李鸿章正高兴地拍手叫好，不知从哪儿刮来一股邪风，风筝一个"倒栽葱"扎到旁边的池塘里去了。李鸿章过去找，没想到池塘中间倒了一棵树，风筝挂在枯树枝上，他拽了半天拽不下来，"扑通"一声掉进池塘里。站在旁边的兄弟吓坏了，赶紧跑到有人的地方呼救。远处正好有几个农夫干活,听到呼救声匆忙跑过来,跳下池塘,七手八脚地把李鸿章救了起来。这时,他的父母也赶来了,李氏搂着儿子哭诉:你不会凫水,为什么要往池塘里跳呀。没想到救李鸿章的农人对他父母说:"这孩子会点水,我们救他的时候,他一直仰着脸漂在水面,他要是不会凫水,早沉到塘底去了。"

事后,家人心有余悸地询问原委。李鸿章说,他常常在塘边、湖边听那些渔民教自己的孩子游泳,而且他还听到一句话说"淹死折腾的,活命老实的",他就牢牢记住了。所以,掉进水里后他索性往后一仰,四仰八叉地浮着,捡回一条小命。

李鸿章不但顽皮,而且争强好胜。他先后拜过三位老师,专心攻读经史,为后来科考打下了扎实的基础。与此同时,少年的乡野生活也给他的成长积累了非常好的"草根"经验。

据说李家养过一缸漂亮的金鱼,全家人都很喜欢。某日,李文安与家人闲聊时谈道,今年金鱼产籽多,家中孩子和馆中学生进学考取秀才的也应该多,并掰着指头数,某人可以进学,长子李瀚章也可以进学。不料,第二天一缸金鱼全部死光了,追查一番,竟是李鸿章干的。李文安问他:"为什么要弄死一缸鱼?"李鸿章答:"这么多人可以进学,唯独我不能进,此鱼不可留。"李文安摇头叹道:"你才11岁,怎么进学呢?"这事反映出少年李鸿章的好胜心和毒辣手段,用合肥话说,他从小就是个"狠人",带有很浓的痞气。

李文安并没有因为这件事过分责备李鸿章,反而在心里更加喜欢他了。事后,李文安着意培养李鸿章,希望他尽早考取功名。道光十五年至十八年(1835—1838年),李文安连续三年赴京会试,无暇授徒,李鸿章便拜堂伯父李仿仙为师,另外还向合肥名士徐子苓学习。由于具有超人的天资,加上良师督导,他在义理、经济之学和制艺技巧方面进步最快。道光二十年(1840年),李鸿章考中秀才,岁试时曾被滋园学使拔取第一。

四、意气百尺楼　入都欲封侯

考中秀才时，李鸿章已经长得身材高大、一表人才，精悍之色露于眉宇，而且志向高远，眼光也极敏锐。他写得一手好文章，早期主要作品是诗和赋，内容多反映友情和亲情，词句优美华丽，风格雄健，是"一种不受任何迂腐思想干扰、技巧臻于完美的得心应手的大手笔"。

道光二十二年（1842年），李鸿章年满20岁，回首少年往事，展望未来，他诗兴顿起，撰写了《二十自述》，是一组七言律诗，其中第一首写道：

蹉跎往事付东流，弹指光阴二十秋。
青眼时邀名士赏，赤心聊为故人酬。
胸中自命真千古，世外浮沉只一鸥。
久愧蓬莱仙岛客，簪花多在少年头。

从这首诗的字里行间，可以一窥他冀望少年得志、扶摇直上的自我期许。如同他的曾外孙女张爱玲的名言"出名要趁早"一样，这种少年扬声的志向在这个家族的血液中流传。从此，李鸿章展开了他的羽翼，飞向他所仰慕的高空。

经过数年的寒窗苦读，道光二十三年（1843年），李鸿章终于在庐州府学被选为国子监学习的优贡生。时任刑部主事的父亲李文安从北京来函，叫李鸿章去京城，准备来年的顺天府乡试。收到父亲的来信后，李鸿章兴奋异常，他知道自己以学进仕、报效朝廷、施展抱负的机会终于来了。进京之前，他又赋诗一首，表达自己的志向：

丈夫事业正当时，一误流光悔后迟。
壮志不消三尺剑，奇才欲试万言诗。

闻鸡不觉身先舞,对镜方知颊有髭。
昔日儿童今弱冠,浮生碌碌竟何为?

李鸿章第一次离开故乡祠堂郢村,内心既欣喜、紧张,又不舍、难过。母亲帮他打点行装,亲朋挚友馈赠钱行,离思深情,悠然不尽。他告别"庐阳八景"之一"淮浦春融",沿途泛舟策马,观赏波光草色,顿觉心旷神怡,才思泉涌。从离家到进入京城,途中他一共写下十首《入都》诗,其中第一首最显其大丈夫气概:

丈夫只手把吴钩,意气高于百尺楼。
一万年来谁著史,三千里外欲封侯。
定须捷足随途骥,哪有闲情逐野鸥。
笑指卢沟桥畔月,几人从此到瀛洲。

《入都》组诗展现了刚刚21岁的李鸿章的心态:一是自信和孤芳自赏,他那意气风发、汪洋恣肆的文采以及举重若轻、气定神闲的风姿在诗中得到淋漓尽致的展示,在总体上显示出其相当高的才华;二是对于未来和功名的热望,"一万年来谁著史,三千里外欲封侯"。尤其是"三千里外欲封侯"(后改为"八千里外觅诸侯")一句,足显其大志。

追求功名是大多数读书人的心声,封侯拜相是他们追求的最高目标。而《入都》组诗是李鸿章对功名利禄的追求,对结交名士、封侯拜相愿望的直白表达。这也难怪李鸿章的这组诗后来被人们广为传诵。曾国藩曾对李鸿章有一句语意谐谑的评价:"只顾拼命做官。"这句话可谓一语中的,李鸿章的确是一个野心勃勃、对功名异常执着的人。

自清朝以来,汉人书生很少有封侯的。而在晚清几十年的时间里,曾国藩、李鸿章、左宗棠均以事功被朝廷倚重并封侯。他们不是食禄无为的万户侯,而是威镇四方的封疆大吏,各自的子孙也大多能承续遗志,继续有所作为。除了怀有不臣之心的枭雄之外,中国古代的士子们最大的理想就是封侯拜相、封妻荫子，这几位汉族官员做到了，当然背后异常艰难。

或许李鸿章自己也没有意识到，在《入都》组诗中还暗含着强烈的宿命意味。其中的一些诗句，出人意料地与他的人生轨迹和结局相吻合，尤其是第四首的前两联："回头往事竟成尘，我是东西南北身。白下沉酣三度梦，青山沦落十年人。"这样的诗，哪像是一个21岁的青年所写？倘若把此句与李鸿章五十多年后所写的临终诗的颔联"三百年来伤国步，八千里外吊民残"之句略作比较，表达的情绪和意境是多么相近。难道这仅仅是数十年后的巧合吗？

李鸿章从棣华书屋起步，在那里完成了人生第一阶段的学习，然后从乡间一步步走向遥远的北京。他在满天霜华的季节到达地处华北平原的蓟门，再转往京城。抵京之初，他虽惊叹于京城车水马龙、商铺林立的繁华气派，但更吸引他的是京城的诸多名士及像他一样来京应举的各地学子。

"遍交海内知名士，去访京师有道人"，他的信心是坚定的；"一万年来谁著史，三千里外欲封侯"，他的目标是明确的。

基于此，李鸿章抵达京城后，来不及细细体验北方京师的生活，便思绪专一、静心于学业，并执子侄礼拜见了父亲的同年进士曾国藩。曾国藩见到李鸿章，见他机敏持重，为可造之材，便以父辈自居，名正言顺地成了李鸿章的老师，这层特殊关系对李鸿章毕生的发展影响极大。随后，李鸿章在父亲的引领下，又拜访了吕贤基、王茂荫等皖籍京官。同时，他还加入曾国藩担任社长的、由各地参加科考文人所组织的文社，通过这个文社与各地士子交游问学，经常得到曾国藩在诗文方面的精心指教。对于这位聪颖的晚辈，曾国藩发自内心地喜欢，李鸿章不但谦逊好学，而且办事也毫不拖沓、干净利落、思虑周全，总能把事情办得尽善尽美。对此，曾国藩看在眼里喜在心上，暗自下决心要大力栽培这位聪颖的后生。

在京期间，李鸿章在努力学习、扩展人脉之余，并没有忘记远在千里之外的母亲，他经常给母亲写信，习称为"禀母"函。他在家书里向母亲详细介绍自己在京城的所见所闻及思想情感。此后多年，他坚持写"禀母"函。这些信函蕴含着真情实意，生动感人，可谓李鸿章的一部心路成长史。

李鸿章并未等待太久，就迎来自己的出头之日。道光二十四年（1844年），他考中顺天恩科乡试第八十四名举人。举人在古代算是高级知识分子，与秀才不可同日而语。有了出身，相当于有了做官的资格，相当于踏上了晋身仕途的第一个台阶。同年，李鸿章奉母命回老家与周氏完婚。这一年他可谓双喜临门，但他并没有因此而满足。道光二十五年（1845年），李鸿章第二次入京参加乙未恩科会试，恰逢曾国藩、福济出任本科会试的考官。尽管李鸿章这次会试落第，但他的诗文却博得曾国藩的青睐。曾国藩后来对李鸿章的大哥李瀚章说："令弟少荃（李鸿章字），自乙丙（指道光二十五、二十六年）之际，我就知道他才堪大用。丁未馆选后，我认为少荃、帅逸斋（帅远燡字）、郭筠仙（郭嵩焘字）、陈作梅（陈鼐）四人都是堪任大事的人才，可称为'丁未四君子'。"

道光二十七年（1847年），李鸿章再次参加会试，被点为二甲第十三名进士。朝考后任翰林院庶吉士。庶吉士是临时职位，相当于候补官员（储备干部）进修，一般是从二甲、三甲中挑选的年轻而才华出众者。道光三十年（1850年），庶吉士散馆后，李鸿章因成绩优异被改授翰林院编修。编修属于留馆，仅为正七品闲职，但根据惯例，只有成绩优异者才有这个资格。这里离皇帝及权力中枢最近，只要龙心一悦，立马就可得到升迁。而其他进士一般会被派往六部任主事、御史，抑或派到各地方州县任职。由此可见，李鸿章是进士中的佼佼者，又有曾国藩提携，倘若沿着传统的升官之路走下去，呈现在他面前的必然是阳关大道，他的仕途将一片光明。

第二章　四海无家苦飘零　袖携淮河新诗卷

一、翰林护乡切　离京办团练

从翰林院编修起步，李鸿章开始了他的觅侯之路。然而，人生际遇倏忽万变，往往令人措手不及。此时，南方由一帮农民倡导的武装起义打破了清王朝长久以来的宁静，而李鸿章在这种大形势下不得不走上一条艰难曲折、危机重重的军旅之路。

咸丰元年（1851年）1月11日，由洪秀全、杨秀清、萧朝贵、冯云山、韦昌辉、石达开等组成的起义领导集团在广西金田村发起了反对清朝封建统治和外国资本主义侵略的农民战争，史称"金田起义"。最初以"太平"为号，后来建国号为"太平天国"。清廷闻讯，立刻调集兵力进行围剿。

同年3月23日，洪秀全在武宣东乡（今广西来宾市武宣县东乡镇）自封"天王"，并分封杨秀清为中军主将、萧朝贵为前军主将、冯云山为后军主将、韦昌辉为右军主将、石达开为左军主将。同年5月16日，太平军由东乡突围北上象州，因遭清军堵截，折回金田地区，被包围。9月下旬，突围北上攻占永安（今广西梧州市蒙山县），粉碎清军围攻。太平军在永安一面抗击清军进攻，一面进行军政建设。12月，天王洪秀全封杨秀清为东王、萧朝贵为西王、冯云山为南王、韦昌辉为北王、石达开为翼王，所封各王俱受东王节制。

咸丰二年（1852年）4月5日，太平军自永安突围，攻桂林不下，转攻全州，冯云山中炮身亡。太平军后折入湖南道州（今湖南永州市道县），在此整顿队伍，增修战具，制备军火，并做出"专意金陵，据为根本"的战略决策。8月10日，弃道州东进，占郴州，建立"土营"。9月攻长沙，萧朝贵阵亡。12月占岳州（今湖南岳阳市），建立"水营"。

咸丰三年（1853年）1月太平军攻下武昌，震动清廷。2月9日，洪秀全等率领号称50万众、船1万余艘，夹江东下，连克九江、安庆、芜湖，势如破竹。3月19日占领江南重镇江宁（今江苏南京市），定为都城，改称天京。旋派军分两路攻占镇江、扬州，与天京形成掎角之势。

身为翰林院编修，李鸿章平日较清闲，经常去琉璃厂闲逛。琳琅满目的古玩书籍、文房四宝等正合他的欣赏口味。咸丰二年（1852年）的一天，李鸿章又来到琉璃厂闲逛，他刚从货架上拿起一个宋代官窑的瓷碗，还没来得及细细欣赏，便听到旁边有个人叫他："少荃，真巧，怎么在这儿遇见你了？"李鸿章一回头，原来是他在安徽会馆认识的安徽同乡陈方秋。

陈方秋见他一副闲暇以待的神态，赶忙说："你还不知道吧，庐州老家出大事了，安庆被太平军占了，你还在这里优哉游哉地溜达，难道你这个堂堂的翰林院编修比我的消息还闭塞？"

李鸿章一听老家出事急了，细问之下才知道洪秀全的太平军已由广西北上，与朝廷的八旗兵和绿营兵数次交战。但是官兵养尊处优多年，不堪一击，太平军攻破九江直逼安庆，离合肥已经不远了。

李鸿章当时只是一介文官，手下无一兵一卒，只得回家与父亲李文安商量救急之法。李文安对他说："我也只是一个小小的刑部主事，有心无力啊！你平常不是经常帮吕贤基大人写奏章吗？还不如去找他，想办法给朝廷上个折子，兴办团练，增加兵员，痛击洪匪。"

李鸿章对父亲的建议深以为然，军国大事，没有一个重量级的人物进言是无法上达天听的。安徽籍京官吕贤基是工部左侍郎，从二品，在汉官中已属高品阶大官，上奏建言的分量必然比李文安更重。所以，李鸿章决定去找吕贤基试试。

吕贤基是安徽旌德人，在家里置了300亩地。太平军攻占安庆时，他家中正在大兴土木，筑房舍，建祠堂，修祖坟。如今安庆失守，他又怎能不着急呢？且不说镇压起义军，就是为了保住自家的财产也应该有所行动。所以，李鸿章向他说明来意，希望他向朝廷奏请办团练增兵保卫家乡，他满口答应下来。以李鸿章的文才与多日的思考，当晚就将奏章一挥而就，第二天吕贤基便呈上去了。

奏章上呈好几天后不见批复，吕贤基心里不踏实，经过一番打听才知道，皇上正在甄选去安徽办团练的人，而他就在首选名单中。吕贤基没想到皇帝竟看中他这个书生，心里喜忧参半。他回到家里将这件事告诉妻子，没想到他的妻子还没听完就火冒三丈，骂道："你真是个大笨蛋！俺问你，你练过兵吗？你打过仗吗？一个拿笔杆子的人，连枪都没摸过，干吗自己去讨这份苦差事？这全是李鸿章害的，他要不撺掇你写奏章，你怎么可能匆匆忙忙地上折子，皇上又怎么可能单派你去带兵打仗呢？"

那么，咸丰皇帝为什么会选中吕贤基呢？原来，安庆失守的消息一传到京城，咸丰皇帝就慌了，赶紧召开御前会议，跟众大臣商量，到底怎么对付一路东进的太平军。就在这时，工部吕贤基、兵部袁甲三（袁世凯叔祖）等人的奏折递上来，咸丰皇帝一看，办团练，就地兴兵，不失为一个好办法，但有清以来，只有道光朝曾短暂地办过地方武装，后来又全被取缔。如今要想保住清朝的祖宗基业，就必须依靠汉族官员发动民间力量。可是，一旦民间武装壮大后，不听朝廷指挥，又该如何呢？咸丰皇帝一时有些犹豫。各地练兵保自己的地盘，肯定会卖力气，而且可以为朝廷节省大量的军费开支。但办团练的人必须由朝廷派遣，才有利于朝廷对地方武装的监管。派谁去安徽呢？他再一细看，吕贤基正是安徽籍人，干脆派他回去带兵好了。于是，他当即颁旨："着工部左侍郎兼署刑部左侍郎吕贤基前往安徽，会同安徽巡抚蒋文庆、兵部侍郎（加总督衔）专办军务的周天爵办理剿匪事宜……"

吕贤基原本只想表明自己的忠心，提醒朝廷赶快增兵安徽，没想到这差事最后竟落到了自己头上。吕贤基想，回籍办理团练防剿事宜艰险异常，性命难保。可皇命难违，是福是祸都不得不走一遭。

临行当天，吕贤基与母亲、妻子在家道别，举家大小全着素装，痛哭不已。恰巧李鸿章前来打探消息，吕贤基抬眼往外一看，见李鸿章站在台阶下进退两难。他怒从心头起，冲李鸿章骂道："没想到你这后生如此歹毒，让本官去送死！你与我有何仇怨，要加害于我！"

李鸿章觉得委屈，但又不好申辩。汉人做到这个官位不易，好好的京官做不了，要去前方冒险，的确是自己把吕贤基置于险境。但现在为时已晚，他只得劝解道："吕大人，这并非晚生的本意，您是晚生的老师和世伯，盼您升迁都怕不及，怎么可能心存歹意害您呢？再说，此去未必是祸。"

吕贤基见李鸿章态度诚恳，言词愧悔，火气稍稍平息，但还是忿忿地说："你说你不是害我，除非你陪我一起前去，我才相信你所言不假。"

李鸿章被逼到这个份上，只得硬着头皮说："能与吕大人一同出征是晚生的荣幸，晚生正好趁此机会学一点仗剑带兵的本领。"

于是，吕贤基当天又上了一道奏章，请求咸丰皇帝准许李鸿章协助他一起办团练。内患严重，办团练的人自然越多越好，所以咸丰皇帝大笔一挥，立刻准奏，让李鸿章"随营帮办"。

几天后，吕贤基一行抵达庐州。此时因安庆失守，巡抚行辕只得暂迁至此。蒋文庆、周天爵与军务帮办袁甲三等人亲自前来迎接。

一番官场寒暄之后，几位各不相属的朝廷命官便开始讨论眼前战局与布防，以及办团练事宜。时年79岁的周天爵资历最老，说话不免倚老卖老；巡抚蒋文庆作为地方主官，则希望各官员不论品衔如何，肩负什么使命，都应听从他的统一指挥；而吕贤基作为皇上钦定的新任办团练大臣，最关心的是如何招募新勇及筹集粮饷。李鸿章位卑言轻，对军事又一窍不通，只能侧立一旁。他们议了整整一个下午，各执己见，无法达成一致意见。最后三位大员各自为政，分守庐州、舒城、安庆。由于周天爵体虚抱病，袁甲三又被调往河南，吕贤基让李鸿章辅助周天爵，驻守庐州城，主要负责劝捐筹粮。

已经到了家门口，思家心切的李鸿章向周天爵请了几天假，回合肥祠堂郢村去省亲。一年多没回来，老家又有了不小的变化。李鸿章的父亲李文安考中进士做了京官后，家中生计大为改观，不断买田置业，渐渐成为拥有百亩良田的大户，盖起了宽敞明亮的青砖瓦房。

李鸿章到了村头一看，整个村庄成了壁垒森严的土围子，村里人为了自保，只好想出这个办法抵御太平军，防患于未然。他进村后第一个见到的是三弟李鹤章，兄弟二人携手并肩走到家门口，李鹤章大声朝屋内喊道："二哥回来了！"李鸿章的母亲李氏闻讯，在一家老小的簇拥下迎出房门，家里顿时热闹起来。全家人嘘寒问暖，关心他在北京的生活以及此番回乡驻留的时日，天挨黑时，家里的用人在堂屋支起两张八仙桌，摆酒上菜，全家人为李鸿章接风洗尘。

酒至半酣，李鸿章长叹一声，对自己这次回乡的任务表示担忧。李鹤章劝道："二哥不必太忧心，只要有钱，办团练不是很难。我手下已有好几十号人，只要二哥需要，随时可以调用。"

李鸿章听了不禁备受鼓舞，这时母亲也劝他不要担心家里的事，尽管放心大胆地为朝廷办差，做出点样子来，为李家争光。连最小的六弟李昭庆也给他打气。李鸿章见状，决心在家乡大干一场。

咸丰三年（1853年）3月，洪秀全占领了重镇江宁府，建立太平天国，改江宁为天京。接着，太平军分两路西征和北伐。同年4月，西路太平军再次打到安庆。安徽巡抚蒋文庆兵败服毒自尽，李嘉端兼署安徽巡抚，他将李鸿章从周天爵那里调来，协办团练。这时，在淮北平原与清军作战的捻军也开始向淮河以南进军。安徽官军顾此失彼，疲于奔命，形势危急。李鸿章空有一腔热血，却不知从何处入手，只是带着新征的百余兵勇，在柘皋、巢湖、无为一带，从一地奔赴另一地，没有稳定的安身之所，办团练更是无从谈起。

这一年5月10日，北路太平军占领滁州，直逼凤阳。正在凤阳督军的李嘉端胆战心惊，寝食难安，忙向朝廷告急求援。同时，他令候补直隶州知州李登洲带300名兵勇先行；令户部主事王正谊前往梁园镇会合李鸿章，继续"号召练勇，劝借军饷"，防守和县裕溪口粮道；他自己则带兵200余人随后向南进发。但这区区几百兵勇哪里是太平军主力的对手？幸运的是，北路太平军一直向北，与他们交臂而过却置之不理，李嘉端和李鸿章这才免遭灭顶之灾。

9月，李鸿章带着约300名乡勇退守东关（位于定远与合肥之间）。此前不久，捻党首领之一陆遐龄在定远一带聚众起兵，定远知县督兵前往剿灭，结果两败俱伤。这时，合肥夏村的夏金书与陆遐龄联络，约期举事。李鸿章探知敌情后，对已熟悉团练作战的李鹤章说："三弟，这正是你我兄弟小试身手的好机会，如何？"李鹤章欣然应允，当即率领团练百余人与李鸿章一起行动。

这时夏金书刚从邻县潜回夏村，住在一个表兄家。李鸿章兄弟带着乡勇趁夜埋伏在夏村四周。天一亮，一声锣响，300多名乡勇以迅雷不及掩耳之势冲进村子，将夏金书捕杀，堵住了陆遐龄一路捻军的通道。

随后，李鸿章率领李鹤章、张树声、潘鼎新等人的团练队伍，分两路开往定远县、寿州，在荒坡村、东乡村等地拦击陆遐龄部。陆遐龄的人马也是乌合之众，又拖儿带女，行动迟缓。适逢大雨，陆氏父子率众人在东乡村的破庙里躲雨。李鸿章的六支团练队伍悄悄包围了破庙，然后架起火炮轰击村子。经过大小二十次交锋，捻军终于抵挡不住，很多人叫嚷着要投降。陆遐龄无力招架，只得逃出村子，结果正中李鸿章的埋伏。乡勇将陆氏父子捕杀，捻军大部分人马逃散。

李鸿章此次没有与太平军主力正面交锋，只是挫败了一小股捻军，因而乡勇伤亡不大。李嘉端认为李鸿章"虽未大挫凶锋，而数月勤劳，亦堪嘉奖"，于是奏报朝廷为李鸿章记功，赏六品衔，赐蓝翎顶戴。

一直坚守安徽舒城的吕贤基则没有李鸿章幸运。11月，太平军西征军的胡以晃、曾天养部由桐城向北面的舒城进发，在白峡关、白沙岭等地与舒城团练相遇，太平军不费吹灰之力就击溃了团练武装，杀死主事朱麟琪。第二天，胡以晃部猛攻舒城县城，吕贤基等率官军顽强抵抗，经过一天激战，太平军攻占舒城。吕贤基逃到一深潭边，把随身所佩宝剑抛进潭里，然后纵身一跃，随剑一起沉入潭底。李鸿章事后得知吕贤基的死讯，深为其悲壮所感动。

是年底，捻军乘机打到了李鸿章的老家庐州府，李嘉端大惊失色，亲率抚标四营，又让李鸿章率团练四营在四门拼死抵抗。捻军围城多日不走，李嘉端只得向周天爵求援。但此时周天爵所部为防止太平军继续北上，正在怀远境内拦截，路途较远，远水救不了近火。援军久等不来，李嘉端无奈之下，对李鸿章说："少荃，我们还是弃城吧！"

李鸿章不为所动，说："庐州城一丢，我们在安徽就没有立足之地了，下官以为还是死守待援为好。"

李嘉端生气地说："周老头若真心援救，他的人马早该来了！但直到现在，你见到他的半个人影没有？"

李鸿章根据探报深知周天爵在宿州城阻挡太平军北上，已是自顾不暇，势必不会派人回援，只得忍痛说："那就先弃城吧，今夜杀出城去！"捻军攻占庐州城后，在那里烧杀抢掠，磨店也未能幸免。

李鸿章为了团练辗转奔波、费尽心力，但并没有多大成效，也无力挽救家乡，对此他遗恨难消，耿耿于怀。

这时，漕运总督（正二品）福济在扬州打了一场胜仗，咸丰皇帝倚重他，调任他为安徽巡抚，以进一步强化安徽防务。

福济是镶白旗人，进士出身，但担任武官多年，他对治理地方防务略有些手段。李鸿章第一次考进士的副主考官便是福济，因此他也是李鸿章的座师。有了这层师生关系，李鸿章成了福济的幕僚。在这个政治靠山的庇护下，李鸿章才真正拉起了一支千余人的乡勇队伍，并拥有相对独立的军事指挥权。

二、抛荒浩劫中　牛马走风尘

李鸿章的队伍进一步壮大了。此时朝廷方面，为了遏制、剿灭太平军和捻军，咸丰皇帝痛下决心，先后调派十几批"精锐"的正规军开往前线。同时，他将家乡发生战事的京官，能回乡办团练的都动员回乡，先后下派了40多名"团练大臣"。庐州被捻军占领后，李鸿章的父亲李文安也被派遣回乡办团练，同受福济节制。

李文安先在磨店办乡团会，磨店失守后，他又在撮镇邑棠寺招募兵马，扩大队伍，并在合肥县、巢县设立清湖和保卫两局。李文安本人虽然才干一般，但工作勤勉，很有号召力，将合肥的团练办得如火如荼。以勇悍著称的桐城的马三俊，庐江的吴廷香和吴长庆父子，合肥的张树声和张树栅兄弟、周盛波和周盛传兄弟及刘铭传、潘鼎新、解先亮、李鹤章等人，这些团练武装的组建多少都与李文安有关系。

咸丰四年（1854年），朝廷飞马传旨，命安徽巡抚福济会同钦差大臣胜保、布政使江忠源等，寻机收复安徽安庆、含山、舒城、庐州等地，务必于年内荡平境内太平军，以收全功。但直到该年冬天，战事仍进展不大。钦差大臣胜保率领官军在裕溪口与太平军作战，双方僵持不下，太平军又从和州、安庆调兵增援。胜保担心被太平军围困，忙向福济求援。此时，福济正率官兵强攻庐州城，由于久攻不下，他对胜保的求援左右为难，于是召集众幕僚问计："钦差大人出师不利，将影响我等收复庐州城，眼下该怎么办？"

众人面面相觑，皆不知如何应答之时，李鸿章献计道："欲取庐州并解裕溪口之困，应先取含山、巢县，断绝庐州和裕溪口的粮饷和接济。"

福济点头表示赞同，但又顾虑重重："本官觉得此法可行。若发兵去救，不仅庐州攻而不克，也不一定解得了裕溪口之困。但话说回来，若当真不去解救，胜克斋（胜保字）脱险之后，定然不会与本官善罢甘休，该如何是好？"

李鸿章沉思片刻说："抚台大人，您可以写函给胜大人，告知已派道员李某率乡勇来援，不日即可进抵裕溪口。剩下的事就交给下官去办。"

福济采纳了这个建议，给胜保发函后便派李鸿章前去救援。至于李鸿章如何前往裕溪口，他则无暇再过问。

李鸿章按既定的打援和断粮之计，督兵向含山进发。李文安也率兵与儿子会合，又有曾国藩的湘军在湖南、湖北、江西遥相呼应，咸丰五年（1855年）2月，李鸿章率乡勇千余人攻下含山，裕溪口之围得解。事后，李鸿章因功赏升知府，他信心倍增，准备与太平天国翼王石达开部在巢县对决。

同年7月，李文安因奔驰日久，积劳成疾，病逝于团练公所。临终前，他手书训谕李鸿章兄弟几人：贼势猖獗，民不聊生。我们父子世受国恩，此贼不灭，何以家为，你们今后应当努力达成我的心愿。

李文安去世后，李鸿章回乡料理父亲的丧事。他前脚刚走，得到增援的巢县太平军便大举反攻，全歼守城的忠泰所部，仅忠泰一人逃出。李鸿章闻讯，急火攻心。在征得了母亲与长兄李瀚章的同意后，他顾不得守丧丁忧，连忙赶回前线。

福济见重孝之下的李鸿章这么快就赶回来，心中不忍，特意设家宴为他洗尘。

恰巧石达开部因为湖北战事紧迫，不得不回师援鄂，而此时庐江府粮道受阻，围困庐州的太平军军心动摇，军中发生内讧，战斗力大减。李鸿章乘机暗中联络城内监生鲁云鹏、士绅王南金等为内应，于11月10日攻下庐州城。李鸿章因军功记名，用为道府（正四品道台，未授实职）。

收复庐州后，李鸿章在庐州一带展开了轰轰烈烈的劝捐筹粮工作，他费尽口舌，仅三个月就劝捐20万两白银、5万石粮食。慕名而来投奔他的乡勇也越来越多。咸丰六年（1856年）4月至10月，李鸿章率领几千乡勇先后攻下巢县、无为、和县。事后，朝廷拟赏加李鸿章从三品按察使衔，但封赏未到，李鸿章就出事了。

这次与太平军作战，李鸿章大出风头，人气极速上升，引起一些清廷官僚对他的防范和嫉妒。清末民初政治家赵凤昌所著的《惜阴堂笔记》中有这样一段描写：

其时安徽南北土匪遍地，各乡都筑起长围进行防御，几乎没有一天不受到骚扰。朝廷派胜保以内阁学士主持安徽军务，胜保不信任李鸿章，始终抱着防范心态。一天拂晓，土匪攻打乡围，李鸿章率兵出战，结果大败退回乡围。此时已过中午，他饥肠辘辘，走进宅院后不见一人，因为大家都已经躲起来了。他快步走进厨房，看见饭已经熟了，灶台很低，便抬起一只脚踩在灶沿上，一手揭盖，一手取碗，竟来不及用筷子，直接用手抓了放进嘴里狼吞虎咽起来，连菜也顾不上吃。他边吃边叫道："同队的快来吃，吃完好跑！"……吃饱后他仍继续率部撤退，忽闻胜保正从后路赶来，内心颇惶急，担心有什么不测，不得已迎接谒见，报告敌情。

胜保听说翰林出身的堂堂四品京官竟然一只脚踩在灶沿上，不顾形象地狼吞虎咽，脑海中立刻浮现出"大碗喝酒、大口吃肉"的土匪地痞，而且李鸿章领兵说话时又是一口土匪黑话，胜保心里十分鄙弃，加上前次解裕溪口之困时，李鸿章迟迟不至，他对李鸿章早有不满，遂向朝廷请示责罚李鸿章。

不仅满族大臣胜保瞧不起李鸿章，江南大营提督郑魁士更是没把他放在眼里。但李鸿章自己却自我感觉良好，雄心勃勃，准备一展身手。不久，太平军派出两员大将陈玉成、李秀成来抢夺庐州，面对太平军的精锐部队，郑魁士消极避战，李鸿章对此大为不满，他心高气盛，坚持对太平军迎面痛击，大战一场。郑魁士轻蔑地看了这个书生一眼，质问道："敌人如此强大，你主动出战迎敌？你这么想打仗，叫你带兵能保证打赢吗?"

李鸿章当着众人的面拍着胸脯说:"我保证打赢!"

郑魁士故意激他,又问:"你话说得好听,敢立军令状吗?"

"立就立!"李鸿章血气方刚,立刻写下了军令状。

面对太平军的主力部队,正规军不敢打,手下仅二三千乡勇的李鸿章却敢打,这完全是意气用事,在实力悬殊的情况下,结果可想而知。

尽管有郑魁士的正规军帮助,李鸿章这一仗仍败得一塌糊涂。太平军连破太湖、潜山、桐城、舒城、庐州等十几个州县,安徽全境大半陷入战火之中。官军死伤无数,乡勇死的死、逃的逃,李鸿章带着数十人被困在庐州城内,幸亏福济及时派兵乘夜晚大雨前来援救,李鸿章才保住性命。

生性倨傲的李鸿章死里逃生,但对这次败仗很不甘心,他想重新集结部分乡勇夺回庐州。尽管不服输的勇气可嘉,不过,一个未授实职的四品道员手下缺兵缺饷,被打败也是情理之中的事。清军这次战败后,六部侍郎、八旗都统、八旗副都统、绿营总兵、巡抚等大员战死、战败后自杀的不计其数,但李鸿章不愿自杀,他认为,败了可以从头再来。他希望能与太平军再战,从而挽回一点颜面,于是对福济恭恭敬敬地说:"声威大震,当以军门之最。"言外之意是请求福济再拨兵给他。

对于这句奉承话,福济显然知道他的用心,但当时情况危急,再调兵出战无异于送死,于是福济委婉拒绝他,巧妙回应道:"畏葸溃逃,当以阁下为先。"李鸿章一时哑口无言,羞愧难当。此次惨败脱逃成为他一生最大的憾事和污点。李鸿章抑郁苦闷,只好借笔抒怀,写下《丙辰夏明光镇旅店题壁》,其一为:

四年牛马走风尘,浩劫茫茫剩此身。
杯酒借浇胸垒块,枕戈试放胆轮囷。
愁弹短铗成何事,力挽狂澜定有人。
绿鬓渐凋旄节落,关河徒倚独伤神。

这一阶段与太平军作战，李鸿章表现得好高骛远、强出头、又爱揽事，福济对他颇有微词，于是向朝廷打报告，把这个爱吹牛的学生赶回老家，让他为自己的父亲守孝去了。不过，福济本人也没逃过一劫。咸丰皇帝认为，福济完全有条件打败陈玉成和李秀成，但态度消极、行动迟缓，诏斥其调度无方，拟交部严议。此时，又有人想落井下石，别有用心地把前一年周天爵等人参福济"目无法纪，克扣军饷，军中蓄妓，署内玩宠"的折子翻出来议论。基于此，咸丰八年（1958年）7月，咸丰皇帝直接将福济免职，由翁同龢继任安徽巡抚督办军务。

同年8月初，陈玉成连下十几镇后，又攻克了合肥，继捻军之后，再次到磨店抢掠，李鸿章家的祖宅也被焚毁。

磨店从前恬静安宁的和平景象荡然无存，举目四望，疮痍遍地，苍茫暗淡的天穹显得很低，远处的村庄像坟岗子似的凄荒寂寥。面对被太平军摧毁的家乡和惨遭屠戮的乡亲，李鸿章欲哭无泪，羞愤之情与切齿之恨直冲头顶。但此时的他既没有复仇的韬略，又无破敌雪耻的实力，几乎到了山穷水尽的地步。

近代散文家、外交家薛福成在《庸庵笔记》中写道："七月，官军与贼战而大败，贼漫山遍野而来，合肥诸乡寨皆被蹂躏，傅相（李鸿章）所居寨亦不守。封翁（李文安）先已捐馆（去世），傅相与诸兄弟奉母避之镇江，而自出谒诸帅，图再举，既落落无所合。""傅相"是以李鸿章后来的官职敬称，此处记载的是李鸿章及家人的逃亡经过。由于家乡无处安身，他随家人一起逃到了镇江。

李鸿章落魄逃到镇江后，开始谋划自己的出路，寻机报仇雪耻。但他思考再三，发现无人可投。在镇江焦山，他望着滔滔江水，触景生情，又赋诗抒怀：

浮生萍梗泛江湖，望断乡园天一隅。
心欲奋飞随塞雁，力难返哺恋慈乌。
河山破碎新军纪，书剑飘零旧酒徒。

国难未除家未复，此身虽去也踟蹰。

犹记淮南聚梗莲，沧浪池馆藕花风。
一家漂泊江湖外，万事抛荒戎马中。
病后愁魔须解脱，别来诗境各神通。
牵衣多少临歧泪，汝父西征我欲东。

巢湖看尽又洪湖，乐土东南此一隅。
我是无家失群雁，谁能有屋稳栖乌。
袖携淮河新诗卷，归访烟波旧钓徒。
遍地槁苗待霖雨，闲云欲出又踟蹰。

恰当此时，在江西曾国藩幕府中任事的大哥李瀚章给他来信，希望他能到江西为湘军服务。接到这个邀请，李鸿章自然是求之不得，满口应承下来。他隐约感觉到自己翻身的机会来了，一旦投奔到老师那里，只要自己好好表现，凭着老师的知人善任和自己的办事能力，大好前程指日可待。于是，他打点行装，满怀希望地朝曾国藩的驻地建昌（今江西南城县）奔去。

此后3年，在曾国藩幕府中，李鸿章从任性胡为的翰林逐渐转变为独当一面的帅才，也开启了这对师生为期十几年的"黄金搭档"。

三、投身曾幕府　格局更精进

李鸿章投奔曾国藩时，曾国藩正以在籍侍郎的身份受命帮办湖南的团练事宜。他意识到"兵伍不精"是清王朝的大患之一，决心独树一帜，改弦更张，编练一支新式武装——湘军，以挽救大清危局。咸丰四年（1854年）2月，他编成并督率湘军水陆两军，沿湘江北上，抗击太平军。咸丰八年（1858年），他奉命奔走于浙闽赣一带，进击分裂出走、盘旋于浙闽的太平军石达开部。同年10月，他率部到达江西建昌。

李鸿章的大哥李瀚章于道光二十九年（1849 年）拔贡朝考，出自曾国藩门下，他"性本敦笃，幼弥精勤"，虽然才具略短，但老实敦厚，踏实可靠。过去他在家里"日日役米薪"，家中大小事务，不论贺吊应酬、弟妹嫁娶，无不做得妥妥帖帖。曾国藩看中了他这一才能，上了一纸奏章让李瀚章到湘军任粮台主事，到任后的李瀚章果然把湘军的后勤事务安排得井井有条。

李鸿章抵达建昌后，按李瀚章事先指引来到曾国藩的大帐，见了曾国藩纳头便拜，一边磕头一边说道："门生李鸿章，给恩师请安！"

曾国藩一见是李鸿章，兴奋地离座，轻扶李鸿章说："6 年风尘，终于把你吹回来了。"他让人给李鸿章上茶，又接着说："少荃坐下说话，见过你大哥了吗？"李鸿章答道："门生刚到建昌就前来给恩师请安，尚未去见大哥。恩师这些年可好？"

曾国藩淡淡应了声"还好"，又说："少荃哪，你大哥一到建昌就开始生病，水土不服，常常呕吐，但他工作十分勤勉。现在你来了，应当先去探望他再来看我才是！"

李鸿章忙回道："恩师为长，有恩师在，门生怎敢先去见兄长呢？"

曾国藩意味深长地笑道："难得少荃你有这份心，不过是不是把我这半个老师看得太重了？战乱六七年，你先跟随吕贤基一起离开京师。吕贤基死后，你又投到福济门下。如今福济被解了职，一路坎坷之下，想必你已久经历练。这六七年间，你从七品编修升至从三品按察使，可见他们很看重你，这也是你努力的结果。但如今到我这里，未必有这样的好事。"

李鸿章是个聪明人，一下就听出了曾国藩的言外之意：一是责怪他不断更换门庭，不能从一而终；二是说他晋升如此之快，可能是走门路得来；三是暗示曾国藩不会给他三品的位置，希望他从头努力。

所以，李鸿章初入湘军幕府时不甚得意，表现远不如他大哥那么好。一是李鸿章来此之前，朝廷拟授予他按察使衔，虽然最终未实授，但至少还是个正四品道台。而在这里，他不过是一名默默无闻的书记员、幕僚，心中自然甚感不平。二是李鸿章自认为在安徽期间久经战场，可以独当一面，如今却没有机会领兵出战，这对急于找回脸面的李鸿章来说，心中的郁闷实在无法排遣，因此他常常借酒消愁。

不过，曾国藩也没有怠慢他。曾国藩早年便十分看重李鸿章的文才诗情，于是就让他办理行文、批阅公文、起草书牍和奏章。很多文人习惯熬夜，到了夜深人静时，写起东西来方能才思泉涌。李鸿章也是如此，晚上熬夜处理文案之后，早晨就无法按时起床，渐渐养成睡懒觉的习惯。

而曾国藩生活极有规律，每天很早就起床查营，然后在黎明时分与幕僚共进早餐，或谈一天工作安排，或随意谈天说地。湘军仿照明朝的戚家军建立，曾国藩要求湘军将士以戚继光为榜样，因此特别注重抓部队的思想教育和纪律约束。一开始有很多人受不了，纷纷抱怨：打仗的时候起早也就罢了，不打仗的时候也起这么早，不是折腾人吗！但曾国藩丝毫不降低要求，经常灌输军人"吃得苦、霸得蛮、舍得死、耐得烦"的思想。他要求部队在6点左右就要开饭，所有人都必须早起。初到湘军又爱睡懒觉的李鸿章对此很不适应，深以为苦。

一天早晨，李鸿章仍在睡梦中时，突然有人敲门，他猛然惊醒，忙问是谁。门外的人回答说是曾大帅的亲兵，奉大帅之命请他去吃早饭。李鸿章一听是催他起床吃早饭，便撒谎说自己头痛，不吃早饭了。

亲兵一走，李鸿章继续蒙头而睡。过了片刻，又有人来敲门，还是来叫他起床吃饭的亲兵。李鸿章心想，既然已经撒了谎，干脆就撒到底。于是，他又用谎话把亲兵打发走，继续躺在被窝里一动不动。不料，没过一会儿，刚才那个亲兵又回来了，李鸿章忍不住发火，在屋里厉声呵斥。亲兵不紧不慢地说："奉大帅口令，今日必定等齐幕僚才吃早饭。"

李鸿章知道躲不过去了，匆忙披衣"踉跄前往"。曾国藩看见李鸿章进来，神态很平静，一如往常。李鸿章一落座，曾国藩就拿起筷子开始吃饭，在座的其他人也跟着一起吃起来。吃饭时曾国藩一言不发，众人也都不敢出声。李鸿章意识到,这都是因为自己睡懒觉来晚了,才使这顿早饭如此沉闷,对此他压力很大。吃完饭后,曾国藩站起来,对着李鸿章严肃地说:"少荃,既入我幕,我有言相告,此处所尚唯一'诚'字而已。"说罢,曾国藩生气地拂袖而去,李鸿章"为之悚然"。

在曾国藩幕中的经历,使李鸿章的思想、性格乃至生活习惯都深受曾国藩潜移默化的影响。李鸿章也向人表示自己从前也辅佐过其他将帅,但"茫无指归",入曾幕才"如识南针,获益匪浅"。

经过一段时间的磨合适应,李鸿章渐渐融入湘军的生活。很快,他的才能便在幕僚中脱颖而出,尤其是他的吏才在弹劾安徽巡抚翁同龢一案上凸显,得到曾国藩的赞赏。

翁同龢作为安徽巡抚,在处理江北团练首领苗沛霖的事件上举措失当,以致激起大变,而他本人又在守卫定远时弃城逃走,没有尽到地方主官应有的责任。对此,曾国藩极为愤慨,想要上书弹劾,却苦于找不到恰当的措辞。

按曾国藩的本意,这道参折必须指责翁同龢举措不当、守城不力、弃城而逃,应予严惩。但翁同龢的父亲翁心存是前朝大学士,又是咸丰皇帝的老师;翁同龢的大哥翁同书是道光二十年进士,授了翰林院编修,曾任贵州学政,詹事府任少詹事;翁同龢的二哥翁同爵以父荫授官,由生员而至盐运使,历官陕西、湖北巡抚,著有《皇朝兵制考略》。翁家父子深受皇恩眷顾,门生故旧遍布朝廷内外,要想撼动这样一棵根深蒂固的大树,奏疏的措辞必须相当精妙,才能使皇帝破除情面,依法严惩。稍不小心,便会被人反咬一口,赔了夫人又折兵,甚至搭上自己的脑袋。

为了写好奏折,曾国藩颇费了一番心思,他先是让一位幕僚代拟,完稿后发现与自己所想相距甚远。正在他发愁之际,李鸿章出现在他的眼前,曾国藩灵机一动,打算考验一下这位学生,于是命他草拟奏稿。

李鸿章领命拟稿,不但措辞得当、逻辑严密,而且如此重要的奏折,才用了不到600字,可谓字字千钧、句句见血。此折先历数翁同龢忠奸不辨、误用歹人、举措失当、贪生怕死、连失两城的罪状，然后指出翁同龢几道奏折的自相矛盾之处，反驳他的种种自辩，使他无继续辩解的余地。李鸿章最后写道：翁同龢有如此行为"岂宜逍遥法外？应请旨即将翁同龢革职拿问，敕下王大臣九卿会同刑部议罪，以肃军纪而昭炯戒。臣职分所在，例应纠参，不敢因翁同龢之门第鼎盛瞻顾迁就"。最后这段话的立场如此方刚严正，不但使皇帝无法徇私包庇，就连朝中的翁氏故旧也无从插口为翁同龢申辩。

曾国藩看了初拟的奏稿之后，大为赞赏，立马将这份奏稿一字未动地誊抄后送达圣听。结果，翁同龢被革职拿问，发配新疆充军。

从此，曾国藩对李鸿章刮目相看，赞赏有加。而翁同龢则因此事后父死兄离，与曾国藩、李鸿章结下终生私怨。

另外，还有一件事也能窥见李鸿章的文字功底。

三河一战湘军大败后，曾国藩很内疚，在给朝廷初拟的奏折中诚恳地做自我批评："出师不利，臣屡战屡败，上负朝廷圣恩，下负三湘黎民之望……"

李鸿章一看不妥，这样递交上去，朝廷肯定会大怒。于是，他将自己的想法婉言告诉曾国藩。曾国藩不禁犯了难，如今官场风气日下，别看奏折里写得热闹、取得大胜，那都是老官僚和老刀笔的伎俩，细细推敲其实大多是名胜实败。曾国藩作为至诚君子，不愿讳败为胜、欺君罔上，他想了很久，问道："那少荃觉得怎么写为好？"

李鸿章说："其实不用故作巧言，只需将'屡战屡败'改为'屡败屡战'即可，老师以为如何？"

"你是说将'臣屡战屡败'换成'臣屡败屡战'？"曾国藩手捻胡须、细加斟酌了一番后，大笑道，"妙，太妙了！"

确实，这么一改，虽然没打胜仗，但语气却大不相同，说明湘军将士勇气可嘉，虽然眼前没有做到"胜不骄"，至少可以"败不馁"，湘军意志坚不可摧。"屡败屡战"可以说是曾国藩、李鸿章师生的"共同杰作"。

当时，李鸿章在湘军中除了处理文案，还参与重要军务。他把大部分心思都用在关注战事上面。

咸丰十年（1860年），英法联军逼近京津，朝廷决定让各地督抚大员派兵勤王，咸丰皇帝逃往热河途中下的第一个命令，就是让驻守安庆附近的曾国藩派湘军精锐鲍超部北上救援京津。其他督抚大员接此廷寄，都忙不迭地派部出发，只有曾国藩犹豫不决，左右为难。

其时，湘军与陈玉成部已交战几个月，在安庆一带转入僵持局面。这个时候若抽出主力远上京津，不但前功尽弃，而且如果陈玉成趁机反扑，后果不堪设想。但是，北上勤王责无旁贷，如果不去，很有可能会被扣上一顶"不忠"的帽子，被斥责为天下罪人。曾国藩一时想不出应对之策，急得几个晚上不能入眠，只得召集幕僚商讨对策。讨论时，大多数人主张火速北上勤王，只有李鸿章不同意调兵北上。这让曾国藩大感意外，惶惑地等李鸿章解释。

李鸿章分析道，英法联军已进抵北京城下，破城而入只是朝夕之事，此时调兵北上保卫京城只能是劳师无功，收效甚微；英法联军入侵京津的目的是给朝廷施压，"三国连衡，不过金帛议和，断无他变"，真正威胁清王朝的还是太平军。因此，他主张"按兵请旨，且勿稍动"。曾国藩马上明白了李鸿章的意思，这分明是拖延之计，不过他还是接受了这一建议，上奏折说，将派万人北上，但"鲍超人地生疏，断不能至，请于胡（林翼）、曾（国藩）二人酌派一人进京护卫根本"，利用批复一来一回的程序来拖延时间。

事实证明，李鸿章对形势的判断是正确的。僧格林沁的蒙古骑兵部队是机动性最好、回援最快的，但仍迟了一步。僧格林沁的1.7万多骑兵和胜保率领的5000名步卒，在八里桥与英法联军约6000人发生激战，结果一败涂地。城内守军尚有2万余人，仅少数拿着火铳的清兵进行了短暂抵抗。

10月6日，英法联军攻入海淀，到处烧杀抢掠，当晚即侵入圆明园，护园大臣文丰投水自杀。十天以后，联军司令部下令可以在城内自由劫掠。18日清晨,英国密克尔骑兵团3500余人进园纵火,一时烈焰冲天,园内的300多名太监、宫女和工匠不幸葬身火海。火势三日不熄,"一炬毁名园,千古江山留恨迹"。咸丰皇帝在逃往热河前,任命恭亲王奕訢为全权议和大臣,留京议和。与外国列强谈判时,清廷毫无抗争,完全接受了英法的无理条件。

战事的发展正如李鸿章所料,全无二致。曾国藩把折子递上去后,在苦苦煎熬中度过了一个来月,朝廷终于颁下旨来,称"和议"已成,鲍超、曾国藩、胡林翼无须北援。清廷最精锐的僧格林沁部万余蒙古骑兵损兵折将,圆明园惨遭劫掠焚毁,清廷屈膝求和,打算赔款割地,北援有什么用呢?各地勤王的督抚们劳师远征,皆无功而返。

李鸿章小规模地演绎了一场"攘外必先安内"的活剧,而洋人凭借先进的武器装备在北京为非作歹的恶行也使他对洋人倚靠的这些新式武器产生了莫名的恐惧与兴趣。此次湘军主力鲍超部得以保全,支撑着曾国藩度过了艰难的祁门岁月,此乃后话。但不管怎样,曾国藩这次未能及时北上勤王,在年轻的咸丰皇帝看来,是有意延宕推诿。为此,曾国藩心里着实过意不去,按照儒家的忠君思想,即使明知去送死也应在所不辞。后来,他令人专门将这次献议汇集成册,名为《北援议》,以表明自己这番举动的为难处境。

李鸿章在多个紧急关头挽回颓势,越来越受到曾国藩的器重。不过,曾、李虽为师生,但两人的思想和处世之道其实有很大不同。李鸿章是个极有主见之人,因此经常与曾国藩起冲突,数次想要离曾而去。咸丰十年(1860年)秋,师生之间因曾国藩决定移师祁门和弹劾李元度这两件事又发生了严重分歧。

同年5月,江南大营被太平军摧毁,清军将领和春、张国梁等率残部退守镇江、丹阳。太平军穷追不舍,张国梁投水而死,和春逃到无锡,结果又遭到太平军迎头痛击,无奈在浒墅关自杀,两江总督何桂清也因败逃被解职。与此同时,没有北上勤王的曾国藩仍被授任两江总督。显然,朝廷是以"安内"为重,将矛头对准了太平天国的都城天京。朝廷三番五次下旨，催促曾国藩率军东进。为了便于指挥，曾国藩决定将大营移至战略位置十分重要的皖南祁门。但李鸿章认为，祁门地势如同釜底，没有进退余地，从战术上看，将指挥部移到此地是很危险的。为此，他冒险去祁门实地勘察，回来将那里的地形告诉曾国藩，曾国藩听了久久不语。

而太平军在第二次击破清军江南大营之后，几大领导人当即制订了分兵两路合取湖北武昌，以解安庆之围的计划，称为"二次西征"。根据这一军事部署，太平军决定兵分五路援赣，其中有一路便是攻打曾国藩的祁门大营。12月1日，李秀成带精锐部队2万人由羊栈岭进去，企图解休宁之围，断绝鲍超、张运兰两军粮路，结果被鲍超、张运兰击败，被迫退出羊栈岭。

羊栈岭距曾国藩的祁门大营仅60余里。祁门防守兵力薄弱，曾国藩身边仅有3000余人，而太平军则人多势众。对于敌我形势，曾国藩何尝不是了然于胸？他当时考虑的是先向西拿下安庆，解除后顾之忧后，再向东进攻天京，朝廷却让他直接进攻天京。为此曾国藩被迫屯兵祁门，摆出准备起兵东进的姿态。

出于安全考虑，李鸿章、李元度等人一再要求移师他处，但曾国藩仍固执己见。李鸿章见曾国藩不以大局为重，很不高兴，据理力争了几句。曾国藩自有主张，而不愿听从其意见，不冷不热地对李鸿章等人说："诸君如胆怯，可各散去。"

跟随曾国藩多年的李元度听了心里十分难受。早在咸丰三年（1853年）曾国藩刚刚接管湘军时，正在湖南当教谕的李元度就辞职进入曾幕，参赞军务。在湘军与太平军交战屡战屡败的艰苦岁月里，曾国藩得到了李元度的全力支持。湘军在江西战场被太平军打得大败时，曾国藩两次跳水自杀，都被李元度劝阻和解救，李元度可以说是他的救命恩人。后来，李元度在曾国藩的举荐下，升任徽宁池太广道。

几天后，李元度奉命去徽州抵抗太平军主力。曾国藩担心他有闪失，临行时与他"约法三章"，要求他坚壁自守，万万不可出城作战。

谁知李元度到了徽州，就把曾国藩的告诫忘得一干二净，一是经不起太平军的有意挑战，二是经不起部下的怂恿，三是经不起建功立业的诱惑，最终率兵出城。结果中了太平军的埋伏，不仅出城官兵死伤无数，而且徽州城也落入敌手。大败后的李元度带着几十人，乘乱杀开一条血路侥幸逃生。

徽州城一失，祁门就变成了火线，随时都有可能被太平军"包饺子"，陷入腹背受敌的局面。

李元度逃脱后率残众在浙赣边界打了一段时间的游击，心有不安，又回归曾幕。但他并不认为自己有错，在检讨中文过饰非，极力为自己开脱。曾国藩一气之下，关了他几天禁闭。解禁不久，心中不服的李元度因与曾国藩怄气，又径自离去。曾国藩大为恼火，决定具奏弹劾李元度，以申军纪。李鸿章及众幕僚都坚决反对，认为李元度失守徽州城虽于整个形势不利，但双方力量悬殊，战败也在情理之中，不宜因此对他追责。李鸿章半是质问半是陈情地说："当年靖港大败之时，老师想跳水自尽，是李元度把您救起来。这些年不少人借故离去，而李元度一直跟随您，对您的支持和忠诚始终不渝。李元度好为'文人大言'，并非将才，让他领军防守徽州本就不妥；如今他打了败仗，主帅应负大部分责任，而您不仅不帮忙担责反而要弹劾他，岂不是要背负不仗义之名？"

曾国藩听罢，怒不可遏，他坚决认为私情不能代替军纪，坚持弹劾李元度。李鸿章坦率地说："如果一定要奏劾，学生不敢拟稿。"曾国藩生气地说："本部堂帐下并不缺你一人，不烦你大驾！"

"既然这样，那学生告辞，没有必要在这里待下去了。"李鸿章义愤填膺地说。曾国藩激愤不已，怒道："悉听尊便！"

于是，李鸿章扬长而去。离开曾幕后，他准备前往江西，独自开辟一片天地。

鲍超、张运兰之所以能击退李秀成，是因为李秀成的目的不在于攻城略地，而在于招兵买马，保存并壮大自身实力，而曾国藩却误认为是自己身处险地，极大地鼓舞了士气，所以才将太平军赶走，因此并没有从中吸取教训。谁料他还没高兴多久，太平军就杀了个回马枪。

咸丰十年（1860年）12月中旬，太平军兵分三路，再次向祁门地区发起进攻，曾国藩四面楚歌，又一次陷入惊恐中。他在家书中说："自11月以来，奇险万状，风波迭起。文报不通达五日之久，饷道则断绝了二十余日。"情况十分危急，此时湘军在祁门周围可调动的人马只有鲍超、张运兰部1万余人，加上乐平、婺源的左宗棠部，充其量只有2万人。曾国藩急调悍将鲍超救援。鲍超不顾一切与太平军血战，打通了粮道，助曾国藩暂时度过了危机。

此后，太平军又连续对祁门大营发起进攻，并于次年初进至离祁门仅20余里的地方，又使得曾国藩文报不通、饷道中断，陷入绝境。此时，他悲观到极点，抱定誓死决心，写下家信把后事都交代好了。他在给儿子曾纪泽的遗嘱中写道："这里局势危急，恐怕难支持下去，眼下局势万分紧张，四面阻塞，接济已断，受此挫折，军心尤为震动。你们长大以后，万万不可涉历兵事，此事难于见功，易于造孽，尤其易给后世留下口实。我久处军中，日日如坐针毡。"

自到祁门以来，曾国藩没有一天轻松过。驻防祁门，险象环生，一波三折的战局使他恐惧不已，一年多来没有一日不是处在惊恐之中。此时，他的耳边似乎又回响起学生李鸿章的话来："祁门是绝地！"

就在曾国藩几乎绝望的时候，他的湖南老乡左宗棠率领另一支湘军"楚军"在江西景德镇向太平军发起了一次较大规模的进攻，迫使围困祁门的太平军撤围而去。曾国藩再一次捡回了性命。

李鸿章离开曾国藩后，在江西也不顺利。那段时间他的夫人周氏生病，他既忙于照顾夫人，又要四处奔走，为自己谋求出路。期间他曾向同年沈葆桢去信询问福建的情况，想去补闽道员之缺。沈葆桢回信劝阻了他。他又走访了湖北巡抚胡林翼，胡林翼也劝他说："少荃啊，听愚兄一句话，你本不是池中之物，以你的才华和能力，定不会久居人下，自有飞黄腾达、大富大贵的一天。涤帅（指曾国藩）待你非同常人，在涤帅府自是没有不成功之理。涤帅'年家子'的身份，不正是你青云直上的羽翼、一日千里的车马吗？你千万不要意气用事。"胡林翼的一番肺腑之言让李鸿章陷入沉思。他历数朝中官员，明白当时可"赖以立功名"者唯有曾国藩，心中已然动念：好马也吃回头草。

随后，胡林翼见他回心转意，便主动写信给曾国藩，希望他听从李鸿章的建议，离开祁门，移师东流镇。所谓"青出于蓝而胜于蓝"，胡林翼觉得李鸿章展现出的军政才能已经超过他的老师曾国藩，是不可多得的人才，应多加栽培、历练。

曾国藩接到好友胡林翼的调解信，经过冷静思考，也认为李鸿章的战略预见是对的，胡林翼的看法很有道理，便于咸丰十一年（1861年）4月写信给李鸿章，请他出任南昌城守，以抗拒南路的西征太平军。他的信写得非常自如，也颇有韵味：

阁下久不来营，鄙人对此颇为不解。以公事而言，你与淮扬水师各营官有堂属之名，岂能无故弃之，不知行踪！以私情而论，去年你出幕时，并没有说再也不回来。今年春天祁门陷入危境，怀疑你有曾子避越之情；夏天东流稍为安定，又怀疑你有穆生去楚之意。鄙人遍身热毒，内外交病。诸事搁置而无法实行，已有五十天没有向朝廷奏事了。如无醴酒之嫌，请速来相助。

阅信后，已经游荡数月、投奔无门的李鸿章大受触动。他一方面感激老师的至诚，一方面也为自己先前的莽撞自负后悔不迭。同年5月，曾国藩从祁门撤出，将大营设在靠江岸停泊的大船上，由水师护卫，再无被围攻之虞。李鸿章一直关注曾国藩所部的动向，在湘军进攻安庆连获几次胜仗后，他借机写信致贺。以曾国藩的历练，一眼便知这是李鸿章回心转意的试探，于是捐弃前嫌，回信说非常欢迎他回来。7月13日，李鸿章赶至东流镇，重新投身曾幕。

四、临危挑大梁　受命组淮军

八个月的分离，使李鸿章和曾国藩有了说不完的话题，尽管两人都一身疲惫，但彻夜热切的交谈，使两人的嫌隙得以冰释。曾国藩觉得李鸿章在外面经过大半年的磕绊，依然像从前那样充满壮志雄心，对老师的意思领悟深透，但早先的书生意气却无影无踪，咄咄逼人的锋芒也被小心隐藏。曾国藩心中暗想：这不正是自己特意塑造的吗？此时曾国藩虽身染疾病，但脸上的病容却一扫而光。李鸿章从他那兴奋的眼神中真切地感受到了恩师的情谊，也隐约预感到自己的政治生涯将就此出现转机。

不过，他并没有忘乎所以地陷入对未来前景的美好幻想中，没有大展抱负的兴奋，只有几许"济时谁识栋梁材"的伤怀。那种历时劫而尚存的忠孝情义是他祖父长期以来教导他的，也是从父亲的言传身教中学到的。磨去浮夸的劣性，他变得更加务实了，开始踏踏实实地工作。

不久，朝廷中发生变故。咸丰十一年（1861年）8月，咸丰皇帝奕詝病逝，他的儿子载淳继承皇位。因载淳年仅6岁，咸丰皇帝驾崩前钦定了载垣、肃顺等8人为赞襄政务王大臣。同年11月，政治野心一向不小的慈禧太后利用扶先皇梓宫回京的机会，联合恭亲王奕䜣，在英国公使卜鲁斯等外国势力的支持下，发动了震惊中外的宫廷政变。回京后，她诛杀肃顺，赐死载垣、端华，革职或流放其他赞襄政务王大臣，实际上篡夺了清朝最高统治权。之后，慈禧为载淳举行了登基大典，改次年为同治元年，自称西太后，任命恭亲王奕䜣为议政王，主持军机处及刚刚设立的总理各国事务衙门，随即实行东西两宫太后共同垂帘听政。

是年，国内形势极为严峻。长江中下游一带的战事越来越紧张，太平军在"合取湖北"、保卫安庆的战斗失败以后，采取了西线防御、东线进攻的战略，以闪电之势击破官军东面防线，快速攻占浙东、浙西数十城镇，直捣杭州，上海随即陷入太平军的重重包围之中。浙江巡抚王有龄兵败自杀，江南除镇江和上海为朝廷掌控外，大部分地区都被太平军占领。江苏的官僚和士绅惶惶不可终日，他们迅速成立"中外会防局"，一面倡议向英法等国"借师助剿"，以期依赖洋人的武力保卫上海；一面又选出士绅代表——前浙江巡抚钱宝琛之子、法部主事钱鼎铭与厉学潮等人前往安庆向曾国藩求援。

此时，湘军已收复安庆，曾国藩被赏加太子少保衔，声威正盛。钱鼎铭、厉学潮等人效法春秋时楚国贵族申包胥到秦国痛哭求救的举动，于11月18日乘外轮到达安庆，拜见曾国藩，呈递沪绅公启私函，声泪俱下地痛陈上海将怯卒惰、旦夕不可依恃的情形，并诉说上海士绅们渴盼曾帅，犹如久旱之地盼甘霖。钱鼎铭、厉学潮哀求曾帅早早派兵，以解上海之围。曾国藩左右为难，他既担心上海距安庆千里迢迢，兵派少了，无济于事；若多派兵，又深感手下无兵可分，因而不敢贸然应允。

钱鼎铭见曾国藩犹豫不决，便又以"世交"的身份去拜访李鸿章，求他出面说情。钱鼎铭鼓动李鸿章说："上海是一块大肥肉，富得流油。那里是商贾云集、财赋收入超过几千万两的膏腴之地，而且还有从海上源源不断运来的洋玩意。如果巨大的财富落入贼寇之手，实在是国家的损失，而且还会给官军剿贼带来更大的困难。"他鼓励李鸿章主动请缨。早就听闻十里洋场的上海是人间天堂，李鸿章这时怎会不动心？他爽快地答应与钱鼎铭一起去说服曾国藩。他深知自己的老师生性儒缓，每有大计常犹豫再三，必待思虑成熟后才下决心。于是，李鸿章见到曾国藩后直奔主题，强调分兵援沪，既能控制饷源重地上海，保证每月得到白银10万两济军，又可以达成东西两线互相配合、分进合击之势，"由下捣上"，迫使太平军陷入两面作战的困境。11月21日，曾国藩在日记中写道："少荃商量救援江苏的方法，因钱鼎铭来此请兵，情辞深痛，不得不考虑答应下来。"

其实，与其说是李鸿章的"情辞深痛"打动了曾国藩，倒不如说是巨大的利益诱惑使他无法抗拒，其中包含了政治、军事、经济等实际利益。同时，朝廷屡诏敦促，令曾国藩移师东指，收复江苏、浙江等地的失陷郡县，五日之中，严谕四下。曾国藩几经掂量，决定派左宗棠率兵前往浙江作为南翼出击，准备为收复江浙建立一支新的军队。随后，他开始考虑组建援救上海新军的人选问题。

曾国藩对领兵援沪的统帅，做了周密的遴选和安排。起初决定派其弟曾国荃前往，继而改为以曾国荃为主帅，辅之以李鸿章、黄翼升。但12月31日，曾国藩接到曾国荃拒绝援沪的信件。原来，曾国荃此时正在围攻太平天国都城天京，一心想尽快攻克而立首功，不想放弃前功去援救上海。曾国藩不得已，又邀请湘军老将陈士杰出山，陈士杰已在家乡招募了上万乡勇并积极训练，但他以老母需要照顾为由，按兵不动。曾国藩旋即又命令距离上海很近、正驻扎在镇江的清军总兵冯子材火速援沪，但军令发下去后，如石沉大海，一直得不到冯子材的回信。

此番去上海是剿匪而不是巡游，四周皆是太平军，上海早已成为一座"孤岛"，所以这些人找了种种由头加以拒绝。曾国藩无奈，只得重新选派一个值得信赖又有军事才能的人去。由于连年征战，三湘地区的兵源已经枯竭，如果能利用两淮将领组建新军，在某些方面辅佐或者代替湘军作战，将是一个不错的选择。最后，曾国藩想到了李鸿章，但拿不定主意是否派他去援沪。

此时，李鸿章仅负责湘军一支小小的水军。他重返曾幕后，虚心谨慎，从政务到军务，在曾国藩的调教下，获益匪浅，进步很快；而李鸿章的独特见解更是让曾国藩十分赏识。但是，湘军中的指挥官大多是湖南人，他们的老乡情谊非常深厚，而李鸿章作为安徽人，即使得到曾国藩的赏识重用，也无法获得更大的军权，让他带湘军去上海，只会引起湖南帮的嫉妒和不满。

李鸿章不仅与左宗棠交恶，还与彭玉麟玩过"摔跤"。有一次，彭玉麟嘲讽他的生活作息："少荃每日晚睡懒起，想必安徽的民风便是如此，难怪安徽人多以担货贩卖为生，很少走上仕途的。"李鸿章则抓住彭玉麟的父亲曾在安徽当官一事，反唇相讥："雪琴（彭玉麟字）有所不知,安徽自古民风勤勉,但自从令尊执政数年,竟让百姓作慵懒之态。"彭玉麟听了,立马挥拳打向李鸿章,李鸿章也不甘示弱,还手相向,两人扭打成一团……在湘军大营中经常发生的这些不愉快的经历,让李鸿章有一种寄人篱下的感觉,他因而郁闷地写道:

> 昨梦封侯今已非,四海无家行路难。
> 戈马飘零为何过,青山沦落十几年。

在这种情况下,李鸿章虽然很想抓住这个难得的机会,但他选择了静观局势,耐心等待。在曾国藩预选的将领都拒不领命后,他才主动请缨,希望曾国藩能同意自己去上海肃清太平军势力。曾国藩笑道:"少荃你若去了,我当高枕无忧。只是身边少了一个得力助手,这叫我如何是好呢?"李鸿章表示,若能前往上海,定将不辱使命,为老师增光,仍坚请前往上海。曾国藩见李鸿章信心满满,意欲在上海一展身手,便答应下来,同时还不忘叮嘱募练兵勇的艰难和行军打仗的心法。曾国藩的这一安排,为李鸿章日后创立淮军从而掌握兵权、控制饷源重地上海、登上江苏巡抚的宝座开辟了道路。

不过,此时的李鸿章仍是"光杆司令"一个,短时间内去哪里拉起一支可以打仗的队伍呢?考虑到"徒党星散""立时募练"困难重重,他首先想到两个地方:一是老家庐州肥东,那一带旧有团练十分强悍,而且他对当地人情也较为熟悉,所以罗致并改编庐州一带旧有团练,可以作为新军的基础;二是淮南安庆,借助曾国藩的影响力和庐江进士刘秉璋的人际关系,招兵应该不太难。他打定主意后,立刻辞别曾国藩,从安庆动身返归故里,准备在两淮地区征募新兵。

两淮自古就是一个神奇的地方。这个到处是道路、山脉和放射状河流的地方,连接着中国的北部、中部和东部,地理位置尤为重要。更神奇的是,这块土地居然培养出两种性格截然不同的人。

淮南多出商人和文人,如精明世故的胡雪岩、直言敢谏的东莱先生吕本中等；而淮北则多出军事人才，如骁勇善战的刘铭传等。原因很简单，两淮耕地少，而且耕地比较贫瘠。土里种不出吃的，百姓只能外出找门路，而外出只有两种选择：打工或者当兵。对此，淮南人多选择前者，而淮北人多选择后者。尤其是合肥西乡，民风彪悍，个个争勇好斗。他们有自己的武装组织，头领称为圩主。只要太平军一来，他们就群起而攻之；太平军一走，圩主之间常常为了争夺战利品而再次开战。

独特的地理位置、自然环境和民间风俗，共同影响着这片土地，使这里注定要出现无数传奇的人物。周公山上的张树声、张树珊兄弟，哥哥善谋，弟弟善战，兄弟二人同心协力，无往而不利；紫蓬山下的周盛波、周盛传兄弟，经历大小200多次恶战，六个兄弟战死四人，手下死伤数千；大潜山的刘铭传，更是闻名遐迩的传奇英雄。另外，还有吴长庆及唐殿魁、唐定奎兄弟等，也是不可小觑的地方势力。

李鸿章坐镇庐州，先是将目光投向了庐州一带的旧有团练。咸丰十一年（1861年）12月12日，他给自己的学生、当地团首潘鼎新写了一封私信，不过信中所谈的都是公事：

> 曾帅有意令阁下按照湘军营制募练500人，口粮与张遇春的淮勇一样。只是考虑到楚军不用长杆火枪，专用抬炮小枪，轻重大小完全一致，步伍连环亦有约束，而阁下所部未必能马上降心相从。如愿学习楚军（左宗棠部）纪律及行军扎营的神速，请回信告知，再以专札调赴安徽，勤加训练。楚军招募，准领枪炮、器械、帐篷，起程时支小口粮，勇夫每日给钱百文，到营点名后给大口粮。此前已寄给阁下营制刊本，可复案照请……

此时两淮地区早已是山头林立，圩主横行。三山的首领、周公山上张树声的团练是合肥诸多团练中声势最大的。张树声听说李鸿章回皖招募新勇，马上召集当地各团练头目开会商议，几位兄弟一合计，觉得李鸿章给出的好处不少，都同意抱团加入新军。于是，张树声写信给李鸿章，表达投效之意。李鸿章阅信，大喜过望，立即请张树声前来安庆面商。

在席间，他们畅谈用兵方略、规复计划，相谈甚欢，大有相见恨晚之感。张树声不仅自己募勇相从，还左提右挈，动员刘铭传、周盛波等人"各建旗鼓"。安庆一带又有刘秉璋的鼎力相助，招募新勇之事进行得非常顺利，大大出乎李鸿章的预料。

与此同时，李鸿章还命令三弟李鹤章回合肥招募旧部团练，响应投军的有内亲李胜、张绍棠，昔年好友勰德模、王学懋，以及李文安的旧部吴毓兰、吴毓芬等。庐州一时盛传一句顺口溜："会说合肥话，就把洋刀挎。"在多方面的煽动下，一批批跃跃欲试的两淮子弟开始源源不断地投身于淮军之中，淮军队伍迅速壮大起来。

同治元年（1862年）2月，李鸿章所募淮勇数营陆续抵达安庆，其中有刘铭传的"铭"字营、张树声的"树"字营、潘鼎新的"鼎"字营、吴长庆的"庆"字营。除上述四营外，还有从湘军中调来的张遇春的"春"字营。这些勇猛无比的乡勇头目，在日后的争战中成为淮军的主要将领与李鸿章的左膀右臂。

当曾国藩站在安庆北门外阅兵时，不禁大吃一惊！李鸿章像变魔术一样，仅用两个多月时间就变出几千名两淮乡勇。

当然，要使这支以团练乡勇为主的队伍成为正规的军队，李鸿章和曾国藩还下了一番功夫。

首先，他们给这支部队取了一个响亮的、在历史上不输湘军甚至完全取代湘军的名字——淮军。同治元年（1862年）3月4日，淮军正式成立。其次，健全建制章法。淮军在器械、薪粮方面，全部按照湘军章程，同时用楚军营规加以训练。但因时间紧迫，李鸿章深知淮军弁勇素质差，人心不齐，训练时间短，装备落后，战斗力有限，尤其缺少有勇有谋的统领，于是向曾国藩提出从湘军中调拨一批人来充实淮军的领导力量。他对曾国藩说："敝部除张遇春一营外，均为新勇，战守难恃，远征异地，如果没有精兵良将，难免有倾覆败亡的危险。"曾国藩也有同样的看法，因担心淮勇不堪一击，于是打算以湘军作为榜样，改变淮军风气。他满口答应李鸿章的请求，陆续调拨湘勇十营归其节制。其中整营拨归淮军的有：

1. 属于湘军系统的"春"字营（张遇春）和"济"字营（李济元）；

2. 太平军降将程学启的"开"字两营；

3. 湖南新勇"林"字两营（滕嗣林、滕嗣武）以及后到的"熊"字营（陈飞熊）和"垣"字营（马先槐）；

4. 曾国藩送给李鸿章作为"赠嫁之资"的亲兵两营（韩正国、周良才）。

这样一来，李鸿章手下便有了十四营，共6500多名弁勇和2300多名长夫。

湘淮"本系一家，淮由湘出，尤育水源木本之谊"，因而淮军和湘军在体制上基本一致。湘军仿照明代戚继光的治军方法，分营立哨。而淮军又是比照湘军体制，也以营为相对独立的作战单位，设营官一员，每营分前、后、左、右四哨，每哨设哨官、哨长各一员，每哨正勇分为八队，一、五两队为抬枪队，二、四、六、八各队为刀矛队，三、七两队为小枪队。刀矛、小枪每队正勇10名，抬枪每队正勇12名。每队又置什长、伙勇各1名。合计每哨官兵共有108名，四哨官兵共有432名。此外，营官还有亲兵六队，不置哨官、哨长，各队直属营官调遣。其中一、三两队为劈山炮队，二、四、六各队为刀矛队，五队为小枪队。各队均置什长1名、亲兵10名、伙勇1名，合计六队共有72名。连亲兵与四哨合计，每一营官统带504名。综合一营作战兵力，包括劈山炮两队、抬枪八队、小枪九队、刀矛十九队，共有三十八队。每营除正勇外，还额外设长夫180名，负责运送辎重、粮草和干粗杂活，协助正勇，使他们出征时无误战事，平常驻防则可致力操防，这就是长夫制度。此外，淮军还因袭了湘军的薪粮、恤赏、濠垒、营务处、粮台等制度。

在管理、指挥权限上，原则上是兵为将有。淮军各营的头目一般是招募者，先设营官，然后以营级将领为中心招兵。这些弁勇与地方官府没有多少关系，各营一般以营官的名字命名。后来，李鸿章对同僚李宗羲说："涤帅与弟，治军十余年，皆先选将，而后募营，其营哨须由统将自择，呼应较灵。"之所以"呼应较灵"，就是因为这种制度使统领、营官、哨官成了大帅的私属，一营之中环环相扣，弁勇听从营官和哨官指挥，营官和哨官听从统领指挥，统领则听从大帅指挥。因此，湘军只服从曾国藩指挥，现在淮军成了李鸿章"私产"，自然是听他指挥。不仅省区的督抚指挥不了，即使朝廷也难以直接调遣。

不过，淮军组建仓促，在很多方面与湘军存在差距。

第一，兵将冗杂。湘军的组建原则是"选士人，领山农"。湘军将领一般是受过传统的儒家思想教育，但政治地位不高的地主阶级知识分子，其中有科名的多达30人。曾国藩曾经扬扬自得地说："我的这些手下，可以白天打仗，晚上讲学。"淮军则有所不同。李鸿章的淮军将领中，只有刘秉璋一人是进士，另有举人、廪生各一人。以唐殿魁、唐定奎为例，二人打仗勇猛，读书不行，200年间，整个唐氏家族仅考中一个秀才。张树声兄弟、周盛波兄弟介于土匪和刁民之间，吴长庆则起于行伍……李鸿章本人身为翰林，但却鄙薄那些以科名相标榜的人，他重视的不是门第身世，而是才能韬略。加之急于成军，饥不择食，广收杂揽，因此淮军头目多为地方团首、降将、盐枭、防军等。比如郑国魁，他是合肥人，巢湖上的盐枭出身，因触犯族规杀死族长，从家里逃了出来，成为太湖上的土匪头子，太平军得势的时候曾在太平军里混过，淮军新建，他又投奔了淮军。

第二，志在利禄。曾国藩是一位理学家，特别注重对湘军灌输忠勇思想及进行军事训练。在将士素质上，曾国藩要求"凡招募士勇，取技艺娴熟、年轻力壮、朴实而有农人气质者；不用有市井衙门气者"；而在将官任用上，则选择绅士与儒生，其主要将领大多有同乡、同学、师生、亲友关系，且趣味相投，是讲求"忠君""卫道"的程朱理学的忠实信徒。归根结底，他们肯为维护封建统治秩序做出个人牺牲，即具有"忠义血性"者，以能为封建统治者效忠的政治标准为根本原则。而李鸿章的手下将领大都是"山大王"，他们身上沾染了江湖习气，更多的是讲义气、讲利益。李鸿章深谙其理，一改湘军管理方法，舍得将利益馈赠给部下，"重赏之下，必有勇夫"，虽然他也"辨等明威"，但主要还是以功利作为激励手段，用功名利禄诱使乡勇为朝廷流血卖命。正因为主帅对出军作战的判断标准不一，湘军和淮军表现出两种不同的气质。

第三，太重情面。李鸿章深知安徽人的心性，面子比天大，乡情比地深，只要够交情，任何事情都能答应。哪怕是八竿子打不着的关系，说有用的时候就有用了。所以，他尽可能把老乡的关系用足用透。利用这种动之以乡情的手段，曾国荃的手下悍将、安徽桐城人程学启被他"挖"了过来。他的三弟李鹤章、六弟李昭庆也是他的好帮手，他们在家乡时就统带乡勇出战。即使如此，还是远远不够，李鸿章又想到了从小玩到大的同乡好友蒯德模和蒯德标兄弟、王学懋等人。此外，李鸿章还发掘身边的人才。

周馥，字玉山，安徽建德（今东至）人，才华横溢。周家重视读书，虽然因战火而家道没落，但仍然不废学业。为维持生计，周馥先在八卦门正街摆个测字摊，还兼帮人写书信，后又搬到李鸿章安庆寓所马王坡附近。曾国藩在咸丰十一年（1861年）打下安庆后设木匦（意见箱）时，周馥投的意见稿让他看了大加赞赏。那时，李鸿章便在心里暗自记下周馥的名字。此番为淮军招揽人才，李鸿章为拉拢周馥，把自己每月为数不多的几两银子薪水与周馥共享。为报答李鸿章的一片深厚情谊，此次前往上海，周馥自然拼死也要追随李鸿章一起去。

凌焕，与李鸿章关系非比寻常，他们是道光二十年（1840年）的乡榜同年。凌焕曾进过临淮袁甲三、都兴阿的幕府充当文案，沉稳干练，后来负责办理淮军的后路粮台。

刘瑞芳、刘含芳兄弟，安徽贵池人，刘瑞芳擅长与人打交道，后来担任驻外公使，而刘含芳到上海后则负责军械粮饷的供应。

除了延揽自己的安徽同乡外，李鸿章脑海中还浮现出此次和他接洽的上海名流，开始盘算到上海后如何拉拢这些人。

淮军营制建立起来后，李鸿章遵循老师曾国藩训练湘军的成法，亲自对淮军进行了短期的强化训练。基本功是能攀得上高楼，跳得过宽沟，以便实战时蹿破敌营哨所；能手抛火球到数丈外；能腿绑沙袋日行百里。还要淮军学习扎营设哨：无论攻城还是野战，必先扎营，无论风雨寒暑，不厌其烦，营没扎好不准休息，也不准去搦战。淮军营垒站哨的弁勇较多，比例大概是白天十分之三、晚上十分之一，这种设哨之法增加了快速发现来敌的概率，也提升了部队的反应速度。

直到此时，李鸿章才真正拥有了可以独立行使指挥权的队伍——淮军。经过一系列遴选将领、训练乡勇等事务后，他终于要带着这支新组建的队伍前往战争一线——上海。在那里，他和淮军要面临的是斗志旺盛的太平军，他们能否将上海从一座孤岛的绝境中拯救出来，是悬在李鸿章和他手下那些将领们心中的一个问号。而这个问号，让他们既兴奋，又不安。

第三章　翰林巡抚配淑女　鲲鹏展翅冲云霄

一、出师战上海　淮军扬声威

当李鸿章新组建的淮军正从容进行集训时，上海那边的官绅们已急得如热锅上的蚂蚁。此时镇守上海的主将为署理江苏巡抚薛焕，旗下官军不足 4000 人，处处分防，兵力部署捉襟见肘。薛焕曾请求浙江、江北大营派兵来援，朝廷虽然照准，但援兵却迟迟不到。与此同时，太平军不断加压，英法联军和华尔的洋枪队虽有火力优势但数量有限，太平军军锋一度到达宝山、高桥、闸北，已完成对上海的合围。

上海方面催促李鸿章发兵，一次比一次催得急，但当时安庆至上海的水陆要道都在太平军的控制之中，淮军十四营近 9000 人如何能瞒天过海暗度陈仓呢？天京是太平军的大本营，要从他们的眼皮子底下过去谈何容易！

曾国藩准备让曾国荃一路攻城，李鸿章则率军傍城冲过，走陆路经巢县、和州、含山、镇江而达上海。但上海官绅认为此法不仅用时过长，且易在来沪途中损耗兵力。在中外会防局的分析下，他们想出了更为妥切的办法——"乘夷船越贼境"，即花银子雇英国商船，从水上悄悄地将淮军分批运往上海。同治元年（1862 年）3 月 28 日，上海士绅以每人 20 两的价格，共计花银 18 万两雇了 7 艘英国商船运送淮军。18 万两银子，几乎是全上海月税收的三分之一，可见上海士绅们对保全上海的决心。4月5日，程学启、韩正国带领首批淮军乘船东进。

由于商船外观看起来就像普通的小货轮，太平军起初并没有料到体积不大的小货轮里居然可以容下1000余名士兵。商船经过南京时，驻守在长江堡垒上全副武装的太平军将士个个严阵以待，他们清楚地看到轮船货仓里的淮军，但因为有外国商船这张"虎皮"掩护而不敢开枪。正是太平军的这一念之差，直接导致战局的逆转。

同治元年（1862年）4月8日早晨，艳阳高照，碧空如洗。在上海十六铺码头上，上海军政要员、商界巨贾不无紧张地伫立岸边，翘首盼望着这支肩负特殊使命的武装船队到港。对岸隐约可见太平军的营寨，那是李秀成亲自统领的12万精兵。上海处在层层包围之中，已成一座孤岛。这几千淮军，是上海官绅们最后的希望。

然而，当一队队淮军走出船舱时，官绅和洋人都傻了眼，眼前的士兵实在出乎他们的意料，令他们大失所望。这支队伍正是李鸿章刚刚组建的淮军首批抵沪的1000余人。他们土里土气，头上包着布帕，身穿短褂，前胸正中一个"淮"字，后背正中一个"勇"字，前胸和后背的圆圈被在场的洋人嘲笑为射击的靶心。他们腿上是肥大的裤子，足蹬草鞋、麻鞋，由于在船舱底下闷了几天几夜，浑身散发出恶臭。听他们讲话，不但安徽口音浓重，而且满嘴匪话。这与上海这个花花世界格格不入，与清王朝的正规军队和洋人官兵比起来，简直就像是灾区逃荒过来的乱民。再看他们的武器，也是七长八短，大抬枪、火绳枪、弓箭，很多人身上还带着一把伞和一把大蒲扇。

人们对刚上岸的淮军指指点点，议论纷纷：保卫大清的财赋命脉，保全官绅们的身家性命，难道要倚仗这些名不见经传的淮军吗？钱鼎铭怎么花18万两白银请来了一群叫花子！

这时，人们看到一位身材高大的官员走上岸来，尽管他身着官服，但仍显得狼狈不堪。他略整理了一番衣冠后，正色命令程学启、韩正国两营列队。手拿各式装备的淮军与站在一旁的华尔的洋枪队一比，简直是云泥之别。华尔走上前去，不无挑衅意味地谑笑着对李鸿章说：

"想必您就是大名鼎鼎的曾帅派到上海来帮我们击退太平军的李鸿章李大人,您身后这支队伍不会也是曾帅训练出来的吧?我看倒更像一群乞丐。"

李鸿章受此羞辱,只得强压怒火,对嘲笑淮军的士绅和华尔报以一笑,说:"军队贵在能战而不在穿着和外表,等我们打完一仗,你们再笑不迟。"说完,他走向自己的队伍,对众弁勇说:"伙计们,贼娘的好好搞!"

淮军主帅李鸿章虽操着一口安徽土话,但他表现得信心十足,气度不凡,冷静沉稳中透着凛凛之威,给在场的上海士坤们留下了一点好印象。

到达驻地后,李鸿章迅速命淮军休整,并邀请巡抚薛焕、提督曾秉忠、苏松太道吴煦等一起检阅了这支"身价不菲"的淮军队伍,以期改变他们对淮军的片面看法。

随后,李鸿章又去巡抚衙门,与薛焕等官员和士绅商谈粮饷问题。士绅们心里又开始犯嘀咕:求了曾国藩那么久,他竟打发这样一支队伍过来,不知是来保上海还是吃上海。薛焕在李鸿章到来之前已再三承诺,淮勇抵沪后的饷粮俱由江苏藩台供给。李鸿章本是照约办事,但薛焕见淮军这般情形,想要爽约,于是借口上海银粮吃紧,应拨给淮军的饷粮数还没有筹齐,让李鸿章先等等。

李鸿章对上海官绅低看淮军的做法很气愤,但他初来乍到,只好强作镇定地问道:"那抚台大人可否给下官一个准确时间?"薛焕只得硬着头皮承诺,待淮军收复青浦后,一定照数拨付,决不拖欠。

淮军抵达时,正值太平军第二次大举进攻,能否守住上海并蓄志发展,是摆在李鸿章面前的最大考验。李鸿章牢记恩师的教诲:"以练兵学战为性命根本,吏治洋务皆置后图。"

李鸿章到达上海半月后,朝廷便将江苏巡抚薛焕调任为五口通商大臣;4月25日,李鸿章署理江苏巡抚。这样一来,李鸿章成了江苏省的最高行政长官,可以充分利用江苏雄厚的财力和物力精心打造自己的淮军。他一方面整肃军队,去除士兵的散漫习气;另一方面学习洋人军队的做法,火速从香港买了3000支洋枪。淮军开始分批次装备洋枪并改编营制,首先"旧貌换新颜"的便是韩正国的亲兵营和程学启的"开"字营。

5月1日,英法联军和洋枪队攻打嘉定,李鸿章从旁观察,回到城南的徽州会馆后,他向属下夸赞说:"数千洋兵枪炮并发,抵挡者纷纷倒地,他们的落地开花炮弹真是神奇!"他发现洋枪洋炮威力巨大,英法在上海的驻军队伍齐整,大炮精纯,弹药细致精巧,器械鲜明,而淮军要想发展,必须装备西洋军火,向洋人学习,以增强实战能力。他下定决心尽可能引入西洋火器,并明令属下将官注意观摩洋人"临敌之整齐静肃,枪炮之施放准则"。

程学启不解地问道:"俺们不是来上海剿贼的吗,怎么现在还不出兵,反倒当起了看客?看见那些洋人打枪,俺也手痒痒了。俺们再不打,那些好处就都让洋人抢去了,那些赏银不要了?"

李鸿章斜眼看了程学启一眼,反问道:"你来过上海吗?有没有见过洋兵打仗?"程学启摇摇头,不解其意。李鸿章接着解释道:"俺们刚到上海,人生地不熟,两眼一抹黑,这仗咋打?再说洋兵用的都是洋枪洋炮,再看咱们手里的家伙,一个天上一个地下,眼下没办法联手作战。机会一定会有的,你们不要在意那些流言飞语,只看谁会打仗,能不能打胜仗。"

经过李鸿章的一番劝说,淮军各营官将领逐渐明确他们的目标。为尽快打出淮军的名号,他们在修筑好一座座圆形的大堡垒后,已抵沪的9000名淮军弁勇一头钻了进去,只顾专心致志地训练作战本领。任凭江苏地方官员与洋人三催四请,李鸿章都打定主意,不训练完毕决不出战。

5月16日,李秀成率太平军精锐万余人在太仓聚歼上海知府李庆琛部5000人,并乘胜围攻嘉定、宝山,战斗持续至5月29日,太平军占领泗泾,旋即东进占领七宝、虹桥、漕河泾一线,距上海县城仅20

里。接着,太平军连营 30 余座,对青浦县城形成四面合围之势。

这时,李鸿章对程学启、韩正国、张遇春等人说:"你们不是天天嚷着要立功受禄吗?现在机会来了,贼娘的,第一战就看你们的了!如果失败,官位、赏银统统泡汤,整支淮军都得滚出上海。你们也别再做那升官发财梦了。"

程学启等人大受鼓舞,欣然受命后,于 6 月 2 日黎明行至漕河泾,迎面遇上千余太平军,双方都猝不及防,立马枪炮齐鸣。

淮军一开战就陷入不利的局面,连战连捷的太平军斗志冲天,摇旗呐喊,声势逼人,根本没有把淮军这群乌合之众放在眼里。李秀成所部数千支洋枪一起施放,子弹密如雨点。太平军根本不屑讲什么阵式、火力配备、进攻战术,撒开双腿就往淮军阵地冲了过来。

这一回,轮到那些洋兵袖手旁观,当起了看客。

身穿红褂子号衣、头裹红巾的太平军,犹如一股红色的潮水将淮军包围起来。主将大旗上面赫然写着一个斗大的"谭"字,这便是太平天国慕王谭绍光的主力。

淮军"启"字营的火器以鸟枪、抬枪、劈山炮为主,适合平原野战,特别是劈山炮,对步兵杀伤力巨大。程学启将火器集中起来施放,形成更为密集的火力点,试图打开太平军包围圈的缺口。

不久,张遇春率队赶到,与程学启部形成对太平军的前后包抄。太平军没料到会遭遇强敌,开始退却。双方拉开一段距离后,太平军忠王李秀成下令用火炮轰击张遇春部。远处观阵的李鸿章见势不妙,跃马向前,奋不顾身地率淮军进行反击。韩正国率亲兵冒着炮火护着李鸿章,正退据一个小山包时,突然一弹飞来,正中他的胸部,韩正国跌倒在地,亲兵营顿时乱作一团。李鸿章见状,搬了一把行军凳坐在队伍后退必经的桥头,亲自督战。

太平军火力很猛,淮军"春"字营上去没多久就顶不住了,队伍溃退下来,营首张遇春也在后退,他刚跑到桥边,便被李鸿章撞见。李鸿章目露凶光地盯着张遇春和他身边的几个残勇,回顾左右厉声说道:

"把他的头砍了!"吓得张遇春连忙谢罪并掉头回去跟太平军拼命。

张遇春是李鸿章的亲信,现在李鸿章要拿他来开刀,其他将领看在眼里,也不得不硬着头皮往前冲。

冲在最前面的程学启部打得最为激烈。程学启战斗经验丰富,命令弁勇首先向太平军将领射击,对方应声坠马。他自己带头往前冲,子弹没了,便扔掉手里的枪,搬起地上的石头,口中发出如狮子般的咆哮,冲向敌阵。

俗话说:软的怕硬的,硬的怕狠的,狠的怕愣的,愣的怕不要命的。淮军就像一群不要命的疯子!身经百战的李秀成从未遇到如此凶猛的对手,顿时阵脚大乱……经过几个回合的较量,淮军越战越勇,把太平军打得丢盔弃甲、溃不成军,最终落荒而逃。事后,李鸿章却轻描淡写地说这场遭遇战只是"无意中的小胜仗"。

6月7日,参将程学启率领五队官兵进攻泗泾,李鸿章亲督副将滕嗣武、参将张遇春、同知张树声、守备吴长庆各营于当夜增援,拉开了大战的序幕。太平军也精锐尽出,忠王李秀成、听王陈炳文、纳王郜永宽等据守深沟高垒,连营三四十里。

李鸿章抓住遭遇战小胜、士气正旺的战机,亲自指挥韩正国的亲兵营参战。李鸿章打仗很有章法,他先派张遇春为先锋攻打泗泾,引诱太平军出战。太平军果然派出大队迎战,淮军诈败后退,太平军紧追,伏兵以劈山炮、抬枪射击,但久经战火考验的太平军仍然击退了淮军。李鸿章又率已装备洋枪的亲兵营进行反击,一面振臂高呼"淮军威武!淮军必胜!淮军天下无敌",一面放枪冲锋。淮军虽然人少,但是个个骁勇、拼命。他们深知此战不能败,败了只有死路一条,因为他们没有援军,一旦表现出一丝胆怯和退缩,就会被人多势众的太平军团团围住,后果不堪设想,只有获胜才能自我成就!

在几天的战斗中,双方多次攻守换位,形成拉锯局面。就在这关键时刻,李秀成接到天王催促回援天京的诏令,不得不将主力撤走。他这一退,松江之围随之而解。

此战过后，淮军终于扬眉吐气了。泗泾之战是一场以少胜多的战斗，淮军侥幸获胜。

上海官绅民众获此捷报，都对淮军刮目相看。本欲看笑话的英法等国人士也不禁对淮军的实力大加赞叹，在新闻报刊上纷纷报道淮军战绩，逐步转变对淮军士兵的态度，变得礼敬有加起来。

7月初，李鸿章乘太平军新败，挥师攻陷浦东。7月4日，黄翼升率领配属给淮军的淮扬水师四个营到达上海，李鸿章的底气更足了。8月上旬，李鸿章的三弟李鹤章率领马队千人来上海会合。李鸿章决定开始大反攻。8月9日，李鸿章在华尔洋枪队的帮助下，凭借大炮攻城，攻克了太平军最坚固的青浦据点。当时忠王李秀成正集结重兵、储备粮草弹药赴援天京，青浦失陷打乱了他的部署，因此他急忙回师再次反攻。

李鸿章急调浦东的刘铭传部及李鹤章集结的淮军各部，准备迎击李秀成。8月26日，程学启刚率部到达七宝，就遇上太平军主力谭绍光部，被围了个水泄不通。韩正国带伤率部增援，这次他没有上次幸运，受伤而死，成为淮军中第一个战死的营官。

程学启也率众经过一番苦战才侥幸脱险。次日，李鸿章率领几营主力赶来，发动北新泾会战，分三路向谭绍光部展开进攻。华尔率洋枪队在法华镇侧援，黄翼升率水师从吴淞江进攻，法军也动用大炮进行支援。由于在火力上处于劣势，谭绍光率部退回嘉定，淮军取得了北新泾战役的胜利。

接下来双方的第三仗是四江口之战。

这时，太平军在上海仅剩下嘉定一个据点，面对淮军和洋枪队咄咄逼人的攻势，守城的太平军首领戴天安虽然信心不足，但仍然积极备战。10月29日，慕王谭绍光、听王陈炳文、潮王黄子隆及主将邓光明率七八万重兵，在蟠龙镇至四江口对岸列阵，修筑防御工事。淮军利用劈山炮轰乱太平军的阵形，给太平军造成很大伤亡。李鹤章、程学启、郭松林、刘铭传率军分三路猛扑南路的听王陈炳文部。郭松林、刘铭传部先逼近太平军营垒，越过壕沟，刘铭传新组建的洋枪小队匍匐前进，先射倒几名太平军将领，郭松林乘机率军攻毁营垒。在漫天的炮火中，太平军只坚守了几个小时，营垒被次第攻破。接着，嘉定南门城墙也被轰塌10余丈，淮军蜂拥而入，嘉定被攻下。但是，淮军缺少重火器，只能眼睁睁地看着太平军逃至昆山等要塞。李鸿章随后命淮军发起全线攻击，又攻克了青浦和嘉定之间的要地白鹤港。

经此三战，李鸿章与淮军威名远扬，获得了朝野的一片赞誉之声。上海人不得不佩服这帮穿着褴褛、作风老旧的淮军，就连一向鄙视清军的英文报纸《北华捷报》也撰文盛赞淮军，说这支优秀军队叫人想起了古罗马军团。

清廷收到捷报后也大为欣慰，马上将原先给李鸿章的虚衔改为实授江苏巡抚，两个月后又任命他为五口通商大臣。

二、师西夷兵器　整规范清军

李鸿章因战功一举成为江苏省的督抚后，开始考虑如何克复苏州。上海保卫战之后，淮军虽然赢得一片赞誉，但李鸿章深知淮军的弱点，如果没有雄厚的财力和广泛的人脉来保障，再庞大的军队也难成大器。而且，三场仗打下来，淮军损失了两员营官，其他营官也大多负了伤。同时军中的武器装备损耗也很大。面对不利形势，李鸿章充分显示出其气度不凡、盘算精明的过人之处。他迅速从"察吏、整军、筹饷、辑夷"诸事入手，以整体推进的思路经营自己的淮军集团，而工作的重心自然是"整军"和练兵练器。

通过对英法军舰的考察，李鸿章领略到了西洋军事的厉害，曾经对李秀成所部"专用洋枪，力可远及"表示赞叹，而当他看到华尔洋枪队的洋枪洋炮时，更加震惊，就像他后来所说的"器械之鲜明，队伍之雄姿，实非中国所能及"。此后他便对西洋先进的武器、技术等产生了浓厚的兴趣，动起"虚心忍辱，学得西人一二秘法"的脑筋。

李鸿章认为,洋人的长处有三:一是战舰,二是火器,三是养兵练兵之法。

当他和淮军乘着上海士绅从英国商行租来的轮船通过太平军控制区、沿长江顺流而下时,他在船上待了三天。这次切身经历让他静下心来思考西方技术的价值,并开始对洋船尤其是战舰产生兴趣。

说到战舰,有个外国人不得不提,他就是清朝第一任海关总税务司,即海关行政主官李泰国(Horatia Nelson Lay)。这个英国人有着很不平凡的经历,他10岁时,父亲被任命为英国驻广州第一任领事,他随父亲来到中国,在中国他先后担任英国驻广州、香港和上海等领事机构的秘书、翻译、副领事等。自幼与中国人打交道,他逐渐成为"中国通",在英国与中国两种不同文化间的跳跃使他一路飞黄腾达。同治元年(1862年)3月,李泰国收到了清廷委托他用65万两白银,购买中号兵舰3艘、小号兵舰4艘和所需军械物资及后勤辅助设备的函件,并委托他另外雇募英国人130名左右,以便组建中国新式海军。他得信后欣喜若狂,立刻动身前往英国。他之所以积极支持清廷创立海军,并为之在中英两国间奔走,主要是希望自己能成为大清国海军首任最高长官。

李泰国这趟去英国,一共购买8艘中小型舰艇,还雇请了英国海军上校阿思本为这支小型舰队的司令官。

同治二年(1863年)5月9日,李泰国返回中国。他到达上海后,首先去江苏巡抚衙门拜见李鸿章。他坚信对舰船很感兴趣的李鸿章会同意他的提议,没想到李鸿章看了李泰国与阿思本私订的十三条合同后,默默把文本放在桌案上,然后若无其事地对李泰国说:"大清国需要军舰打长毛,现在长毛已经被打跑了,军舰之事暂且放一放吧。"

李泰国说:"巡抚大人一向倡导建立海军,现在大英帝国的帮助下,总算有了一个好的开始,怎么突然改变初衷呢?"

李鸿章直言不讳地说:"李税务司若是来跟本官谈如何组建这支海军,本官自然有兴趣,但你都将舰队的规模、司令官、各舰建制,甚至名字都定好了,还找本官做什么?恐怕是银子不够,找本官要银子吧?"

李泰国尴尬地笑了笑,说:"是的。舰队马上抵达港口,我也花了大把银子,但仍有12万两银子的缺口……"

"银子嘛,江苏府库中还有一些,但也不多。而且淮军要买火器、要发展壮大,战后的难民要安抚,城镇要重建,处处等着用银子。既然合同是你所签,那便是你的舰队花银子,理应你自己掏腰包!"

李泰国惊讶地发觉自己那不可告人的企图已被眼前这个清朝官员识破,他定睛看着李鸿章,生气地说:"总理衙门已经下文让江苏巡抚衙门解决经费不足部分,大人难道不知道吗?我鞍前马后、远渡重洋为大清国创建海军效力,为什么要自掏腰包?真是岂有此理!"

李鸿章不急不恼地说:"第一,从你制定的协议、舰上的水手和军官到舰队使用指挥权,无论从哪一点看,这支舰队都不是大清国的舰队,更像你的私人舰队或者说是受英国人指挥的舰队,所以银子该由你或者英国政府出;第二,本官只收到总理衙门为淮军购置洋装备的函文,如果这支海军配属给淮军,那银子自当江苏全力解决。但眼下看来,这支舰队既非我大清统管,亦非淮军配属,本官实不能出这笔钱,有劳李税务司去找总理衙门要银子结款。"

二人第一次面谈就这样不欢而散。其实,李鸿章做梦都想为淮军水师配置军舰,只是李泰国没能把握好他的心理。

事后,李泰国真的到总理衙门去理论,而且事情闹得很僵。后来经过各种关系的调解,又重新制定了《轮船章程五条》。7月8日,清廷颁布上谕:饬令总兵蔡国祥统辖这支舰队,阿思本为帮办统领,受两江总督曾国藩、江苏巡抚李鸿章的节制。

阿思本率舰队抵达上海后,才知道原协议已被清廷否决。他恼羞成怒,煽动李泰国一起再次大闹总理衙门,要求一字不改地施行"李阿合同",否则解散这支舰队。

曾国藩、李鸿章立即联名上奏说:"洋人意气凌厉,认为轮船奇货可居;把华统领当作堂下之厮役、待门之贱客,水陆将士皆将引为大耻。"朝中很多大臣也主张宁可不要舰队,也不能将舰队的指挥权交给外国人。最后，中英双方达成协议：将舰艇全部遣返英国并拍卖，中国出资遣散舰队官兵，总共亏了67万两银子。李泰国虽然因此丢了官，但却得到很大一笔补偿。

这件事对李鸿章触动很大，使他对"借师助剿"策略有了新认识，对部分江浙官绅吁请借洋兵代为收复江宁、苏州、杭州一带的呼声极为反感。洋人在上海横行霸道，自许为"上等人"，平时对清军非打即骂，攻下城镇先抢战利品，根本不把清军放在眼里。清朝的大小官吏、军卒士兵只能忍气吞声。李鸿章在给老师曾国藩的信中曾说："洋兵与清军有隙，与官军同剿时，洋兵经常肆意欺凌。"

第一支舰队尚未组建便失败了，但这并不意味着大清国不再组建舰队，相反，李鸿章组建现代水师的愿望越来越强烈。他在创立和扩充淮军陆营的同时，很重视组建自己的水师。最早的一支淮军水师，是在安庆组建的"善"字营，以孙善成为统领，拥有5艘炮船，后随淮军陆营东援上海。李鸿章抵达上海后，改编了上海旧有水师防军和苏、嘉等地的部分枪船。上海旧有水师防军，以江南提督曾秉忠为统领，其旗下均为广勇。李鸿章起初将其裁减一半，仍由曾秉忠统领，不久又进行了一次精简整编，改派曾守忠、蔡渭川、曾敏行等分别统领，仍称师船。苏、嘉各处枪船有万余只，李鸿章认为枪船太小，船员大多为游民土匪，遇事依违两可，只能用作侦探向导，而不能用来冲锋陷阵。对于这些船员，淮军诸将都十分厌弃，唯有李鸿章力主采取"笼络控制"的方针，并收编了安徽合肥盐枭出身的郑国魁、郑国榜等人的枪船，立"魁"字两营。随着淮军不断壮大，之前的"铭"字营、"春"字营、"鼎"字营纷纷发展为军，而其营官也升为统领。为保证建制齐全完整，李鸿章还在铭军中设有水师两营，鼎军和春军中各设有水师一营。

除了淮军陆营和水师之外，李鸿章还统管淮扬水师和太湖水师。淮扬水师由曾国藩一手办成，统领黄翼升及营官借自湘军外江水师，饷项分自湘军内江水师，营勇募自湖南，沿袭湘军传统，并无淮军色彩。太湖水师于同治元年（1862年）由曾国藩经手造船集军而成，战船造于安徽铜陵峡，营伍调自湘军外江、内江水师，并从外江水师借调李朝斌为统领。同治二年（1863 年）6 月，曾国藩决定调李朝斌领水师赴上海，腾出黄翼升水军溯江入淮，辅助临淮营军。曾国藩意在以李换黄，但李鸿章却企图控制两支水师，以为己用，因而一面奏留黄翼升，一面催调李朝斌。同年 8 月，李朝斌带领太湖水师抵达上海，而黄翼升和淮扬水师仍原地不动，皆被李鸿章统辖。

李鸿章从抵达上海到完成"以沪平吴"任务，历时 29 个月，所部兵勇逐渐扩充。同治二年（1863 年）5 月，他函告漕运总督吴棠："敝军水陆接续招募，现已 4 万人，分布浦东西数百里间，犹觉左支右绌。"及至同治三年（1864 年）10 月，他再次对吴棠说："我部水陆 7 万人，忙时有益，闲时多愁。"从这两封信中可以窥见李鸿章有扩军的意图。当然，他在信中所说的水陆军 4 万或 7 万，并非尽属淮军，而是以淮军为主，兼及其他以巡抚身份统驭的诸军。

至于火器，李鸿章的淮军是边作战边开始洋枪化的。武器装备的西化是军事近代化的第一步，洋枪洋炮对淮军的影响不仅是在技术上，更重要的是在心理上大大强化了他们的信心和战略思维。

李鸿章初到上海时，这里的防卫力量竟是由英国人、印度人、法国人组成的 3000 洋人军队，世人称之为"常胜军"。他们的武器都是西式的来复枪和榴弹炮，当李鸿章看到这些硬邦邦、冷冰冰的"利器"并见识到它们的威力时，才真正直观地感受到西方器物的先进及中西方的差距。他惊叹它们的神奇力量，并逐渐对这些"利器"产生了极其热烈的向往。

当时，淮军用的鸟枪和抬枪都是火绳枪，发射前需先从前膛装药装弹，再用通条捣实弹丸和发射药，然后点燃火绳固定在击锤上，扣动扳机，火绳落下点燃发射药。这些枪射速慢、精度差、射程近，而且风大时药粉极易被吹散，雨天时火绳极易被浸湿。洋枪虽然也要前膛装弹，但已经是击发枪，也称铜帽枪。其原理是将含有雷汞的引爆药装入铜帽内，再将其套在与枪膛相连并且有传火孔的击砧上，扣动扳机，击锤落下，对震动、撞击极其敏感的雷汞爆炸，通过传火孔引燃发射弹药。从同治元年（1861年）7月亲兵营改为洋枪队起，淮军在之后的十年中经历了第一次装备更新，以全军装备洋枪洋炮为导向，逐步推动部队的训练、战法革新。效法西洋军，是淮军一改旧制、战斗力后来居上的关键所在。后来的战争实践证明，淮军的新式炮兵部队在攻坚中起到了举足轻重的作用。

在实践中，李鸿章讲求洋器，从购买洋枪洋炮开始，渐渐把购买西方枪炮与自己制造、聘请外国军官训练军队结合起来。他急索"妙品"，购买洋枪洋炮不惜重资。当时淮军所购用的与洋兵一样，皆是前门枪炮，其中得力者尤以炸炮为最。

李鸿章到上海不久便升任江苏巡抚，于是掌握了最为稳固的饷源——厘金（自清代至民国初年征收的一种商业税），并决定拿出一部分钱购买西洋武器，他把新购的第一批武器配给了战斗力最强的丁汝昌部。

丁汝昌，字禹廷，安徽庐江县人。咸丰四年（1854年）1月，丁汝昌参加太平军，后随程学启转投湘军，不久改隶淮军，参与对太平军和捻军作战，官至记名提督。丁汝昌在战场上作战英勇，先后在程学启的"开"字营、刘铭传的"铭"字营中充任哨官。同治元年（1862年），丁汝昌统领马队，升任营官。

李鸿章起初通过洋人，进而通过上海洋行大批购置武器，多次购置后，他才逐渐了解到，从外国购买武器一点都不划算，不如自产自用。精明的李鸿章了解到，在黑市上，一发12磅的炮弹要30两银子，即使是一颗旧铜帽也要19两白银，自制则能节省至少三分之一的费用。在这样的背景下，从同治二年（1863年）起，李鸿章遵旨聘请了一些技艺高超的匠人，先后创设"炸弹三局"，即马格里主持的先在松江后迁苏州的洋炮局，韩殿甲、丁日昌分别主持的上海洋炮局。"炸弹三局"月产大小炸弹1万多枚，不但给淮军提供了镇压太平天国所需要的大小炸炮和各色炸弹，以补充从西方购用之不足，而且为日后创办江南制造总局、金陵机器制造局打下了初步基础。因为这件事，李鸿章受到总理衙门的表扬："阁下莅沪以来，设立军火局，广觅巧匠，讲求制器以及制器之器，击锐摧坚，业已卓有成效。"

不过，"讲求洋器"一开始也遇到了不少阻力。从外部来说，英法列强对先进武器"禁不出售，代价过昂"，而武器研造仍要借助洋人的力量：一是很多制造军械的原料要从国外买进；二是即使有原料，中国也没有懂技术的专门人才，还得聘请洋人。从内部来说，一向重文轻理的理学家都持怀疑和阻挠的态度。曾国藩开始也不认为洋枪炮为利器，不大赞成李鸿章的做法。李鸿章不敢直接反驳老师，但仍坚定不移地阐述了自己的想法："用兵在人而不在于兵器，这是正确的理论。唯深以中国兵器远逊于洋人为耻，因而经常告诫将士虚心忍受，学习洋人的长处，希望能有所增益，提高战斗能力。"由此看来，李鸿章认为向洋人学习枪炮技术而有所花费是值得的。根据李鸿章当时"恭呈御览"的清单，我们可看到自同治元年（1862年）5月至同治三年（1864年）7月底止，其财政支出的情况：

1. 支付英法军官教练"会"字营、"庞"字营洋枪炮队粮饷并准备聘请外国教官薪工等项，自同治元年（1862年）11月27日起，截至同治三年（1864年）7月底，共计白银30余万两。

2. 支付购买西方军火，自同治元年（1862年）5月起，截至同治三年（1864年）7月底，共计白银90余万两。

3. 支付置买租雇各项轮船，自同治元年（1862年）5月起，截至同治三年（1864年）7月底，船价等项共计折银2万余两。

4. 支付制造西洋炮火各局，自同治二年（1863年）5月先后设局起，截至同治三年（1864年）7月底，置买器具料物和雇用中外工匠等项，共计白银18余万两。

上述四项总共支付白银140余万两。从这份用款清单可以清楚地看到：李鸿章为了自强、练兵练器，不惜重金购买西方军火、置买租雇轮船和设局仿制西方军火，但早期仍把主要支出放在购买西方军火上，仅此一项即占总支出的64%。尽管他也设局仿制西方军火，但仿制费用仅占总支出的13%。

再看"练兵之法"。李鸿章立足上海后，开始快速扩充淮军。仅李昭庆所部一军就扩至十九营，命名为武毅军，并增添"魁"字二营、亲兵一营、"凤"字七营。此外，他借调唐仁廉马队三营。淮军总计达7万之众。李鸿章主张在淮军中首先更新武器装备，将在安庆建军时的小枪队、抬枪队、刀矛队完全革掉，换成欧洲洋枪。仅此一项，就使淮军的战斗力迅速上升，超过以前数倍。随后，李鸿章又在亲兵营中增设200余名炮兵，组建了炮兵部队，至同治三年（1864年）淮军攻陷常州时，淮军炮兵部队已有六个营之多。军队扩张、装备洋化后，随之而来的规范化管理与改革也被提上日程，而这方面还得借助于洋人。

身在苏沪富庶之地，李鸿章难免要频繁地与洋人、买办等发生联系。在与洋人的交往中，李鸿章逐渐形成了一套具有个人风格的行动准则："委曲周旋，但求外敦和好，内要自强。"在华洋杂处的上海，李鸿章逐渐了解到上海的官绅有两派，一派崇洋媚外，过于软弱；而另一派又过于强硬。他认为二者皆不可取，内心坚定了自己刚柔相济的原则。在他看来，此时的太平军不足为虑，而洋人必为后患。所以，他一方面裁减常胜军，将其精锐部队和大部分武器装备编入淮军，提高淮军战斗力；另一方面，他反复诫谕全军官兵对洋人官兵要"虚心忍辱"，借此师法洋人的长处，转弱为强。

同治元年（1862年）11月，清廷指示各省督抚派"低阶文武官员学习洋人制造各项火器的方法，务必得其密传，以利攻剿，作为自强之计"。这意味着聘用洋人已得到朝廷的认可和提倡。淮军聘请外国军官，教演洋枪，最早始于刘铭传的"铭"字营。此后其他各营也广为聘募，以为教习。不久，李鸿章奏报朝廷：不要过于依赖洋人，军队应做到对洋枪洋炮施放自如，然后出而攻战，才能无敌于天下。这时的淮军已学到不少技能。他聘请外国军官教练，但力主自己的军队在江南剿贼，学以致用，这样将士既能水战也能陆战。

李鸿章帮办团练六七年，对训练弁勇不能说是一窍不通，但对使用洋枪洋炮进行阵法训练确实不太懂。为此，他把使用洋枪洋炮与操练队伍结合起来，一是把外国教练请进军营，对官兵进行短期的强化训练；二是在各营中挑选一部分素质较优者，送到专门的教习场所进行比较系统的训练。同治元年（1862年）春夏之间，李鸿章应英国驻华海军司令何伯之请，将薛焕旧部千人拨交何伯选派的英国军官，在松江九亩地进行训练，练就后改为"会"字营。继而因法军要求代练，李鸿章又从当地练勇中拨出600人，交法国军官庞发在徐家汇（后改为高昌庙）训练，这就是后来的"庞"字营。

洋人在部队的正规化管理、官兵的言行举止规范化以及列队布阵等方面，都比淮军做得好，李鸿章真正见识到洋人的"能耐"，于是放下架子虚心求教、尽力改进。但他也觉得，请洋教习开支过大，即使恭亲王奕䜣写信指示他多聘洋教习，他仍表示拒绝："百事皆可遵依，唯教练不能多添。"其实，他除了想为朝廷节省开支外，心里还打着自己的小算盘，担心洋人"揽权嗜利"，教出来的兵不听他的指挥。所以，李鸿章在购买外国武器、聘请外国教习等事上的收与放是很讲分寸的。

三、施痞子手段　揽军政大权

在进一步发展壮大淮军的同时，李鸿章也考虑了上海的治理和长期稳定。他认为上海为中外杂处之地，是通省兵饷吏事之枢纽。控制了上海，既控制了饷源，收取关税厘捐，又便于直接与外国联系。从情理上说，军事以得人心为本，淮军是上海士绅请来的，不可背弃民意民心，以负众望。上海士绅的人心背向关系到淮军的命运，更重要的是，它也决定着李鸿章的前程。

李鸿章在治理上海时，发现在诸多事务中，以洋务为最难，而上海洋务已成尾大不掉之势，若由他自己负责上海洋务，实难应付自如。因此，他恳请两江总督曾国藩出面主持这件事，他认为曾国藩在洋人中很有威望，若能调剂于刚柔之间，当能增加国家的威信，并对洋人有所节制。

当时，苏松太道吴煦、苏松粮道杨坊等企图依靠华尔的洋枪队对抗太平军，所以在薪粮夫价及一切军火支应等方面，对洋枪队格外优待，饷银比清军多至数倍，"毫无限制，陆续增至4500余人，总计长夫炮船轮船经费，每月需饷银七八万两"。他们如此倚重洋人，事出有因。

同治元年（1862年）2月，华尔率1000多名洋枪队员于凌晨时分突袭上海附近的广富林太平军堡垒据点，打死近千名太平军，迫使剩余的7000多名太平军仓皇逃往青浦。同年2月24日的高桥之战，则是华尔洋枪队的一次主动进攻战，目的地是太平军向上海推进途中的高桥。此役，华尔率洋枪队，外加英法联军千人为左、右翼，一起进攻高桥的5000多名太平军守军。借助新式武器的优势以及强盛的斗志，洋枪队与英法联军大败高桥太平军守军，华尔洋枪队仅战死7人、伤32人，英军死1人，法军毫发无损。华尔乘胜进击，率军接着向距上海60多里的萧塘太平军发动了猛烈攻击，打死太平军700多人，生俘近400人。洋枪队仅损失10名士兵。

洋枪队数战皆胜，清廷为此授予华尔副将衔，四品顶戴。华尔及其洋枪队在上海威名大震。泰记银行的老板杨启堂甚至把女儿嫁给了这位名将，华尔一下子成了中国女婿。同时，清廷正式命名华尔的洋枪队为"常胜军"。

这以后，华尔的"常胜军"迅速壮大，规模渐宏，共五个步兵团、一个狙击枪兵团、四个重炮中队以及两个野战炮中队。"常胜军"的主要装备有滑膛毛瑟枪、来复枪、安菲尔来复枪、山炮、榴弹炮、臼炮以及威力巨大的8寸口径大炮。除此之外，华尔手下还拥有30多艘铁甲汽轮和300多艘轻便枪船。

青浦大捷后，也就是李鸿章到上海不久，常胜军的指挥官换成了白齐文。白齐文，美国北卡罗来纳州人，曾参加克里米亚战争，游历美国西部及澳洲、印度，后到中国上海。咸丰十年（1860年）与华尔组织洋枪队对抗太平军，任副领队。此前，英法联军协助清军进攻浙东，华尔在收复宁波所属慈溪县（今慈溪市）的战斗中受伤，不治而亡。华尔去世后，英国驻华海军司令何伯推荐白齐文为"常胜军"统领。同治二年（1863年）11月，清廷命"常胜军"赶赴金陵，增援湘军。白齐文不愿远征，于是借口10月份的粮饷未发，不肯开拔。其实，管带杨坊早就备好了4万两饷银，但他担心白齐文收到粮饷后仍借口拖延不走，于是提出条件：只要确定"常胜军"的行期，立即照付。白齐文大为不悦，二人发生言语冲突，僵持四五天无果，白齐文带了几十名洋枪队员直奔杨坊寓所，见面后不分青红皂白，将杨坊痛殴一顿，杨坊颜面、胸口都受了伤，吐血不止。白齐文抢过饷银后扬长而去。

李鸿章这时已实授巡抚，他对白齐文的无礼与傲慢十分愤怒，立刻照会英国驻华陆军司令士迪佛立与领事麦华陀，要求解除白齐文的兵权，听候清廷查办。很快，白齐文被解职离队，队伍交由英国正规军军官奥伦接管。但李鸿章的目的并不仅限于此，他想一石击二鸟，既驱逐白齐文，又架空督带吴煦与管带杨坊。于是，他给朝廷上了一道奏折，声称"该道等创募此军，更换统领，始终是主要负责人，又有督带的职责，如今无力约束，实在难辞其咎，应请暂时革职，以观后效"，责成他们"严密拿解"白齐文到案治罪，且因白齐文并未率"常胜军"赴援金陵，雇用轮船及添购军火的所有费用应由吴煦、杨坊自行赔补。

李鸿章此举还产生了另一个客观影响。当时，命"常胜军"赶赴金陵增援湘军这件事，是"头品顶戴通商大臣"薛焕以钦差身份督办华东军事时奏请的，事未办成，对薛焕无疑是一大打击。

其实，李鸿章早就存裁减"常胜军"之心，只是苦于没有机会。这一次白齐文闹事是个很好的契机，既可撤换白齐文，又可要求会同管理"常胜军"，还有可能把薛焕调离。事后，白齐文不服，到北京控诉，美英公使会同促请清廷将其复职，但清廷认为实在没有理由将一省巡抚在职权范围内所做的正常决定强行撤销，于是将矛盾下推，发回上海再作处理。李鸿章坚持不给白齐文复职，并趁机开始整顿"常胜军"。他与士迪佛立等酌商，由中国和英国各派妥员会同接管，并签订《统带常胜军协议》。这项共16条的协议的核心是，"常胜军"裁减为3000人，减少粮饷，而且由中方管带会同发放；驻扎在松江的外国管带不准干预地方公事；购买军火，须经巡抚衙门批准，不准私购；处罚士兵，须听中国管带的主意。这样一来，李鸿章便对"常胜军"有了节制权。

当时，在对待"常胜军"的问题上，清廷内部存在明显的分歧。买办官绅只讲"笼络"，顽固官绅只讲"控驭"。李鸿章则调和于两派之间，主张在笼络的同时实行裁制控驭之道。李鸿章与士迪佛立之间的"往复辩论"及达成的协议，正是这种态度的反映。李鸿章深谙软硬兼施之道，在提出处理白齐文、整顿"常胜军"的同时，又附上了《奏奖外国官弁片》，建议朝廷奖励一些外国使领馆官员和军人，"以示我朝行赏论功，中外一视同仁"，意在平息洋人对撤换白齐文的不满。

接下来，"常胜军"内部又出现麻烦。白齐文被撤换后，"常胜军"先由英国军官奥伦代为统领，但士迪佛立认为奥伦是参谋官，不宜带兵，又另外推荐英国人戈登接替。"常胜军"闻讯后，内部起哄反对戈登到营。最后，在程学启的强力弹压下，"常胜军"才乖乖就范。入职坎坷的戈登心里感激不已，与程学启结成莫逆之交。戈登接统"常胜军"立下的第一功，便是协同程学启及李鸿章的三弟李鹤章攻克常熟昭文县和福山海口。战后，戈登被清廷援职为总兵。

在梳理上海地区防御武装的同时，李鸿章也将精力投入地方治理事务中。在治理地方上，李鸿章从老师曾国藩身上学到许多经验。他效法曾国藩开设幕府，不拘一格招揽人才，其中有精通数学、天文、机器制造的科学家，有习律令、会计的刑名、钱谷之士，有崇儒重道的道学先生，有深悉文案之道的文学侍从，还有懂得军机韬略的参谋人员。不少人后来都身居高位或青史留名，如主持江苏厘金局和淞沪厘金局的薛书常、王大经、郭柏荫、陈庆长、王凯泰，主持后路粮台的陈鼐，主持军火购置的丁日昌、冯焌光等。李鸿章本人出身幕僚，既是幕府制度的受益者，又是幕府制度的熟练运用者。他深知一个有才能、有智慧的幕僚对主官的作用，所以他非常重视发挥幕僚的专长。

身为封疆大吏，拥有一支庞大的由外国装备武装起来的具有私家性质的军队，给李鸿章增加了不可估量的政治资本，但也给上海财税带来巨大的负担。而且，这支军队最初是在升官发财的利益引诱下，花银子请来的，战争小有成就后，封官行赏就成了当务之急，而这需要大量的银子。太平军被击退后，上海士绅还会心甘情愿地履行前诺吗？李鸿章对此并不抱太大的希望。那么，这笔钱从何而来呢？

如果增加海关关税，需经过英国人同意，难度非常大；如果加收地方税，此时上海工商界的税收已经超重。当时李鸿章不但要筹措淮军军饷，而且湘军的部分粮饷也有一部分要由上海方面筹措。他起初采取临时协济的方式，抵达上海半年，就两次协济湘军9万两银子。同治二年（1863年）春，他特地为湘军筹定专款，以上海所收九江茶捐指拨金陵大营，以加收上海厘金一成指拨安庆大营，两项合计每月约3万两白银，加上原有的一些船捐，曾国藩每月从上海酌提4万两白银。但横征暴敛终不能长久，李鸿章想来想去，最终打定主意向贪官污吏伸手。整顿吏治可谓一箭双雕，既可挖出些银子，又可腾出一些官位。

吴中官场素习浮靡，官员圆滑、贪利，祸延两省。李鸿章刚接替薛焕就任江苏巡抚时，吴煦等上海官僚们前来道贺，贺礼一个比一个重。一些谋缺的人甚至以巨金贿赂，为李鸿章做寿，贺礼之贵重让李鸿章目瞪口呆。苏州知府吴云、苏松粮道杨坊等人都是贪污腐化分子。经过一番深入调查，李鸿章写信告诉曾国藩：上海十年来大发公财者，以吴、杨、俞三人最为突出，他们的丑恶名声已远近皆知。吴是吴煦，此人一心媚外，多次勾结外国联军到上海设防，且为人狡诈，爱财如命，名声极坏。杨是杨坊，任苏松粮道，综理"夷务"。当年太平军进攻上海时，他勾结美国人华尔组织洋枪队，在上海作威作福，横行一时。同时，他与吴煦串通一气，控制上海的人事、财政和外交大权。俞是吴煦和杨坊的心腹俞斌，是为吴、杨二人搜刮民脂民膏的"得力干将"，上海人对他恨之入骨。

李鸿章表面不动声色，心里却在苦苦思考对策，他深知吴煦、杨坊二人在上海的势力根深蒂固，加上有薛焕和洋人做靠山，想撼动他们颇不容易。当时的江苏，仅恩赏的从一品、正二品顶戴就有3人，从二品的官员竟达七八位，吴煦与杨坊都是从二品的顶戴；最不济的团练帮办刘郇膏，也是三品的顶戴。李鸿章只是初到此地的二品，要整肃整个官场谈何容易。经过暗中调查，他发现绿营副将冯日坤是薛焕的心腹，此人仗着薛焕的势力，强抢民女，贪污行贿，对百姓作威作福，遇见太平军却如惊兔奔逃，还曾打伤过淮军营务总理刘郇膏。

李鸿章找到突破口后，立即采取行动。他先在自己府中设宴，把刘郇膏找来共饮，席间探知刘郇膏的态度，劝他出面指控冯日坤。刘郇膏有些胆怯，李鸿章晓以大义，并保证为他担责。刘郇膏大受鼓舞，逐一控诉冯日坤的罪状。李鸿章掌握了一些证据，又把江苏提督曾秉忠传来核实。曾秉忠作为一省最高军事长官，早对冯日坤不受节制、胡作非为的行事风格感到不满，现在见李鸿章下了如此决心，便毫无保留地列举了冯日坤的劣迹罪行。

李鸿章心中暗喜，一边给总督曾国藩发了一封快函，一边继续暗查。为保险起见，他将刘铭传的几营人马调到冯日坤的驻地附近。一切准备就绪后，他将冯日坤诱至上海县城内捕捉，打入县大狱，随后将他处斩，之后上奏朝廷。他在奏折中除了指控冯日坤四大罪状外，还保举湘军淮扬水师统领黄翼升暂署江苏提督、刘铭传暂署总兵、张树声升副将。

一个二品巡抚竟斩了一个从二品绿营将官，李鸿章的这一举动对吴中官场无异于晴天霹雳。官员们各怀心事，有的大骂李鸿章不知天高地厚，有的开始收敛行迹，还有的托人向李鸿章求情示好。而此时的李鸿章则按照心中计划又向吴煦和杨坊下手了。

有一天，李鸿章喝酒后，来到吴煦家中，假装酒醉对吴煦说："吴道台，有人说你账目不清，现在总理衙门正要查你呢。你现在跟我讲实话，你的账目到底有没有问题？如果真有问题，那我想办法帮你找人疏通一下。"吴煦见李鸿章一身酒气，满脸通红，说话有点结巴，心里十分不悦，为了及早把李鸿章打发掉，他拿出账本交给李鸿章说："抚台大人请过目。下官一直恪守职责，账目上未有错讹之处。"李鸿章接过账本，随手翻了几页说："本官今天喝酒喝得头疼，看不清楚。我回去好好看看账面，怎么样？"就这样李鸿章轻易地得到了吴煦的罪证。

佯装醉酒的李鸿章回去后，马上找了几个精通财会的幕僚仔细审核，发现账目中确实存在很多问题。第二天，李鸿章就下令免去吴煦的苏松太道一职，改派黄芳和刘郇膏掌管海关和布政使司。杨坊见李鸿章以霹雳手段罢免了吴煦，吓得主动辞去苏松粮道的职务。李鸿章就势把这个职务交给了自己的老同学郭嵩焘。

经过这些人事清理，李鸿章把上海的军、政、经济大权牢牢地控制在自己的手里。上海士绅、官场风向一变，转为以李鸿章马首是瞻。

四、非将才不嫁　须嫦娥方娶

这时，在官场得意的李鸿章，在情场上也喜获丰收。同治三年（1864年）新春，李鸿章办了一件大喜事，他娶了安徽太湖著名书香之家的千金赵小莲为妻。或许是天意撮合、福祉之当现，一对有情人冥冥之中聚到了一起。

同治二年（1863年）初，淮军正在为围打苏州做准备，李鸿章抽空回了一趟安徽合肥老家。到家的第二日，他向母亲问安后先到父亲坟前哭拜了一场，然后又带上两个女儿，到亡妻周氏的坟前燃上几炷香。

寒冬腊月，苍穹灰暗，庐州一带的田野空旷寂寥，北风夹着雪花一阵阵地扑面而来，村子里烟囱冒出的缕缕炊烟被风雪裹挟着，在灰蒙蒙的屋顶和光秃秃的老树上打转盘旋，使磨店笼罩在一片凄怆悲苦中。

前年刚病故的亡妻周氏的坟头长满了蒿草，李鸿章触景生情，不由得掉下几滴泪来。他的两个女儿一边在坟前化纸，一边低声悲泣道：

"娘，爹从上海衙门回来看您了。"

李鸿章感慨不已，想起自己"三千里外觅封侯"的豪情壮志，也想起周氏与自己四处漂泊的日子，心中如刀绞般痛苦。从墓地回到家中，他仍沉浸在悲伤里无法自拔。为了排遣胸中郁苦，他铺开纸笔，久积心中的情愫瞬间倾泻而出：

> 独结幽兰契，先开百卉场。
> 天全王者瑞，人媚国之香。
> 挺秀蓬茅久，沾恩雨露长。
> 未甘空谷里，常惹御炉傍。
> 入室心斋寂，升庭鼻观飏。
> 此花真富贵，小草亦祯祥。
> 蕙芷难争美，蒿莱不肯藏。
> 会当尧砌上，第一占群芳。

他在诗中把周氏比作兰花，咏赞其美德，可见他很重感情，对结发之妻的爱恋极深。

就在这寒冬萧索之际，一个与众不同的女子走进他的生活，她就是赵小莲。赵小莲的身世非同一般，她的祖父是清嘉庆元年（1796年）的状元赵文楷，曾担任琉球国正使；父亲赵畇乃咸丰朝进士，做过咸丰帝的陪读，官至按察使。据说赵小莲十二三岁时就对家人直言，非有大才者不嫁；到了18岁，又说非县令、进士不嫁；20岁时，非知府不嫁；22岁时，非道台不嫁；24岁时，非按察使、布政使不嫁。随着年龄增长，她对夫婿的要求也逐年提高。在此情形下，一直无人合她的意。赵畇夫妇心急如焚，何处找寻如此之才？老两口为此多方打听，并委托家人好友也多加留意。

赵畇与曾国藩相识，一天在曾府谈及赵小莲的婚事，提出两个人选，一是进士刘秉章，但他已有妻室，小莲已明言不为人妾；一是进士郭嵩焘，但他的年龄已经四十有五。

正在家人多处求索不得之时，赵小莲又改添条件：点过翰林之将相方称意。赵畇为女儿的这一要求苦恼不已，旁边的曾国藩脑海中灵光一闪，想到了一个人——李鸿章。他对赵畇介绍说，此人有"云中鹤"美称，相貌非凡，仪表倜傥，博学多才，青年就任翰林，38岁为道台，39岁官至巡抚，又因战功赏黄马褂，如此非凡境遇，何愁不出将入相？与赵小莲可谓天生绝配。

对象终于找到了，只是不知赵小莲的心意如何。赵畇回到家中征询女儿的意见，赵小莲一听就怦然心动，她虽然没见过李鸿章，但早就听人说起过他在上海的一番作为。她不仅知道上海街市繁华，是个洋人云集的大商埠，更知道上海是一个花花世界，置身名利场中、前程指日可待的李鸿章原配新丧，不知有多少官宦人家的女子盼着能与他结为夫妻，妇以夫贵。眼下机不可失，她忙问父亲："既有如此天作之合，何故不上门提亲？"赵畇说："这个李抚台眼中未必有你，还得请人出面问询才知。"赵小莲有点着急，催促父亲亲自去见李鸿章。赵畇见自己视若掌上明珠的女儿终于找到合意的对象，心中大喜，准备屈尊远赴上海。就在他准备出远门的时候，意外地遇见了李鸿章的大哥李瀚章。

赵畇曾在曾国藩的帐中见过这位儒雅之士，顿时喜出望外。他与李瀚章交谈了几句，便知婚事正合。双方洽谈甚欢，两人立马定下了这门亲事。更巧的是，李鸿章刚刚回到老家。不料李瀚章回到家中一说，李鸿章却一口回绝。

李瀚章急忙追问："这么好的一桩亲事，哪里去找？周氏已谢世许久，你又何必自苦？再说我已经替你答应了。"

李鸿章继续推托道："即便再娶，也要等娇儿她娘过世满三年。况且现在战事紧蹙，哪有时间顾得上儿女私情？"

"古人云，男儿无妻便无室。你官做得再大，也算不上成家立业。我还从未听说过有哪个丈夫为亡妻守丧三年的，你这么做怎么能让母亲放心呢？"李瀚章试图用老母亲说服弟弟。

李鸿章叹气道:"我当然知道大哥和母亲都是为我好。如果我只是个平头百姓,要再娶也就娶了。可是,娇儿她娘自打跟了我,就没有过上几天安稳的日子。我北上春闱,她一人在母亲身边照料了好几年;我回乡办团练,与她近在咫尺,却罕有机会陪伴。有时见上一面,也是来去匆匆。听家人说,我每次离去,她都背着母亲落泪,几天茶饭不思。她为我担惊受怕,又操劳家事,身体越发亏虚。而这个时候,我偏偏吃了败仗。一家人流落他乡,饭吃不好,觉睡不安稳。她过早离世,全都是因为我呀。如今日子刚刚好过,她却撒手去了;我当上这个官,却在她尸骨未寒之际再娶,大哥你让我于心何安?"

李瀚章一听就明白了:"你是担心别人说你薄情寡义,当了大官,忘了糟糠之妻?你怎么会这样想呢?我知道你对娇儿她娘情深义重,可她已经不在人世了,活着的人还要好好生活,两个女儿也需要人照顾。而且你至今还没有子嗣,这也是一桩大事。赵小姐出身名门,知书达理,非常贤惠,虽算不上绝世佳人,但也生得端庄大方,定能持家旺夫。你就不必再推辞了!"

李鸿章辩不过李瀚章,也不想辜负母亲和兄长的一番美意,只得答应择吉日迎娶赵小莲。

直到成婚那天,李、赵二人都尚未谋面。等到喜宴结束,李鸿章准备进洞房时,赵小莲的两位侍女拦住他说:"新夫人要出题考考新郎官儿。"李鸿章醉笑道:"莫非是要重现苏小妹三难新郎不成?"他爽快地答应下来。不一会儿,从门缝里传出一纸:"女非将才不嫁。"李鸿章立马作答:"男须嫦娥方娶。"赵小莲接着又出上联:"名门闺秀逢儒将。"李鸿章再答:"翰林巡抚配淑女。"对完两联,李鸿章顺利进入洞房。他也想探探赵小莲的才学,于是拿起桌上的笔,边写边念道:"好女子无才有德,离去三年不能忘。"小莲蒙着红盖头,深思片刻后对答道:"大丈夫有情无悔,归来五日续前情。"李鸿章很高兴,在侍女帮助下掀起赵小莲头上的盖头。两人对视良久,都在心中暗喜碰到心有灵犀之人,尽管是初次见面,却有似曾相识的故人之感。

在安徽老家成婚不久,李鸿章携娇妻回到上海。不久,朝廷下发谕令,李鸿章再度升官:赏头品顶戴,太子少保衔,署理两江总督。回到官场,李鸿章越发忙碌起来,家中诸事自然落在赵小莲肩头。从名门望族的"大小姐"到如今的总督夫人,赵小莲深知自己责任重大。出嫁前,父亲赵昀就曾嘱咐过她来到夫家后应注意哪些事情、随丈夫赴任后要做好"贤内助",这些叮咛言犹在耳。她留心观察总督署内公事与私事的界限,学习管理家族的技巧,她耳聪目明、贤惠识理,很快便在总督署的家人、仆从间建立起威信,为李鸿章管理好"后方阵地"。

赵小莲嫁给李鸿章的第二年,就为李家添了子嗣,即李经述,几年后又生下李经璹(又名菊耦,即张爱玲的祖母)和李经溥两个女儿。这两个女儿冰雪聪明,被李鸿章视为掌上明珠。

持家有方的赵小莲被称为李家的"定海神针"。从同治二年(1863年)到光绪十八年(1892年),赵小莲嫁到李家的三十年,恰恰是李鸿章在晚清政坛上高视阔步、大露锋芒的三十年:讨捻军,办洋务,建海军,办学堂……这些功勋任凭哪一件都是能让李鸿章青史留名的伟绩。光绪十八年(1892年)赵小莲去世后,李鸿章的人生开始走向低谷。他对这位陪伴自己三十年的继室夫人格外看重,尽管封建社会原配夫人的地位很高,死后应与丈夫合葬,但最终与李鸿章合葬的,却是这位扶保李鸿章青云直上的夫人赵小莲。

五、杀降惹风波　反手制洋人

家里的事情放心交给赵小莲操持后,李鸿章专心回到军政事务中来,事业才是他此时的最大追求。作为手握兵权、政权和财权的一方封疆大吏,他豪情万丈,寄望于自己创建的事业能"鲲鹏展翅,扶摇直上"。

与此同时,大清帝国的另一位将才左宗棠也在浙江安下身来。这样一来,作为湘军最高统帅的曾国藩,现在便有了两支新的从属军队淮军与楚军配合其主力部队——由他的弟弟曾国荃率领的湘军——沿长江向东推进。太平军三面临敌，形势危急，而大清帝国也转危为安了。

李鸿章明白，从时局和历史大势上看，若想取得个人权势的隆盛，取得集团利益的最大化，防卫上海显然要比争得克复天京的"头功"重要得多。而要完全控制上海，必须彻底打击周边的太平军。

同治二年（1863年）1月，常熟太平军守将骆国忠投降，李鸿章准备趁机发起收复苏州、常州的战役，他认为苏、常是金陵的根本，苏、常一失，天京危如累卵。但太仓仍在太平军手中，淮军无法从陆路救援常熟，李鸿章决定取道水路用兵。

从2月起，李鸿章率淮军伙同"常胜军"，以上海为基地，向西北进击。4月，淮军攻占福山港，常熟城内的太平军叛军立即出城接应，太平军收复常熟之战宣告失败。此役，戈登又接手"常胜军"，李鸿章从亲兵营营官中选拔出29岁的湖南乾州人罗荣光，派他跟随戈登专门学习炮战之法。5月，李鹤章派程学启率淮军攻打太仓，戈登率"常胜军"协同作战。太平军虽顽强抵抗，但经不住"常胜军"的重炮轰击，他们固守的城墙很快被撕开几道口子，淮军一拥而入，太平军被迫从南门撤出。

淮军程学启部和戈登的"常胜军"乘胜进军昆山。程学启是从太平军处投诚过来的，对太平军的一些战法比较熟悉，因此专攻太平军的薄弱处。战至6月1日，太平军全部撤往苏州，昆山攻克，枪弹制造厂随之落入淮军手中，太平军此后的军械供应出现问题。

太平军连吃败仗，一遇见淮军和"常胜军"，就显得惊慌失措，甚至望风而逃。而李鸿章的作战目的是剿灭太平军而不是把他们赶跑，为此，他制订了三路进攻的"堵截计划"：中路由程学启率部从昆山直扑苏州；北路由李鹤章、刘铭传、黄翼升领兵，从常熟进攻江阴、无锡；南路以水师为主，从淀山湖攻吴江、平望、太湖，切断浙江太平军进援之道，该任务由湘军浙江处州镇总兵李朝斌率太湖水师十营担任。此外，淮军由黄翼升率淮扬水师往来策应，"常胜军"则驻昆山为总预备队，负责援应各路人马。

7月，北路淮军分为三支向江阴发起进攻，太平军节节阻击，最终还是败退了。9月13日，太平军又丢了江阴。李鸿章下令北路淮军集结兵力对准下一个目标无锡，配合程学启中路和淮军水师合击苏州。9月24日，郭松林部进占无锡东面的东亭镇，前锋抵达无锡南门外。

由于南路李朝斌所部水师未能及时赶到，中路程学启改变直取苏州的计划，会同戈登的"常胜军"向吴江开进。当他们兵临城下时，守城的太平军因寡不敌众，开门出降。吴江失守，意味着太平军援助苏州的南面道路被堵死，而在苏州之北的太平军又自顾不暇，苏州基本上被孤立了。

苏州是太平天国苏福省省会、忠王李秀成的封府所在地，因为它标志着太平军对苏南一带的占领，故李秀成视之为自己的根据地。经过长期精心经营的苏州，已经成为第二个天京，是太平军占领的最重要的城市之一。眼下苏州形势危急，李秀成不得不从战斗最激烈的天京率军北援，于9月初到达苏州。太平军第一战将的到来，给淮军带来不小的麻烦。双方激战两个多月，互有伤亡。淮军攻城不下，而李秀成也未能解围。

戈登逐渐失去耐性，他找到李鸿章说："抚台大人，苏州城太大，城内驻守的太平军人数众多，而'常胜军'人数太少，只有再招募兵员扩充'常胜军'规模，才能攻下苏州。"

李鸿章是个精明人，他知道"常胜军"一旦扩充人马，就有可能独自攻下苏州，岂不是横刀夺去淮军攻克苏州的头功？因此，他不同意戈登再招洋兵，但戈登一再坚持，表示这是为大清帝国卖命，也是为了帮助淮军早日攻下苏州。李鸿章经不住戈登的一再劝说加威逼，只得同意"常胜军"再招100人，但同时也提出非常苛刻的条件：无论是否攻克苏州，这100名新招的洋兵在一个月后必须辞退。而且，如果攻下苏州，五天之后，"常胜军"必须撤离苏州，回到原驻防地昆山。戈登认为李鸿章这么做是在利用"常胜军"，并且这种卸磨杀驴的做法非常不讲信义，于是搬出新近接替士迪佛立任英国驻华陆军司令的伯朗出面与李鸿章交涉。伯朗初来中国，心高气傲而不知内情，因此完全支持戈登，并要挟李鸿章说："你们再攻不下，我就亲率英军攻城。"

李鸿章一听到这话，又急又怒，洋人真是欺人太甚，但他又不想与洋人当面发生冲突，只得找借口不与伯朗见面。伯朗见李鸿章有意回避，准备去北京找总理衙门直接交涉。李鸿章得知后，生怕总理衙门听信伯朗的一面之词，赶紧给朝廷上了一道奏折。他在奏折中写道：

臣深知朝廷希望尽快拿下苏州，以告捷天下。常胜军再招人马，不仅需费过巨，而且专用西兵，易生后患。一时未能攻下苏州，不是淮军不能战，而是因为半年多来连续征战，疏于准备。现在的形势已经使贼大势不振，经脉不舒，苏州一城迟早可复。然而英国驻华陆军司令伯朗之意甚为可疑，臣猜测其意，欲为清廷收复一两个省城，难保不是想以此作为增加通商的谈判资本，更兼有谋取飞地的嫌疑。况且，太平军已陷入困境，此时不需要助剿；而他却偏偏主动助攻苏州，倘若同意伯朗率兵攻城，则必有太阿倒持之忧！

李鸿章的分析让总理衙门对整件事有了一定了解，并事先做好准备。民间常说，请神容易送神难。到时候，实力大增的"常胜军"抢头功，攻城后拒不撤兵，形成授人以柄、处处自危之局，岂不是得不偿失？况且，戈登还曾是火烧圆明园的英军指挥官之一。李鸿章有几分忌惮、几分排斥也在情理之中。

不过，李鸿章对苏州是志在必得，为了尽快攻下城池，他到城下亲自督战。苏州城四面环水，太平军凭河修筑大量防御工事，布防相当严密。李鸿章实地考察后令淮军在护城河上偷架浮桥，调集火炮，发炮攻击，在长时间密集的火炮轰击下，苏州城外东、南、西三面的防御工事全部毁坏，太平军退入城内。

苏州城地处洼丘平地，城外的防御工事被毁后已无险可守，李秀成自知苏州守不住了，而且曾国荃又在加紧攻打天京，天京方面多次催促他前往护主，因此，他无奈之下只能带领部分人马前往天京。临行前，他将守城重任委托给谭绍光。

同治二年（1863年）12月1日早晨，苏州太平军守将八小王之一的纳王郜永宽一觉醒来，发现忠王已经不在城里，不由得慌了手脚，经过一番是战是降的考量后，他决定杀死守城主将、慕王谭绍光，开城投降。他打定主意后，马上派人与李鸿章的部下郑国魁谈条件。

郑国魁是巢湖上的盐枭出身，曾与郜永宽结拜为异姓兄弟。李鸿章听到汇报后，密令郑国魁、程学启招降纳叛。所谈条件由戈登做证并担保，双方折箭为盟，誓不反悔。

就这样，一桩秘密交易在阳澄湖的船上迅速达成。郑国魁带几名亲信士卒乔装改扮后到船上与郜永宽相见。一阵简短的寒暄后，郜永宽提出封官、留军、不剃发等投降条件。

与此同时，谭绍光已从探报口中侦悉郜永宽的谋叛言行，决意除掉以郜永宽为首的几个叛王，于是召集各王聚会议事。慕王府大殿内，众将齐聚，谭绍光摆出证据并当众宣布：郜永宽等人背叛天国，奉天王之命，就地正法。没想到与郜永宽合作降清的康王汪安钧先发制人，跃身挥剑向谭绍光砍去，一股鲜血喷涌而出，谭绍光倒在血泊之中。慕王府瞬间乱作一团，郜永宽等人乘机说出自己的意图，并劝其他守将"识时务"。

随后，郜永宽提着一个血淋淋的包裹，率汪安钧、伍贵文、周文佳、汪有为、范起发、张大洲、汪怀武等将领走出城门来到清军大营，要求程学启和郑国魁兑现承诺。

此时，城门洞开，程学启所部率先入城。但是，郜永宽等人早有安排，他们对原先谈好的条件有所反悔，只答应让出一半城池，自己仍占据另一半；同时要求不拆散自己的部队，要成建制地编入淮军，至少要编二十个营。

李鸿章认为郜永宽等人将投诚视为儿戏，前后反复，言而无信，如何处置这些人让李鸿章辗转难眠，为了尽快解决这块烫手的山芋，他将实情上奏朝廷,并致书老师曾国藩,且自闭行营三日未出,专等朝廷的旨意下来,再行定夺。

12月6日,戈登命部队开回昆山,同时留下几人保护李鸿章营帐和官船。

此时,太平军、淮军重兵云集苏州城,敌我交错,情况非常复杂。城中危机四伏,而朝廷的旨意却迟迟不来,李鸿章不得不令陈鼐、周馥、张树声、刘郇膏、程学启前来行营商议,众人纷纷声讨郜永宽等人得寸进尺,不可尽信,建议诱杀投降的太平军将领。李鸿章说:"诸位,不论古今中外杀降可都不是好事啊!你们认真想过没有,这对我们淮军的名誉,造成多大的损失呀!值得吗?再说,这一仗打完了还有无锡、常州、常熟呢,那里的守城将官必然拼死抵抗,再也不会投降了,这给以后的战斗,不知会带来多少麻烦和困难!"

张树声、周馥不约而同地说:"降众太多,如果不杀掉首脑,任其上下联络,必将防不胜防,谁知道他们是真降还是诈降?他们和我们同住一城,万一发生兵变,到时候谁先掉脑袋还是个未知数呢!"

城内还有近10万兵勇,万一因杀降闹起事来,后果将不堪设想。李鸿章手捻胡须,坐在上首权衡再三。旁边站立的幕僚、将官心急如焚却只能静待主帅发话。程学启脾气暴躁,不耐烦地说:"如不杀之,俺和俺的'开'字营今后就不再领兵作战了!"

李鸿章见众口一词,终于放弃了再次谈判的打算,决定先斩后奏,设宴诱杀郜永宽等人。

郜永宽等人在城内听说李鸿章要亲自设宴款待他们,兴冲冲地赶来赴宴,他们喜笑颜开,等着戴上官帽,配上顶戴花翎,升官发财。大帐内灯火通明,桌椅依次排开,丰盛的菜肴已经端上餐桌,众淮军将领、太平军将领齐聚一堂,谈笑风生。席间,李鸿章托言公事在身,不能久陪,便退出大帐。临走,他还满面春光地劝各位太平军将领务必尽兴,开怀畅饮。郜永宽等人纷纷谢恩。不一会儿,几名手捧官服的亲兵走入大帐,郜永宽等人眼前一亮,正准备取冠佩戴时,亲兵们立即拔出寒光闪闪的佩刀，瞬间，他们纷纷人头落地。

李鸿章诱杀太平军降将后，强行将城中的余众遣散，不去者，则杀无赦。曾国藩得知后，赞扬李鸿章"殊为眼明手辣"。城内的太平军将士见首领被杀，顿时做困兽斗，群起与淮军决一死战。但他们群龙无首，有的人手中连武器都没有，只能进行肉搏战。而淮军早已做好准备，又有万余（一说为2万多）名负隅顽抗的太平军官兵被诛杀。

12月12日，无锡在刘铭传、周盛波、张树声、郭松林部的攻击下克复。同治皇帝于12月14日下谕旨对将士们进行奖赏。接着，李鸿章令淮军马不停蹄，分兵两路而进：程学启率部进攻浙江嘉兴，李鸿章则率主力进攻常州。

李鸿章在苏州杀降后又大开杀戒，这一举动着实惹恼了"常胜军"指挥官戈登。戈登对李鸿章早有不满，如今又成为李鸿章杀降一事的"合作者"，他哪忍得下这口气！他本是淮军与太平军谈判的见证人，在人权、公法被奉为至上的西方社会，人们往往秉持契约精神，将荣誉与信义看得比生命还重要。李鸿章此次诱杀郜永宽等人在戈登看来实为背信弃义的行为，给大英帝国和戈登本人带来了耻辱。因此戈登闻讯后立刻从昆山赶至苏州，接着又从苏州追到常州。他提着一把柯尔特左轮手枪，气势汹汹地到处找李鸿章算账。此时，李鸿章正率军围困常州城，听手下人说戈登持枪来找自己问罪，为避免冲突，他带亲随躲到一只小船上去办公。

戈登想用两艘轮船捕捉李鸿章，但没有成功，于是派人送来一份最后通牒，要求李鸿章辞职，交由清廷审判。否则，他将兴兵逼迫清廷将攻克之地归还太平天国，甚至帮助太平军打淮军。

李鸿章见实在躲不过去，只得请炮队教习、英国人马格里及潘曾纬、李恒嵩去劝解戈登，并声称杀降事件中戈登不知双方和谈条件，因而与其无关，同时告诉马格里，他之所以下令处决太平军降将，是因为他们事后不遵守协议，提出了过分的条件。

戈登并不接受李鸿章的解释，依旧不依不饶地要求处置李鸿章。由于戈登反应激烈，杀降事件很快演变成外交冲突，上海外国领事馆官员代表列强及所有外国侨民，一致声讨，还签署了一项严厉谴责李鸿章的决议，告到了清廷，警告说此事很可能使列强不再帮助清廷，并可能撤走协助清军打仗的洋枪队，不再向清军提供武器装备。

李鸿章见事情闹大了，不禁慌了手脚，他一方面急忙向代理海关总税务司的英国人赫德和与戈登私交甚笃的马格里求援，请他们代为调解；另一方面又在给朝廷的《骈诛八降酋片》中辩解说："戈登助剿苏州，近来颇为卖力，不料成功之后又索要重赏，滋生衅端。值此时世艰危之际，中外和好，臣万万不敢鲁莽行事，破坏大局。只是洋人反复无常，不明事理，以臣之愚昧，恐怕难以有效驾驭。假设英国公使与总理衙门过于争执，唯有请旨将臣严议治罪，以服其心。"李鸿章以退为进，企盼在这场"中外冲突"中得到朝廷的支持。

前线战事正紧，常州城墙又高又厚，比苏州更加易守难攻。淮军没有重型大炮，队伍多次发起冲锋，却久攻不下。由于有了苏州杀降的教训，常州城里的太平军再也不相信淮军，上下一心，誓死不降，拼命到底。李鸿章需要戈登手中的大炮，但他又不想向戈登屈膝，于是针对英方的"常胜军"不归清廷指挥的说法，又给朝廷上了《筹处常胜军片》一折，强调他现在的兵力已经足够应付防剿，无须"常胜军"协助，希望总理衙门与英国公使商量妥善的方法，让戈登告退，并责令他撤回"常胜军"的100多名外国兵勇，或由淮军中选派数人帮带；命令"常胜军"将屡次购买的外国火炮和现存的外国军火全部交出，他们无所挟持，必不敢背叛滋事，因为"常胜军"唯一依恃的只有火炮，此外别无他长。

李鸿章的意图很明显，可谓一箭双雕：一是转移戈登和朝廷的视线，令其不再纠缠杀降之事；二是戈登若不主动支援淮军攻打常州城，清廷可借此解散"常胜军"，所有兵权和装备就将控制在李鸿章和淮军手中。

清廷正盼望李鸿章尽快拿下常州，因而下旨明确支持他的行动，认为"洋人不明事理",而且指责戈登"居心叵测,唯有理有据地驳斥之,以服其心"。得到朝廷的支持后,李鸿章终于松了口气。

但清廷也不愿因为此事得罪英国人,稳定了李鸿章和淮军的军心,还要安抚戈登和英国人,于是又将赫德等人请出来调解。英方认为维持与清廷的交好,更符合自己的利益,因此主张将此事交总理衙门处理,劝止了戈登的过激行为。

赫德心里清楚,此时李鸿章的淮军人马已达5万,而且80%装备了新式武器,而"常胜军"只有3000人,明显不是淮军的对手,于是劝戈登退一步。戈登见自己的举动已达到震慑清军的效果,也就不再深究,仅要求李鸿章发一文告,说明此事与己无关。李鸿章满口答应戈登的要求。双方都有了台阶下,一场大风波总算平息了。

同治三年(1864年)3月2日,宜兴失守,太平军北援常州之路被截断;3月8日,溧阳守将出降,常州南路又被淮军截断。同时,周盛波、刘铭传早已扼守常州东、西,常州四面被围。至5月,戈登带着他的重炮上阵。淮军水、陆师和炮队约6万人发动了对常州的总攻。重炮拉上去不久,就把常州城墙轰出一个数丈宽的大豁口。提督刘士奇手下有支几百人的敢死队,他们自做一面旗帜,上书"不要命"三个大字,冒着枪林弹雨,抢渡浮桥,奋勇登城。戈登的几队人马也一哄而上,占领了城头。

此战中,淮军主将程学启率部杀入城墙缺口时,不幸头部中弹,不治身亡。淮军付出重大代价,终于占领常州城,至此,苏南地区基本为淮军所有。李鸿章被赏骑都尉世职,赐封一等伯爵,赏戴双眼花翎。

第四章 巧取功名争荣宠 徇私枉法无曲直

一、首功巧相让　声名更鼎盛

攻下常州后，李鸿章在给朝廷的奏折中说，"常胜军"不仅每月需银五六万两，而且要求很多，又反复无常，他忍气吞声，苦于没有应对之策。

"常胜军"统领戈登早在杀降一事之后就与李鸿章生出嫌隙，好友程学启的离世也对他影响颇大。眼看李鸿章的淮军日渐先进，装备日益精良，他想，与其让李鸿章将"常胜军"慢慢削弱，不如乘现在势旺，多提点裁撤条件，全身而退。况且，"常胜军"正在腐化涣散，过了这个村就没有这个店了。于是，戈登主动要求遣散"常胜军"。这正中李鸿章下怀，他立即高兴地同意了这一提议，几乎满足了戈登开出的所有条件。

同治三年（1864年）6月，李鸿章裁撤"常胜军"，除所有军械移交淮军外，特留洋炮队600人、洋枪队300人。其中，洋炮队由罗荣光统领，洋枪队由李恒嵩统领。此时平吴军事既定，这是淮军最后接收的一支部队，淮军总兵力已达7万人，步、骑、水、炮诸兵种一应俱全。经过两年多的战事历练，淮军形成了两个鲜明的特色：在量上，淮军表现出不拘一格的录用风格，几乎来者不拒；在质上，淮军善于革新，军中甚至出现了以外语为操练口令的新气象，武器装备更是领先于湘军。

早在同治二年（1863年）初，张遇春的"春"字营就有200人的炮队参加战斗，这是淮军成立的正式炮队。当年6月，淮军攻打苏州时，程学启和刘铭传都有了自己的炸炮队伍。这些炮是12磅，约5.4公斤重的短炸炮，即臼炮，因为炮身短、口径大，炮口向天，形如怒蛙，也叫"田鸡炮"。当时尚无调整高低角度和炮口方向的装置，所以发射时一般固定于45度角，用加减装药量来定射程的远近。这种炮的弹道弯曲，对遮蔽物后的目标有较大威胁，可以用来攻城。这种炮还是前膛装弹，可用实心弹和榴弹，李鸿章看重的就是它"落地开花"、破坏力强。

裁撤"常胜军"后，李鸿章终于如愿以偿，但他并不满足于此，他对淮军的定位是日后不但要能"靖内寇"，而且要能"御外侮"，目光可谓十分长远。他的恩师曾国藩也同样带兵，但对武器的看法却保守得多。曾国藩认为：制胜之道，在于人而不在于兵器。真正的美人不争珠翠，真正的书法家不争笔墨，真正善于作战的将士，难道必须力争洋枪洋炮吗？这也体现出他们两人在军事思想上的区别。

一边是淮军攻无不克，节节胜利，一边是天京城固若金汤，湘军久攻不下，这对于一心想要独享首功的湘军主将曾国荃来说无异于痛苦的煎熬。就在湘军陷于围攻天京的苦战之中时，曾国荃最不愿看到的事发生了，朝廷下令淮军与湘军会攻金陵。

曾国荃接旨后，心顿时凉了一半。他知道李鸿章一向好揽事，克复金陵这么重大的战功他不会拱手让人。而且李鸿章任江苏巡抚后，曾国荃一再向李鸿章催促粮饷，弄得李鸿章烦不胜烦。加上在几次调用人员的事情上，他和曾国藩兄弟二人意见不一致，结果闹得不太愉快。

想到这些往事，向来好大喜功的曾国荃越发着急起来。一方面，他担心李鸿章来攻天京，会与自己抢功；另一方面，他也清楚现在淮军的力量已今非昔比，一旦插手会很快收复天京。这样一来，自己与湘军将士们两年来的苦战不就白费了吗？

但出乎曾氏兄弟意料的是，李鸿章接旨后一直按兵不动，只给朝廷上了一道《分剿湖州进逼长兴》的折子。折后附有《请俟湖州克复再协攻金陵片》，片中声称自己生病了，暂不能出兵。李鸿章在该片的最后写道：目前"常胜军"遗留的炮队尚未练成，程学启遗留的炮队已派往长兴，刘铭传近在句容，也打算添配炮位，操练两月之后再行攻剿。除由臣督令各军尽快操练，一边多制炸弹，广储攻城兵器，听候调拨外，拟请等收复湖州、苏防稍为松懈后，再协攻金陵，以求有所帮助，仍随时咨商曾国藩、曾国荃酌度办理。总之，折子中列举的全都是不能出兵的理由。同时，他又写信催促曾国荃加速行动，尽早拿下金陵。

朝廷见淮军迟迟未动，连降谕旨敦促李鸿章指派统领，并派专员催促淮军前往金陵，协助湘军一起攻城。李鸿章无奈，只得把驻防各州县、河道海口的几员大将召来，共议出兵之事。

张树声、刘铭传等人到后，李鸿章慢条斯理地说："本官今日把各位大人召来，是要通报一件事情。眼下，江苏各州县、城郭，贼匪已基本肃清，只剩金陵尚在克复之中。金陵有曾九帅坐镇，得城只在旦夕，庶几不用淮军援助。况且，淮军各营历经几月苦战，伤亡颇大，急需休整补充，估计总要一两个月的时间，各营应抓紧办理。现在请各位议一议，淮军休整之后，先打哪里为好？"

朝廷派来的督军一听，李鸿章还是没有出兵金陵的意思，这不仅是对他这个督军的蔑视，也是对朝廷的无视。他生气地质问："请问抚台大人，我怎么听不明白？圣旨说得清清楚楚让您率兵赶赴金陵，难道抚台大人故意抗旨不遵？"

李鸿章一看督军火冒三丈的模样，忙赔笑道："都怪本官没讲清楚。督军大人应该知道，曾九帅围困金陵两年有余，如今外面几乎没有援敌，金陵已是孤城一座，即使不打，太平军也支撑不了多久。曾九帅不强攻，只是为了减少湘军伤亡，并非兵力不足。如果此时淮军再去增援，岂不是浪费人力物力，反倒添乱？再说，曾九帅从没提出增援的要求，并再三声明，围金陵在饷而不在兵。朝中的大人们催得急，是因为不知实情，如今您来了知道这个情况，您说怎么办？"

督军看着面前和颜悦色、满面堆笑的李鸿章,觉得他的解释还有些许道理。兵马一动就要银子,既然曾国荃可以轻而易举地拿下金陵,何必要大费周折呢?他想了想问道:"那你们觉得淮军往哪里出兵更要紧?"

李鸿章手下的将领一脸茫然,不明白他的心思,都认为打金陵是当务之急,个个摩拳擦掌,准备大干一场。副将刘铭传说:"金陵久攻不下,当然是打金陵最要紧。淮军的大炮只要一开,不出三五天准保能将它拿下!"

李鸿章狠狠瞪了刘铭传一眼,接着说:"本官原来的想法跟刘副将一样,但我们对敌情的判断是错的。现在只有浙赣境内的残敌多,要打还是往南面打更迫切,从湖州对金陵形成包围之势,这样也可彻底断了金陵守敌的增援通路。"

张树声心思细腻,已明白李鸿章的意图,于是顺水推舟地说:"大帅说得没错,既然金陵不需要正面支援,我们不如向南肃清残敌。"

事实上,曾国荃几近疯狂。7月18日,曾国荃出示李鸿章发来的出兵咨札,问众将:"朝廷就要派其他人来了,兄弟们在这里奋战两年的苦劳能让给别人吗?"众将异口同声地吼道:"愿尽死力!"当晚,通向金陵城内的地道已经挖通。7月19日,就在李鸿章出兵的前一天,曾国荃部由地道炸塌城垣20余丈,湘军终于攻入金陵。

至此,曾国荃终于拿到了梦寐以求的"首功"。对于李鸿章的让功之举,曾国藩心知肚明。攻克金陵不久,李鸿章率军赶到,曾国藩亲自到城外下关迎接,拉着李鸿章的手道谢:"我兄弟的面子,是靠你给保住的,我们得谢谢你。"由此看出,李鸿章在官场博弈中很有原则,他不愿意为了争夺眼前的利益而破坏已经存在的某种秩序或关系,这也显示出他的高瞻远瞩和大将气度。

李鸿章为了让首功给曾国荃,刚出兵向南进浙江,就遭到正在浙赣围剿残敌的左宗棠的抵制。左宗棠上奏朝廷,告李鸿章"越境掠功"。李鸿章有口难辩,赶紧撤兵,归还战利品,又好言劝解了左宗棠一番,相安无事地化解了这次危机。

不管怎样,在各方的努力下,剿灭太平军终于大功告成。曾国藩、左宗棠、李鸿章、曾国荃、胡林翼、彭玉麟、沈葆桢等人,成了时代的"启明星"和中兴清朝的名臣。慈禧太后重重封赏他们之后,内心不禁感到一阵恐慌:难道我堂堂大清朝廷,就没有一个皇亲贵胄可用吗?她将这些人与朝中的满族贵胄一个个比对,实在心有不甘。她不像东宫慈安太后那样容易满足,也不像满朝大臣那样安心徜徉在"同治中兴"的祥云里,她思虑得更深。消灭太平军之后,她刚长舒了一口气,心里又被压上另一块石头。

她把恭亲王奕䜣及军机大臣文祥、曹毓瑛召来,问他们有何想法。文祥说:"曾大人现为两江总督,督办江、浙、皖、赣四省军务。他所创建的湘军有10多万之众,直接指挥的包括曾国荃部在内的湘军就有六七万人,浙闽左宗棠大人治下的楚军也受他节制;江苏李鸿章大人的淮军有7万余人,也是他调教出来的;他还控制了皖、赣等省的厘金和数省协饷。这等位高权重在满蒙王公重臣中也不曾有过。"

慈禧太后睁开微闭的双眼,慢条斯理地说:"这些情况本宫都清楚。现在是请几位大人来议议怎么解决这个问题。"让慈禧太后感到恨铁不成钢的是,大清的八旗兵一味地躺在老祖宗的功劳簿上历数往日的辉煌,而自身腐化堕落得一塌糊涂;绿营兵忙于生计,顾头不顾尾,久不练兵,几乎忘记了本职为何。内忧外患之下,要想延续清朝命脉,必然要依赖汉族大臣,但曾国藩功高势大,一呼百应,这对朝廷来说是很危险的。

曹毓瑛献计道:"太后,微臣倒有一策,就是三分兵权,不知对否?"他在军机处任职时间最长,也曾带兵打仗,立过战功,是少数几个享受在紫禁城骑马恩遇的重臣之一。

慈禧太后示意他继续说下去。曹毓瑛接着说:"曾大人的人马主要集中在江淮,微臣认为可以把他们分成三支。曾氏兄弟的老班底四五万人可去两湖地区,那里是湘军的老家,他们不会不乐意;李大人的淮军最好在江淮不动，那里洋人多，非他治理不可；难的是左大人的几万楚军不好安置，依微臣之见，左大人谋略过人，行军打仗自有一套，属下将士也能征善战。眼下，陕甘地区的回民叛乱越发猖狂，若派左大人的楚军前去平乱必定能安定西北。"曹毓瑛尽可能地从军事的角度来分析，为慈禧提供可行的建议。

慈禧太后也正有此意，她需要支持者，而且还要考虑如何授权才不至于让功臣们不满，因此，她又征询恭亲王奕䜣的意见。

"他们几位都是总督、巡抚，作为封疆大吏，官衔已不可复加，唯一可加赏的就只有爵位了。"奕䜣说话一向比较干脆。

慈禧太后听完后，未置可否，只是当着几位重臣的面，开始夸赞李鸿章："李鸿章此番推托不去攻打金陵，说到底是为了保住他老师曾国藩的脸面，虽说他跟左宗棠闹了不愉快，但他处理得很妥当。真是既会办事，又会做人。"

至此，慈禧太后心中打定了"扶李抑曾，均权制衡，分而治之"的主意。李鸿章和曾国藩这对师生此后的宦海沉浮，将在慈禧太后的这一策略下，发生此消彼长的微妙变化。

湘军攻陷金陵不到四个月，曾国藩突然接到圣旨：加赏曾国藩太子太保衔、一等侯爵；曾国荃赏太子少保衔、一等伯爵，前往湘鄂皖交界，督后剿贼，务必迅速前进，勿少延缓；加赏李鸿章一等伯爵，署理两江总督；加赏左宗棠一等恪靖伯，待肃清赣浙闽残敌后，筹划西北军事。

这道圣旨让两个人犯难了。一个是左宗棠，朝廷此时让他这个闽浙总督筹划西北军事，这并非易事。与东南富庶之地截然相反，西北多不毛之地，兵员、粮饷、厘金、税赋统统无法与东南相比。但军令难违，他只得奉命率军入江西、福建追击太平军李世贤、汪海洋残部，直至同治五年（1866年）初将二人歼灭于广东嘉应州（今广东梅州市梅县区）后，准备起身西去。另一个自然是曾国藩。接到圣旨后，他竟一时不知所措，整日忧心忡忡，茶饭不思。湘军刚刚走下"火线"，还没来得及整补，疲惫之师猝然再起兵端，恐怕军中哗变。况且，他的军权也没了，只是以协办大学士署理直隶总督，朝廷还给他派了督办军务的钦差。再说，在湘鄂皖交界地区的捻军难成大气候，用湘军主力去进剿，无异于杀鸡用牛刀。曾国藩满腹狐疑，觉得这里面肯定大有文章，但一时又猜不出朝廷背后深意。不到一个月，朝廷又颁旨，说要追查太平军宝藏与幼天王的下落，这使曾氏兄弟与清政府的关系骤然紧张起来。久经宦海的曾国藩当即看出这分明是朝廷想要削弱自己的实力，同时扶植李鸿章，从而使两者势力均衡，相互牵制。

其实，自湘军攻克天京后，加官晋爵的曾国藩便已坐立不安。他对权术了然于心，也深谙官场之道。"功高震主"这四个字不时地敲击着他的心，使他不由得琢磨起后路来。

思量再三，曾国藩认为"远权避谤"对自己和曾国荃来说是最好的选择。他对曾国荃说："位高权重又享有盛名的，自古以来有几人能得善终？终究要设法将权位推让少许，则晚节可保。"为了消除朝廷的疑忌，同时又稳操兵权，他要"借助淮军以济湘勇之穷"，便致书李鸿章说"湘勇强弩之末，锐气全消"，宜"多裁速裁"，而"淮勇气方强盛，必不宜裁"。

李鸿章对曾国藩的决定佩服不已，他敬佩恩师能将"权位"二字看得如此透彻，同时也明白恩师的真实用意。客观上来说，曾国藩的计划对李鸿章是极其有利的。事后，他决定安慰恩师并投其所好，致函曾国藩表示支持他裁湘留淮的决策，并说双方在兵事上休戚相关，淮军若"改隶别部，难收速效"，一旦有所需要，曾国藩仍有权调动淮军。不久，曾国藩将自己治下的湘军，包括曾国荃的部队大量裁撤。曾国荃本想着自己打下金陵，创立了盖世功勋，以为朝廷会兑现当初咸丰皇帝打下金陵者封王的许诺，不想现在却落得个兵遣将散的下场。他一气之下，跑回老家休养去了。而李鸿章的淮军仅裁汰了几千老弱，保留了原有建制。

压在慈禧太后心头的"石头"终于搬开了，但她随即又遭受了狠狠的一击。同治四年（1865年）5月，一个令她心惊胆战的消息传来：清廷亲贵中唯一能征善战的悍将、蒙古科尔沁亲王僧格林沁在山东曹州被捻军打死！慈禧刚刚安定下来的心，又在瞬间惶恐不安起来。僧格林沁是八旗支柱，总统山东、河南军务，直、鲁、豫、晋各省督抚、提镇及团练大臣悉归其节制。他的嫡系部队虽然只有1万多人，但其骑兵战斗力强大，常常以少胜多。继俘获捻军头目张乐行父子，在皖北取得胜利之后，他信心倍增，从皖北追剿捻军至豫、鄂等地，实行"威力追剿"战略，对流动中的捻军穷追不舍，寻求决战歼敌，并拒绝湘、淮两军的增援。

但捻军采取游击战术，南北奔走，飘忽不定，每每抓住机会，便伏击旗兵。僧格林沁就是在曹州遇伏而致全军覆没。皇室控制的嫡系精锐的覆灭和僧格林沁亲王的战死，使捻军获得了喘息的机会，战斗力更为强悍。表面上业已"中兴"的大清帝国再度陷入风雨飘摇之中。

二、受命任钦差　挂帅剿捻军

自鸦片战争以来，大清已经被内忧外患弄得民不聊生、满目疮痍。太平天国覆灭，对清廷而言是一个难得的喘息之机。但几乎与太平天国同时兴起的捻军起义很快就引起清廷的重视。最初时，清廷显然忽视了捻军强大的作战能力，更没想到大半年之后，捻军会发展壮大到10多万人。此后，捻军成为反抗清朝统治的主力，已经完全替代了太平军先前的位置。

同治三年（1864年）12月，捻军与太平军遵王赖文光本部会合，捻军首领张宗禹、任化邦等人推举赖文光为统帅，带领捻军继续反清，"誓同生死，万苦不辞"。赖文光按照太平军的兵制、纪律和训练方法，整编了捻军，并把恢复太平天国作为奋斗目标。

硝烟尚未散尽，战事又起，慈禧太后惊恐、痛心地环视着偌大的清王朝，谁可依赖？她又把目光集中于朝中，谁又是能为她支起即将倾倒的大厦的栋梁？最后，她不得不把剿杀捻军的希望寄托在汉族的湘、淮两军身上。但湘军已经大量裁撤，所幸李鸿章的淮军保留得比较完整，尚可借以济急。

同治四年（1865年）5月23日，曾国藩刚到任直隶总督，清廷再次下旨任命他为钦差大臣，速赴山东督军剿捻。曾国藩的心霎时凉到了极点。他想，自咸丰初年回籍办团练以来，他上天入地，忠贞不贰，结果因"功高震主"被迫将湘军嫡系大部解散，实权遭削夺。如今又让自己指挥打仗，他去指挥谁呢？湘军实际作战兵力不到2万人，武器装备与淮军相比也不能同日而语。曾国藩无奈，只得向李鸿章借兵助剿。

李鸿章表面上为老师叫屈，心里却暗自庆幸。清廷最有权势的总督之一——两江总督对他的诱惑力实在太大了。他按捺不住劝慰恩师尽早动身，赴任直隶总督，但内心的真实想法却是让恩师为自己腾出位置。他在写给曾国藩的信中冠冕堂皇地说："朝廷倚重吾师，保障北方，收拾残寇。时机紧迫，众望所归，自当义不容辞。"同时为表支持，主动提出调拨精锐刘铭传、张树声、周盛波所部三十三营共1.7万人归曾国藩指挥。但曾国藩认为这些兵力还不够，先后调集淮军达6万人，几乎是淮军的全部精锐。这些淮军一律装备洋枪洋炮，还有堪称完备的独立炮队。

这样一来，曾国藩麾下便有了8万多人，加上僧格林沁的残部和直隶、河北、山东等地官军，兵力与号称10万之众的捻军相当。

然而更严重的问题在于，淮军虽由曾国藩发轫，自湘军所出，但绝大多数将领只服从李鸿章指挥，曾国藩实际上难以调度。对于僧格林沁的八旗"老爷兵"，他也无法有效驾驭，最让他头疼的就是僧格林沁的部将陈国瑞，此人勇悍凶狠、傲慢无礼。由于淮军对曾国藩的命令阳奉阴违，每遇要事往往先向李鸿章请示，从中协调的刘秉璋亦甚感棘手。更令曾国藩恼怒的是，李鸿章对改隶他指挥的淮军经常加以干预，甚至以两江总督的名义，借口兵饷不能增加，把刘秉璋控制在自己手中。曾国藩生气地写信质问李鸿章：眼下淮军概归敝处统辖，则阁下不应再插手一切事务,军中凡有个人请求,批令一概由敝处审核决定,如此才能号令统一,有效指挥;以后敝人除对淮军遣撤营头必先与阁下商榷之外,其余或进或退,或分或合,或保或参,或添募或休息假归,皆由敝处全权处理。如有不妥,请阁下密函告知敝处。李鸿章无言以对,只得以好言应付。

曾国藩已经觉察到,淮军建立后不久,"以济湘军之穷"的淮军与湘军旨趣已大相径庭,他们只忠诚于李鸿章,简直成了李鸿章的私家军。在这种情况下,要驾驭淮军,必须倚重"李家帮"。曾国藩建议朝廷以李瀚章代为江苏巡抚,另带李鸿章之弟李鹤章、李昭庆随军作战,以李家作为指挥淮军的媒介。为了协调淮军诸将的关系,他又调淮军中派系观念较浅的刘秉璋为全军襄办。曾国藩小心翼翼地解决一切后顾之忧后才来到徐州前线平捻战场。

曾国藩吸取僧格林沁失败的教训,仔细分析了捻军的作战特点,一改僧格林沁的"追剿"战略,提出"拦剿""围剿"与"追剿"合为一体,重点设防、布置河防和"查圩"相结合的新战略。但赖文光根据捻军精骑善走的特点,创造出一套步骑结合、灵活机动的运动战战术,出奇制胜,令曾国藩拦不住,更围不住。

剿捻一年半,曾国藩自感艰苦备尝,疲惫不堪,却一事无成。指挥淮军各部总不顺手,又追堵不到捻军主力决战,徒然看着捻军的实力有增无减。56岁的曾国藩此刻最大的感叹,就是湘军大势已去……无论是对朝廷的摧折,还是对李鸿章的插手,他都有说不出的幽怨,觉得很憋闷,终于忧愤成疾。

同治五年(1866年)夏,曾国藩再次调整策略,主张东以运河,西以沙河、贾鲁河,南以淮河为防线,北自朱仙镇至开封和黄河南岸挖壕设防,以围困捻军,达到剿灭捻军的目的。

9月,捻军大破开封附近的防线。曾国藩得知后,忧疾加重。11月,他以"病难速愈""剿捻无效"之由向朝廷递交了请罪书,并建议李鸿章出面协剿。但是,朝廷发来的圣旨像一盆冰水浇在曾国藩头上:

命曾国藩返回两江总督任内，以李鸿章为新任钦差大臣，接替剿捻重任。曾国藩觉得颜面全无，为了平衡自己的心态，他一再要求留下来维持军心，病未痊愈就进京觐见皇帝和慈禧太后，但朝廷的态度很坚决。这让曾国藩感到既惭愧又害怕，不得不开始考虑自己未来的出路。

李鸿章看透了曾国藩的心思，上奏朝廷请求让曾国藩回两江总督本任，并称如果曾国藩不回任两江总督，在前线剿捻的湘、淮各军的粮秣供应就难以得到保障。李鸿章的这道奏疏不仅替老师挽回些许颜面，也旁敲侧击地向清廷申明了曾国藩在当时的重要性。就这样，曾国藩回到两江总督任内。

时势呼唤李鸿章出马。恩师的无功而返，更加刺激李鸿章指挥湘、淮两军建大功、立大业的宏愿。他接旨后，很快便找曾国藩移交钦差大臣关防视事。他亲自到曾国藩那里取大印，曾国藩沮丧地说："这么快就拿走了？我还以为得办个交接仪式呢！"敏感、自尊心强的曾国藩见李鸿章这么按捺不住移交关防视事，不免生出英雄末路之感。

12月7日，朝廷正式下令曾国藩回两江总督本任，负责筹饷接济李鸿章剿捻军需；授李鸿章为钦差大臣，专办剿捻事宜。曾、李易位，代表着湘、淮两军的主导地位更替，也使师生二人的心态发生了变化。李鸿章踌躇满志地走上剿捻前线，他在写给母亲的信中兴奋地说道：曾夫子自称剿捻无功，年老体衰，不能当此大任，屡次请求朝廷罢斥，今蒙圣上照准，命他回任两江总督，授命儿为钦差大臣，专办剿捻事宜。

不过，曾国藩虽然成了捻军的手下败将，但他以河防圈制捻军、坚壁清野、以静制动，意在以湘、淮军之长，克捻军之短的作战策略应该说是可行的，甚至是根本性的，也是极为毒辣的。尽管他没有看到这一计谋结下的胜利之果，但受此策略驱逐的捻军也深深感到"势力难持，独立难久"。

李鸿章挂帅剿捻之初，仅仅提出了"用谋设间，徐图制贼"的原则性设想。而当时东捻军在突破曾国藩的贾鲁河、沙河防线后，迅速进入湖北，试图派主力入川，并与西捻军取得联系。东捻军集结在安陆府

(今湖北钟祥)臼口一带,拥众10余万。李鸿章认定这是聚歼捻军的大好机会,于是调动湘、淮军7万余人分路并进,其中包括湖北巡抚曾国荃的新湘军。

由于堵剿范围过于广阔,捻军仍在潼关以东的大平原上纵横驰骋。

分进合击的新湘军郭松林带领7000多人在德安城外取得小胜后,便轻敌冒进,追敌至石碑、臼口之间,结果遭遇捻军大队骑兵的袭击,伤亡惨重,郭松林本人身负重伤,左足几断。郭松林所率的队伍,是同治五年(1866年)秋他请假回原籍湖南途中,奉湖北巡抚曾国荃之命募练而成的新兵。此次郭松林部几乎全军覆没,曾国荃扩充新湘军的计划遭受了重大打击。

郭松林败北半个月内,淮军张树珊亲率"树"字军也在附近地区遭到同样的命运。当时"树""盛"两军正配合作战,东、西分进,行至德安府杨家河时突遭赖文光数万人马攻击。捻军利用骑兵趁夜色掩护猛冲,"树"字军被团团围住,"盛"军因阻隔一河,无法相救,张树珊受伤坠马,力竭而死。捻军用"诈败退走"与骑兵"包抄歼敌""速战速决"相混合的战术,再次取得成功。

同治六年(1867年)2月,双方主力在安陆府尹隆河进行决战。官军主力是刘铭传所部"铭"字淮军和鲍超所部"霆"字湘军。鲍、刘原本约定于2月19日发起会攻,但两人向存嫌隙,鲍轻视刘为后起之辈,刘认为鲍乃无谋匹夫。为抢头功,刘铭传抢先出兵,抵达京山县尹隆河畔,发现捻军即在对岸。刘铭传自恃"铭"军火力强大,以五营留守辎重,自率十五营分三路渡河进攻。赖文光分兵三路与之周旋,并号令绝对优势的骑兵展开进攻。"铭"军左路不敌捻军,败退过河,中路被团团围住,右路唐定奎因救援主将而被冲散。刘铭传眼看部队接近崩溃,全军的辎重及自己的玛瑙红顶花翎亦被捻军掳去,只能与各营官、幕僚被困待死。

正在绝望之时,刘铭传及部将忽闻喊声震天,如一阵暴风雨自远处袭来。刘铭传大惊:"捻匪这么快就要动手?"随即起身,拔剑就要自刻。他的幕僚急忙夺剑道："铭帅且慢，我军未乱，是不是援军到了？"

刘铭传转过身来，只见一个亲兵跟跟跄跄地跑来，报告说："铭帅，'霆'军来了！"刘铭传扔下剑，跑出营外，只见迎风招展的"鲍"字旗已经出现在尘土飞扬的阵地上。已准备赴死的刘铭传精神大振，向2000名残兵下令："猛打猛冲，杀敌突围！"

"霆"军的突然出现，不仅使刘铭传捡回一条命，而且反败为胜。"霆"军乘"铭"军与捻军激战、捻军掠取"铭"军辎重的混乱时刻，迅猛攻击，不仅歼灭捻军万余人、生俘8000人、夺获骡马数千，还将"铭"军丧失的辎重，包括刘铭传的玛瑙红顶花翎悉数夺回。随后，"霆"军连续五天对捻军穷追不舍。

刘铭传拿回自己的玛瑙红顶花翎，心中充满羞愤，本想独占全功，没想到最后竟被鲍超看了笑话。尽管内心波澜迭起，但他表面不露声色，先把一份捷报送到李鸿章手中，并奏称"铭"军曾有不利，是因为鲍超贻误军机，理应杀头。随后，鲍超的捷报也传到李鸿章手中："刘铭传企图独得全功，早出一刻，以致大败被围，幸亏我率军及时赶到，救刘军门出险，连败捻军于直河、丰乐河、襄河各地，活捉捻党首领赖文光的妻室，现追到枣阳唐县，不日可竟全功。"

两份捷报，两种说法，谁是谁非，李鸿章深感为难。根据鲍超与刘铭传的奏报，两人中必须有一个记大功、一个记大过。在理与情的天平上，李鸿章很快发生了倾斜。他按照刘铭传的报告奏陈朝廷，除了陈述刘铭传过去的战绩之外，对他本人更是曲意维护，特别对此次战败，说成是"因接仗过猛，又因鲍超期会偶误，致有此失"，将刘铭传之败诿过于鲍超，将大捷说成是鲍、刘两军共同的胜利。

新任军机大臣、左都御史汪元方未经察明事实曲直便颠倒黑白，严旨斥责鲍超虚报战功，并应负"铭"军战败之咎。湖北巡抚曾国荃根据降捻的供词，在奏报中禀明尹隆河之战捻军有南北之分，北强而南弱，与刘铭传交锋的是北队，与鲍超接战的是南队，所以战绩不同。

李鸿章权衡利弊之余，再次犯了一个错误，他更看重自己的心腹能将刘铭传,而鲍超是湘军出身,在争夺军功一事上,亲疏远近打败事实真相,占据了上风。虽然事情到最后鲍超未记处分,但鲍超无法忍受被人任意摆布的滋味,忧愤成疾,执意告退,所部三十二营以遣散了之。"霆"军重要将领唐仁廉挑选其中精壮士兵,由李鸿章"酌立营制,重整规模",立"仁"字营,成为淮军的一支部队,从而削弱了湘军,增强了淮军的实力。3月,东捻军又在蕲水(今湖北浠水)歼灭湘军彭毓橘所部,阵斩彭毓橘,至此,曾国荃的新湘军主力损失殆尽。

尹隆河之战,湘淮军虽然取得了胜利,但却在诱过赏功上发生纠纷,军中议论纷纷,湘、淮两军日生嫌隙。而东捻军则乘机重整队伍,冲出清军在臼口的包围圈,曾国荃气得旧病复发,于是请辞开缺,再次返乡。

李鸿章在追剿东捻军时吃了不少苦头,审时度势之下才体察到恩师战略部署的深意,他不得不总结经验,吸取教训。

不久,他把淮军改编成四支精锐部队,即"铭""武毅""鼎""勋"四军。此外,他还增加骑兵的力量,严加训练。为了尽快训练好骑兵,刘铭传想出一个办法:他把一个金元宝吊在大营门口,并点上一炷香,下令众卒,在一炷香的时间里绕着营盘骑马跑三圈,谁第一个到达,这个金元宝就归谁。重赏之下,骑兵精神倍增、异常踊跃,这一训练方法果然收到了奇效。

接着,刘铭传、潘鼎新等淮军将领一致提出"倒守运河"之策,即由原来自东岸设防移至西岸设防,李鸿章经过慎重考虑,决定采纳他们的意见。同时,鉴于捻军深入胶莱一带,他不但部署倒守运河,而且在胶莱河两岸增设了内层防线,缩小兜剿圈,企图把捻军聚歼于胶莱海隅,万一捻军突破胶莱防线,还有运河防线做保障。在胶莱河防线上,他安置了刘铭传、沈宏富、董凤高、潘鼎新共四军四十六营和鲁军三十一营,分段防守,每营防地3里多长;另外还设有机动的后援部队,全部兵力近5万人。运河防线则由淮军周盛波、刘秉璋、杨鼎勋、李昭庆等部和豫军张曜部、皖军黄秉钧及程文炳部负责。为了保障运、胶防线，李鸿章奏准三口通商大臣崇厚、直隶总督刘长佑率军防守黄河，由漕运总督张之万率军防守苏北六塘河。这样，东西南北四面就各以河为险，构成了一个包围圈。

随后，李鸿章把自己更为完整的剿捻战略上奏朝廷："须困之于山深水复之地，弃地以诱其深入，然后合各省兵力，三四面围困之。"

几月内，东捻军先进入河南，因陕西就食困难，四川路途遥远，遂放弃原定西进川陕的计划，改向山东挺进，于6月在鲁军防守的戴庙附近突破运河防线，直趋胶东半岛，使得李鸿章苦心经营的胶莱防线崩溃。究其原因，主要是由于山东巡抚丁宝桢不愿其辖境变为战场，对李鸿章的方案虚与委蛇，甚至蓄意破坏。

胶莱防线崩溃后，李鸿章和丁宝桢为了互推责任，上奏章互相诋毁，一时言路汹汹。朝廷一面进行调解，一面切责李鸿章"徇私诿咎，倒置是非""意存忌刻，纵贼误事"。一时朝堂上对李鸿章的指责不绝于耳，朝廷惑于群议，认为"河防不可恃"。

在两江总督任上密切关注剿捻局势的曾国藩认定"大局日坏"，担心言路不仅牵扯丁宝桢、李鸿章二人精力，更可能影响战局，于是致书李鸿章劝他忍辱负重，徐徐图之，若遇棘手之事，应学会忍耐。曾国藩对李鸿章的性格十分了解，因此劝他要不断磨炼砥砺，力求将决不言退和咬定青山不放松的精神与气概慢慢渗透到血液中。李鸿章收到老师的来信，认真阅读后心中逐渐豁然。他推开桌案上那一封封嫉妒的、诋毁的、攻击的上书，认真地思考着自己今后的道路。是剿捻战略不妥吗？对付骑步兵兼用、"以走制敌"的捻军，不用拦堵、围剿、追剿的办法，还有什么制敌之道吗？没有！李鸿章坚信自己的剿捻战略不会错，问题出在先前所做的还不够彻底，以至于变成现在的被动局面。

闭门思过后，李鸿章又把精力全都投到剿捻中，开始反复研究作战地图，仔细思考"以走制敌"和"圈地制敌"的敌我战略。看着山东的地形和河网，他恍然大悟：在东捻军突围成功，又突破运河成功的军事胜利背后，实际隐藏着其战略的缺陷！胶东三面环海，东面是运河河防,捻军贸然突入这里,无异于自投罗网。这里的防堵范围要比鄂北豫西和中原一带防守区狭小得多。官军正可利用火力远比捻军强大的优势,将捻军逼到一狭隘地域,使其丧失最擅长的骑兵优势,"以走制敌"战略失去回旋余地,在胶东的丘陵地带聚而歼之。这个想法在李鸿章脑海里显现的时候,他转忧为喜,内心的焦虑也随之减轻。接着,在刘铭传和潘鼎新的帮助下,一个令他十分得意的新的剿捻计划诞生了。

其一,以运河为外围防线,"倒过运河",即把曾国藩当年在运河所筑的长墙由东岸移到西岸设防,由周盛波的"盛"军、刘秉璋的"庆"军、杨鼎勋的"勋"军、李昭庆统率的"武毅"军,再加上豫军、皖军等部防守。

其二,鉴于捻军深入胶莱一带,以胶莱河为内围防线,由"铭""鼎""奇""凤"四军和一部分鲁军分段防守。

其三,以黄河为北面防线,六塘河为南面防线,以直隶军、浙军、鄂军参加防守黄河和江苏北境的六塘河,力争把捻军逼在胶莱河以东的滨海地区。

这一部署合计总兵力共10万余人。东西南北四面各以河为险,构成一个紧密的包围圈。

李鸿章坚持既定战略,特别加固运河防御,亲自驻守台儿庄就近督导,并先后设立四支由淮军精锐组成的游击之师,计有战马8000匹,以制敌骑,追击捻军。这样就使东捻军陷入了危殆的处境:他们虽然突破了胶莱防线,但仍被困于黄河、运河、六塘河、大海之间的狭窄地带,无法施展"以走制敌"的特长,屡屡受挫。11月,捻军名将任化邦在苏北赣榆战败被杀。12月,东捻军在寿光海滨一战折损3万余人,精锐几乎丧失殆尽。

战争形势变得对清军有利,李鸿章的官运也好转起来。同治六年(1867年)秋,湖广总督官文因被曾国荃弹劾而开去总督之缺,留大学士衔回京任职,李鸿章因此捡到一个实惠:被任命为署理湖广总督,同时实授江苏巡抚,仍在军营督办剿捻事宜。僚属郭柏荫、丁日昌分别署理江苏巡抚和出任江苏布政使。清廷这一人事安排的目的，在于安抚湘、淮两系，使三江两湖连为一体，便于筹措剿捻军饷和稳定后方基地的军事政治局面。三江两湖的实权落到湘、淮之手，李鸿章多年的梦想终于如愿以偿了。

东捻军在危厄之际，曾求助于在陕西与左宗棠部对战的西捻军，西捻军闻讯，决定离陕东进。统帅张宗禹原拟率部南出潼关，由豫入鲁，后来考虑到官军聚集山东，河北空虚，遂决定进军直隶，威胁京畿，逼迫官军回救根本，以围魏救赵之策达到解救东捻军的目的。

此时左宗棠部在陕甘一带也欲合围剿捻，却一再被西捻军突围而成尾追之势。左宗棠部无力横头拦截，导致西捻军经山西、河南进入直隶，于同治七年（1868年）2月初抵达保定一带。朝野震动，清廷急忙调兵遣将防卫京畿。此时东捻军已经败亡，官军得以集结直隶、山东战场的兵力与西捻军展开战略决战。清廷特派恭亲王奕䜣出面节制，调集了李鸿章、左宗棠、都兴阿、官文、丁宝桢、英翰、李鹤年所部和京营、天津洋枪队等10万余众。

这时，驻在山东济宁的李鸿章遇到了两个棘手的问题，一是淮军将领刘铭传、郭松林、潘鼎新、刘秉璋等纷纷求退，争辩不休，使李鸿章徒呼"奈何"而无法遵旨北援，受到朝廷拔去双眼花翎、褫去黄马褂、革去骑都尉世职的处分；二是左宗棠遭朝廷斥责后不愿相助。此次受罚不啻火上浇油，李鸿章愤愤不已，去信声称："左公放贼出山，殃及鄙人。如果朝廷将剿贼者治罪，拿什么来激励将士勇武之气呢？"

这年冬天异常寒冷，凛冽的北风肆虐大地，冰凌随处可见。北风呼啸着吹落冰凌，不时发出干脆崩裂的声音。这声音让李鸿章心悸，感觉就像砸碎了自己的心，他再度陷入困窘的境地。

受理学思想濡养多年的李鸿章深知中庸适度之法，他没有一直沉沦下去，而是很快把思绪拉了回来，一回到战场，他那纷乱的心便平静多了。抛开别人的指责与弹劾，他想起了自己的慈母。就任钦差大臣之初，他雄心勃勃，以为不会重蹈老师的覆辙，将很快完成剿捻大业，所以函告她老人家"一旦大功告成，便打算回老家，以慰数年来思念母亲之情"。现在看来，回家的日子遥遥无期，甚至越来越远。但他决不愿像恩师那样无功而返，在他心里，此番若不建功立业，既愧对圣上，又愧对慈母。他暗自发誓，既然战略方针无大错，就一定要坚持下去。

整理思绪后，李鸿章随即提笔，给潘鼎新写信："捻军的祸患还长，深夜细想，思潮起伏，难以入睡……我的心情十分恶劣，提起笔来又想放下。希望你多辛苦，任劳任怨，等待转机！"接着，他又给故友浙江巡抚马新贻写了一封信，信中说："运河防线已成，迟早可成就大功。中外人士无不希望迅速平定捻军，但除了围剿别无他法。任其疑惧震撼，只管不见不闻。"

李鸿章既已认定目标，便决定忍辱负重。丁宝桢虽然受到朝廷重责，但还留在巡抚任上。李鸿章知道在山东剿捻亟须丁宝桢的配合，便主动致书与丁宝桢修好。同时，他下令"铭""鼎"两支拥有大量骑兵的游击部队紧跟捻军不放，追至鲁南，分别与捻军展开遭遇战，重挫捻军锐气；其他官军则各守要道，就地驻防。

赖文光率大股捻军突破胶莱防线后，还是没有逃出李鸿章的"手掌心"，于是继续发挥"以走制敌"的长技，抢渡运河西趋，在遭到"铭"军、"鼎"军打击后，又拟北上进攻济宁，但因驻防的官军坚决抗击，也没有成功。随后，赖文光又以声东击西的方法欲强渡黄河，向鲁北方向发展，结果被防守黄河的清军水师所击，战而不利，再改向东驰入淄州、青州境内。

李鸿章有了攻灭东捻军的成功经验，在直东战场基本上是沿袭旧方，使用"圈制"的老方法。但是，直东战场的形势与东部有所不同。因为西捻军吸取了东路被围的教训，警惕性很高，一旦发现有被围的迹象，立刻拼死突围，迅疾如风，转眼就失去踪迹，使李鸿章无法从容布网。而且，华北平原一马平川，围堵战线十分漫长，加之河道水位低，不能以河水为险，设防全仰仗兵力，而当时直东战场的兵力依然有限。

李鸿章认为，与其这样，不如暂时以守待变。但从西北赶来助剿的左宗棠却不以为然，力主"追剿"。李鸿章对左宗棠的战略同样不以为然。他极反感自视清高并自比诸葛亮的左宗棠，认为追剿战略即使能取得胜利但不足以消灭捻军，而且长此以往，有覆军疲师的危险。这不是又回到僧格林沁"威力追剿"的老路上去吗？不是同样会重蹈其覆辙吗？

两人分别向朝廷陈述个人的战法意见，希望能有理有据地压倒对方。沸沸扬扬的争论，公说公有理，婆说婆有理，但谁的"理"都不足以胜捻军。李鸿章虽然据理力争，但失败的痛苦、群臣的攻击，更让他心力交瘁。

争议归争议，仗还得打。李鸿章很快又随着西捻军的突进方向，进一步研究出更切实的剿捻方案来。他见西捻军突过运河进入山东，仿佛看到了东捻军去年入鲁的影子，再仔细分析西捻军所处的位置，心里不由得欢呼起来：捻军被官军从豫北逼到山东高唐，他的"圈地制敌"之计不正好派上用场吗？他兴奋地向朝廷上了一份奏折：

立即建立运河防线，以为西面防线，在运河西岸各段修筑长墙，严令各军治河划定专区，筑墙严守。鉴于运河水浅，无法形成天然防线，引黄河水灌入运河，扼制捻匪，不使西渡；北面以减河为防线，在减河北岸修筑长墙工事，再引运河水灌入，增加水位，以崇厚的洋枪队和民团把守，守卫京畿；南面以黄河为防线。四面合围，必可消灭西捻军于山东。

这个作战计划报到朝廷，再次引起各方面的攻击：一部分满族亲贵认为李鸿章的计划实在太完满了，有画饼充饥之疑。一些嫉恨李鸿章才干和功绩的人则袖手旁观，等着李鸿章一败涂地。他的老对手左宗棠则质疑李鸿章的最新策略。虽然两人互为不喜，但此时大局为重，他说黄河以北地幅开阔，正是捻军骑兵作战的好舞台，李鸿章的圈套再完美，若捻军不往里面钻，仍旧是守株待兔；以黄河水灌运河，设想很好，但黄河此时并非汛期，分流到运河后水位不是更浅了吗？

李鸿章这次没有与左宗棠争论，只是对自己的左右说："左公只知道到处追贼，被忽东忽西的捻军搞得疲于奔命，在追剿方面也赶不上僧格林沁和他的蒙古兵。我仍以静制动，以守待变，不信捻军不入圈套；至于河道水浅，我听庄稼人说，每年二三月，桃花开的时候，黄河两侧的积冰都会化冻，水涨波宽，这不就是老天爷给我们'送水'吗？"

然而，在李鸿章预设的包围圈中，西捻军照样能施展其运动战的快速机动特长。他们表面上做出南下鲁中的态势，以吸引官军南趋，其实是想急进北攻天津，其前锋一度进抵天津壕墙外仅12里的稍直口。淮军的"武毅"军郭松林部迅速北援天津，猛攻西捻军，在崇厚的洋枪队配合下，以最强的火力向西捻军发起猛烈攻击。西捻军不敢孤注一掷进行猛攻，改而南撤，进入山东境内。

又是一场虚惊，清廷急令湘、淮、鄂、豫及蒙旗各军增援天津，同时严责李鸿章、左宗棠"驱捻北趋"，各以降二级留任的处分；并给他们下令：限一个月之内，肃清所有张宗禹的西捻军！

一个月的期限令李鸿章心急如焚。各河防部队迅速奔赴指定防守地区，追剿部队与西捻军展开周旋。李鸿章看着干涸的黄河、减河、运河，的确如左宗棠所说，无法以水为险。尤其章丘至临清运河240余里，素为黄河倒灌，积淤成平陆。为引入黄河水，淮军将士与民夫一道兴筑堤坝，清理这一河段的淤沙。一切准备就绪，单等汛期一来便引黄河水入运河，引运河水入减河。

李鸿章急切地等待着老天喜降甘露。然而，4月底没有雨，5月初没有雨，5月中旬仍旧没有雨……一边是朝廷一个月期限的死令，一边是迁延无望的围剿，他觉得自己仿佛每天都被两股强大的力量撕扯着，动弹不得。对雨的期盼，对天气的关注，成了他战略中的那阵"东风"。

5月下旬的一天，天气阴沉，李鸿章的心情十分惆怅，朝廷限期马上就要到了，捻军气势却依旧猖狂。突然，一个亲兵像落汤鸡似的湿漉漉地跑来，他激动地向李鸿章报告了一个特大喜讯：漳卫河上游下大雨啦！山洪暴发，运河水陡涨！

漳卫河上游的雨，让李鸿章焦灼的心瞬间畅快了许多。德州的天也开始阴沉下来，李鸿章的心情随之变得晴朗。这下官军在运河北段有水险可恃了。李鸿章下令各军在沧州以南捷地坝将运河水灌入减河，并在减河以北筑墙。减河水一上涨，足以阻挡西捻军窜入天津。过了两天，黄河水陡涨数尺，官军又在章丘开坝引黄河水入运河，使原来章丘至临清200多里可徒步涉河段被大水漫灌。此后，黄河水几次暴涨，运河到马颊河无不盈堤拍岸，横溢四出。

李鸿章设计的南以黄河、西以运河、北以减河为凭借的包围圈，终于合围了。山东各河道水位的上涨，使左宗棠对李鸿章的战略计划产生了兴趣。他见圈地有了保障，便转而赞同李鸿章的计划。他诚恳地给李鸿章写了一封信，解释道："圈制之举，实乃制捻良策，只是从前减河没有注水时，地段太长，时间和人力成本都大大增加，弟不能不有所疑虑。现在捷地坝开了闸，工程既省，自兴济以南东岸的居民都迁移到了西岸，正可借民力筑堤自保，而以官军协守，腾出各军剿贼。"

从信中可以看出，左宗棠在支持"圈制"的同时，仍主张派遣一定兵力用于追剿，凭借地利条件，压缩河防兵力，使军、民各司其职，保证围剿的最强效力。素来不和的李鸿章和左宗棠此时的剿捻战略越来越趋向一致。同治七年（1868年）5月21日，李、左在德州桑园会见，商谈甚为投契。在山东战场的清军中，以李、左所部为两大主力，其他大员如官文、丁宝桢、英翰等人兵力有限，他们见势也都明确表示赞同李鸿章的战略部署。上谕也明确肯定了李、左的意见。

此时，西捻军的"包袱"却越来越重。张宗禹已染上很重的鸦片烟瘾，每日所需鸦片越来越多，军中老弱数量增加，运动战的活动范围越来越小。眼看西捻军在走向被动，张宗禹越来越紧张，东捻军败亡的噩梦总在他眼前闪现。他唯一的想法是赶紧带领兄弟们迅速突出李鸿章的圈制，不论从哪个方向突围。

张宗禹首先想到平日水最浅的减河方向，突破官军防线后向北、向西流动，但几次突围都被防守的宋庆、张曜所部及丁宝桢的鲁军击溃；

失利回军后，又被在大包围圈内负责追剿任务的"武毅"军郭松林、"鼎"军潘鼎新、盛军周盛波等部不断追击。

7月中旬，周盛波部在吴桥附近追杀捻军千余人，掳骡马2000匹；又在德州的杨丁庄夜袭疲困酣睡中的捻军。郭松林、潘鼎新部在沙河与商河间突击捻军，击毙两三千人。鏖战时，张宗禹带着黑旗队冲锋，受重伤而逃，而后又被宋庆、张曜、潘鼎新三军在济阳河套地区追击，捻军又损失六七千人、战马上万匹。湘军的刘松山及淮军吴长庆、郭宝昌部，在直隶境内的盐山、吴桥一带担任截击任务，几次阻击西捻军，给予他们狠狠的打击。张宗禹的主力终于被驱逐到鲁北黄河下游河道纵横的临邑、陵县一带。

捻军几次试图突破官军河防无果，在包围圈内又无法摆脱官军的围追堵截，只好被动地奔突，最后进入山东北部。李鸿章不失时机地"缩地围扎"，在马颊河与徒骇河布防，把捻军压迫在其间的高唐、商河、惠民一带的狭长地域，并配合地方官府"查圩"，致使捻军陷入绝境。捻军左突右冲，无路可走，来到徒骇河边，横在他们眼前的是一道陡涨的大河，此处河汊众多，水流泥陷，后面淮军的喊杀声响成一片。张宗禹率部顽强抵抗，战至8月17日，捻军全军覆没，张宗禹不知去向。

西捻军覆灭后，清廷论剿捻之功，李鸿章赫然居首，开复李鸿章迭次降革处分，并赏加太子太保衔，授协办大学士、湖广总督。李鸿章可谓扶摇直上，相反，他的恩师曾国藩却北调，任直隶总督，奉命处理"天津教案"，自此，经历他官宦生涯中的大起大落。相比之下，李鸿章此时官运亨通，受朝廷信任、器重，预示着他在官场还可以走得更远。

三、徇私走后门　枉法蔽权臣

同治八年（1869年）2月，47岁的李鸿章踌躇满志地前往湖北武昌就职。具有丰富政治经验并熟读历代史籍的李鸿章，深知以慈禧为首的朝廷对自己是既倚重又压制，随着捻军的溃败和淮军的势盛，自己与朝廷之间的紧张关系必将加剧，所以他得意并不忘形。同年6月，朝廷命他为钦差，要他前往四川调查四川总督吴棠被参贪污受贿的案子。这是一件很棘手的事情。

李鸿章和吴棠早在安徽办团练时就结为"金石至交"，而且清廷对吴棠"圣眷颇隆"。说到吴棠与慈禧的关系，还有一段故事。

慈禧的父亲是叶赫那拉·惠征，官居安徽宁池太广道。咸丰元年（1851年），太平军金田起事，雄师挥戈北上东进，当太平军席卷安徽时，惠征为保身家性命，弃城丢地，望风逃窜。谁知太平军过后，朝廷重建地方秩序，惠征因"玩弃职守"之罪被御史参奏，朝廷降旨撤职查办。惊魂未定的惠征丢了乌纱帽后，郁郁寡欢，不久便去世。

惠征去世时，长女叶赫那拉氏只有16岁，下面还有一妹三弟，都是未谙世事的孩子。封建时代官场中有句俗语流传颇广，"太太死了压断街，老爷死了没人抬"。官场是最势利的，何况惠征头上还压着一顶"犯官"的帽子。因而当叶赫那拉氏奉母扶灵返旗安葬时，凄凄惨惨，沿途遭受了许多白眼和冷遇。

这一天晚间，叶赫那拉氏一家到达河北清河县，船刚在码头停定不久，就有人送来一份奠仪。叶赫那拉氏打开一看，里面竟然包了整整200两白花花的纹银。她认得不少汉字，看到那份名帖注的是清河知县吴棠，这越发令她不解。按说一般官员灵柩过往，若非至亲挚友，东道主尽地主之谊，充其量送上10两银子的程仪，这已是极厚的交情了，哪会用整百的银子应酬？稚气未脱的叶赫那拉氏想来想去，怎么也想不起父亲生前曾与清河县的知县有什么交往。她把事情一五一十告诉母亲，询问父亲是否与吴棠有故交，母亲表示未曾听说，于是她猜想是吴棠的差人送银子送错了对象，待她想把奠仪退还差人时，对方早已不知去向，周围漆黑一片，不见人影。于是，叶赫那拉氏收下银子，第二天又写了"原安徽宁池道台叶赫那拉氏·惠征之妻及子女拜谢"的回帖派人送到城中。

清河知县吴棠收到回帖后，见上面写着叶赫那拉氏，也很奇怪，他仔细询问了差人昨夜送奠仪的具体细节,才知差人阴差阳错,把本应送给好友家的银子送给了一个自己根本不认识的人家。弄清楚事情的真相后,吴棠责备差人粗心并责令他立即去把那200两银子讨要回来。这时,他的师爷劝道:"老爷且慢,世上哪有送出之礼再往回要的道理。惠征虽然死了,但旗人的前途深不可测,谁敢保证他的后人以后就没有飞黄腾达之时?如果他的后人真有出头之日,怎会忘记老爷您今日的大恩大德呢?"吴知县认为师爷言之有理,于是将错就错,带着祭品亲自登船祭奠惠征,这让叶赫那拉氏一家感动不已,这份雪中送炭的恩情令叶赫那拉氏刻骨铭心。事后,她将吴棠的名帖郑重地收藏在妆匣内,深切地告诉弟妹,倘若今后有出头之日,一定要重重报答吴大老爷的恩情。

世间之事确实难以预料。返京不久,叶赫那拉氏因才貌出众被选为秀女,进而受到咸丰皇帝宠幸,五年时间便由贵人一路晋封为贵妃,她的妹妹也许配给咸丰的弟弟醇亲王,成为福晋(即光绪皇帝生母)。姐妹两人,一个嫁给天子,一个嫁给皇帝的亲兄弟,这简直是旷世恩荣。咸丰皇帝殡天后,叶赫那拉氏因其子载淳继承皇位被尊为圣母皇太后,即慈禧太后。

因慈禧太后知恩图报,吴棠的仕途也一路坦顺。他在官场的名声一向很好,深受百姓爱戴。现在有人告他贪污,不管是否属实,都让李鸿章左右为难。因此,他打定主意——拖,能拖一天算一天,能拖过去更好。过了大半年时间,朝廷见李鸿章还在武昌没有动身的意思,又下旨催促。李鸿章料定不可再拖,只得安排下属官员许铃身先行入川,探明情况,他自己随后也起程前往四川。

成都地处西南偏远地区,路途遥远,交通不便。十几天的车马劳顿令李鸿章疲惫不堪,在成都落脚后,他睡懒觉的毛病又犯了。有天早晨他一觉醒来,发现天刚蒙蒙亮,便拿起一本随身带来的书,点灯准备读书。这时只见许铃身一闪身走了进来,躬身施礼道:"大人,外面来了一个人,自称是您的远房亲戚,要见您一面。属下不敢做主,特来通禀。"

李鸿章不耐烦地摆手说:"天还没大亮就有来人,先让他在会客厅等着吧!"

许钤身欠欠身,笑着说:"制军大人,已经快晌午了。今天雾大,见不着太阳。"

"那来人可有说是哪里人?"李鸿章一边起床,一边想,他在四川没有什么远房亲戚呀!

许钤身回道:"听口音不是本地人,倒有点像京城人,又多少夹着些皖南腔。"

这时,仆从早已打来一盆水,李鸿章匆匆抹了一把脸,整理了衣冠后便往会客室走去:"你让他进来吧,说不定真是合肥来的老亲呢,千里迢迢来见我着实不容易。"

许钤身马上出去传唤,过了一会儿,一个身材矮胖、蓄着长胡子的中年男子走进客厅,见李鸿章稳坐上首,忙前趋几步,跪倒在地,连连叩头。李鸿章一惊,一见面就行此大礼,想必不是什么亲戚,随后他让仆从将来人扶起来,并入座上茶。来人称:"罪臣冒死来见钦差大人。只求大人放过罪臣,罪臣甘愿来生变作牛马供大人驱遣,也无半点怨言!"

李鸿章听声音觉得耳熟,便屏退身边仆从。待会客厅中只剩他二人后,只见来人摘下一把大胡子,才认出此人正是四川总督吴棠。他急忙走到吴棠近旁,说道:"吴大人,怎么扮作这副模样进来?堂堂朝廷封疆大吏虽被弹劾,但远不至如此。不过眼下朝廷十分重视此事,吴大人还是小心为上。"旋即,他便发觉自己语气失之严厉,便转换语调,低声说道:"论年纪,你是兄我是弟,你我虽不曾拜过堂子,但也是'金石至交'。如今老哥有难,为弟的不能见死不救,现在室内仅你我二人,老哥不必拘谨,有什么话尽管直说。"

吴棠一听,又忙下跪,说道:"若是以前,我们可以称兄道弟,可如今大人为钦差,我却是戴罪之身,一旦朝廷定下罪名,岂不是连累了兄弟?还是自称罪臣吧!罪臣今天冒死前来,就是念在与大人相交一场,想求大人一句真话,朝廷这次准备如何处置罪臣?"

李鸿章听罢,一边扶起吴棠,一边将声音压得更低说:"既然老哥还顾及兄弟的情面，小弟也不妨直言相告。他们列了你四大罪状，但他们的说法只是一面之词，小弟这次来就是要一一查证核实。你我同为总督，该回护的地方，小弟自然要回护。不过，也希望老哥实话实说，不可有半点隐瞒。不然，就是小弟信了，朝中的权贵老爷们不信，再派人下来查，到时候不仅是老哥过不了坎，小弟也得跟着摔一跤。所以，一切皆在老哥一人而已。"

吴棠见李鸿章如此开诚布公，悬着的心渐渐放下，接着说道："大人说的有理，罪臣……老哥分得出利害。说实话，老哥做的任何一件事，没有一件不是别人做过的，为何偏偏我这么倒霉？"

李鸿章转身回到上首座椅，坐定后笑着说道："老哥这样说莫不是在为自己开脱？老哥做的虽不是什么人命关天的大事，但千不该万不该这么张扬，惹得那几位大人连上几道参折，朝廷也是没办法呀，总要给众人一个交代。如今，老哥你自己辩解没有用，还得让事实说话。小弟现在就问老哥第一个问题，此次入川，征用了多少夫役？费了多少轿子？收了多少应酬？"

吴棠沉思片刻后慢慢说道："大人问起这事，足见它亦是招惹风波之一端了。细说来，此次老哥家小五十几口从扬州雇船而来，只是雇了2条大船、600名夫役，外加200名轿夫。沿途收了少许程仪，加起来不到3000两。想不到区区小事，也能被那些人拿去大肆渲染，真是欲加之罪，何患无辞！"

李鸿章听后笑道："老哥何必这样遮掩，既然你我兄弟相交，小弟自然不会相信旁人所言，今日还望老哥直言相告，沿途衙门、豪绅商贾交到老哥手里的应酬总共是多少。弹劾奏折上说是几十万两，这么大的差距，实在难以服众。想是这中间不是你有所隐瞒就是他人诬告。而今小弟查出来的又是另一个数字，该怎么向朝廷奏报，着实让小弟大伤脑筋。"

吴棠急忙说道："钦差大人，恕老哥直言，那些朝中闲臣整天就琢磨整人，往往言过其实，然后给自己博一个直谏的虚名。大人久在官场，个中实情，自然清楚。老哥今日就与大人露个底，老哥打进川以后，确实收了几个应酬银。大人也知道，新官上任，地方上免不了要攀附，他既是诚意相送，怎好驳他的情面？官场中人对此事个个熟稔于心，百般精通。既然是惯例，老哥也就收了。"

说完，吴棠便从怀里掏出一张账单，一边递给李鸿章，一边说道："老哥沿途经过四个省，每个省都送了老哥2000两官银，一共是8000两；豪绅富商有6人各1000两，共6000两。具体金额和送礼人都在上面写着，请大人过目。"

李鸿章接过那张单子，用眼一扫便放在桌上，沉吟道："上万两之多，难怪朝廷震骇。小弟还有一事不明，老哥入川经过的这几个省连年战乱，匪患不断，他们哪来这么多银子送？总督要送，巡抚要送，来个钦差也要送，可是一到征饷摊派时，又个个哭穷。好一个假公济私！"

吴棠在一旁战战兢兢地听李鸿章讲，一边不时点头，一边琢磨他的话意。

接着，李鸿章话锋一转说："小弟还听说老哥在公费开支上非常节俭。据说为了节省开支，老哥一到任就裁减了胡中和军门麾下的不少兵卒，可有这回事？"

吴棠没有料到李鸿章会谈起裁军一事，不禁有点摸不着头脑，怯声问道："大人，难道这也是奏章弹劾的一条罪状吗？这真是太冤枉了，老哥自到任以来，何曾裁减过胡军门一兵一卒？"

李鸿章追问："老哥当真没有撤裁过胡军门一兵一卒？"

吴棠细细一想，猛然惊呼："哎呀，我想起来了。当时不过是随口一说罢了。当时罪臣刚刚接印，有一次去校场检查操练，发现驻防军兵勇不整，又虚报过滥，便斥责了胡中和几句，着他把老弱病残裁遣掉，按实际人数发饷。"

李鸿章马上问道："那胡军门后来遵办没有？"

吴棠答道："裁是裁掉一些，但不过三五十人而已，且都是老弱病残。"

李鸿章说："既然如此，小弟现在问老哥第三个问题。参折上说老哥你把胡中和的驻防军裁撤后,让身边亲信另募兵勇为边防,这又是为何?"

吴棠解释道:"大人恐怕是说副将张祖云吧!确有此事。张祖云以前一直跟在老哥身边,并且屡立战功。他原本募有 1000 名勇丁,我见他老实可靠,又会打仗,所以奏调随行入川。但他现在仍是标营副将,并未将胡军门取而代之。这些都是实情,大人去军中一问便知。"

李鸿章神色一凛,又说道:"此事暂且不提,小弟还从别处听说老哥刚到任,就卖起缺分来,并说老哥收的银子无处存放,特命首县置办了 12 只大木桶盛银。老哥,可有此事?"

吴棠一听李鸿章绵里藏针的问话,吓得魂不附体,再次跪地说道:"这话实是莫须有啊,还望大人明察。老哥再傻,也不至于做出这等蠢事来!今日与大人坦白,卖缺分确实有过一次,大约收了 3000 两银子,这笔钱已经作为迁家的费用花掉了。试问大人,如今有哪个总督、巡抚新上任不卖一两个缺分的?光靠朝廷给的那点俸禄和养廉银,一家子 50 余口活得下去吗?"

李鸿章正色道:"事到如今,木已成舟,朝廷下令要严查此事。老哥这样推诿又有何益?不如想想如何补救为上!"

吴棠见李鸿章说得句句在理,心里忐忑不安,带着哭腔说道:"老哥现在真是悔得肠子都青了,但事已至此,也只能想法子尽力补救了。大人看我把 8000 两赃银全都退出来充公,以示诚心悔过,如何?还望大人帮忙回护,让老哥渡过此劫。"

李鸿章不好直接回答,沉思片刻后,说:"赃银退出来当然好,只是怎么个退法还得考虑清楚。小弟认为,卖缺分的银子必退。这卖官鬻爵一项,是朝廷最不能容忍的,而老哥偏偏顶风作案!还有,豪绅富商的银子也要退回,不然,只要其中一人告状,就会落个勒索的罪名。至于沿途送的程仪嘛,应酬往来各地都是有的,朝廷若要问责,必定会牵连一大片,相信不会过于深究。"

吴棠一听李鸿章有意帮自己,不禁感激涕零,再次跪倒致谢。李鸿章假装生气地说:"你我同是封疆大吏、朝廷重臣,这样一跪再跪,传出去对老哥不利啊！"

吴棠感恩戴德地说："老哥这一跪是对大人表示悔过，也是恳请大人帮忙维护。眼下能救老哥，也愿意拔刀相助的只有大人你一个啊。这份恩情，老哥誓死难忘。"

李鸿章略显满意地笑了笑，说："老哥的案情已经基本清楚了，如何向朝廷上折明奏，小弟还没想好。不过老哥大可放心，小弟必竭力维护老哥。今日情形特殊，你我密谈过久易引得他人怀疑，他日老哥重承圣眷，你我兄弟再执手长谈也不迟。今日就不久留老哥了，凡事小心为好。"说完他从座椅上站起来。

吴棠见李鸿章处处为自己着想，心里十分感激，临行前他说道："今日老哥有难，兄弟你倾力相助，此次若侥幸得脱，一定结草衔环，厚报恩德。"

李鸿章见他这么说不由得心中暗喜，但表面却装作若无其事，不失时机地说道："也罢，目下烦恼说给老哥听听也无妨。"

李鸿章又重新坐下，说道："其实就是丁宝桢犯的事。老哥可能已经听说了，西太后宠幸的太监安德海出京南下采办，一路大肆张扬，招纳权贿，无人敢惹。途经山东泰安时，丁宝桢以太监出都门违犯清朝祖制为由，将其捉拿，押至济南正法。丁宝桢此番先斩后奏，触怒慈颜，满朝竟无人敢保。小弟本想上折子替他转圜，但因涉及后宫，不便多言。老哥能不能给西太后上个折子，替丁宝桢分辩几句？"

吴棠说道："老哥上折子没问题，只恐眼下正待罪，有所不便。"他低头想了想，又说，"要不，这件事这么办，大人看是否可行？"

"安德海是宫里的红人，丁宝桢这件事非宫里头有人能在西太后身边说上话才行。老哥认识宫里的一位梳头房太监，他姓李名莲英。他梳的新髻甚得西太后喜欢，人也精明伶俐。老哥回去后即刻派个能说会道的人到京师去找他，请他想办法替丁宝桢分辩一下，只要他应承下来，此事必有余地。"

李鸿章想借吴棠与慈禧的关系，保全丁宝桢。在官场浸淫多年的吴棠一眼就看出李鸿章的用心，若出面保丁宝桢，不仅是给李鸿章一个情面，自己的案子也就不成问题了。

李鸿章点点头说："这个李公公，小弟也听人说起过，只是不曾谋面，不知要多少银子来打点？"

吴棠说："花银子恐怕行不通，三五万两他都不放在眼里。不过，老哥倒是有别的办法，大人就不用操心了。与银子相比，这位李公公更喜欢奇珍异宝。"他准备把四川富商送的那颗价值10余万两白银的翡翠玉白菜给李莲英送去。

李鸿章没想到吴棠对奏保丁宝桢一事如此热心，赶忙拱手施礼道："老哥一副古道热肠，兄弟钦佩不已。丁宝桢乃国之贤士，老哥今日此举，实乃护佑我大清根基啊。"吴棠听后十分受用，待乔装完，起身告辞。

李鸿章送走吴棠后，回顾整件事，心中不自觉地放松下来。既然吴棠已答应保丁宝桢，且等他有所行动后，再向朝廷禀奏调查结果。接下来，他抽出几天时间拜访在当地任职的好友和旧同僚，又用几天时间游览了巴山蜀水，一晃一个月时间过去了。

身为总督，李鸿章难得如此清闲。过了十多天，吴棠把收到的廷寄派人送给李鸿章过目，丁宝桢平安无事。李鸿章彻底放下心来，当晚便就吴棠贪污案给朝廷写了奏章。他在奏章中就言官弹劾吴棠的四条罪状批驳了三条，只剩下"收受沿途应酬银千余两"，并指出应酬往来是官场旧有的惯例习俗。折子最后他还称赞吴棠公私皆极为节俭，德才兼备又勤政爱民，完全可以治理好四川，造福一方。第二天清晨，李鸿章把折子交给快骑发往京城，吴棠贪污案就此结案。

第五章　能文能武能通达　谦逊博览谋大事

一、内政与外文　周旋藏机宜

处理完吴棠贪污案后，李鸿章从四川成都回到治所武昌，第一件事便是将大脚母亲李氏和家人从江西接来同住，他对母亲的孝敬人尽皆知。

早在同治五年（1866年）于直隶、山东一带剿捻时，李鸿章就接到家书，说赵小莲平安诞下千金。这一喜讯令李鸿章异常兴奋。他这一辈兄弟六人，只有两个姐妹。兄弟家中也多生儿子，女儿稀少。此次家人来武昌，他将看到自己3岁的女儿，一想到此，他心中就充满欣慰。

地方官僚、士绅富贾、远亲近邻听说总督大人的家人到达治所，都争先恐后送礼。他们知道这位李大人精通古董珍宝收藏，担心自己露怯，便送上新奇的洋玩意，弄不到洋玩意的人就送银子，少则百十两，多则上千两。李鸿章的母亲李氏和夫人赵小莲初到武昌，不好驳人情面，只好收下这些礼金并命人记录在册。随后稍稍一统计，竟有四五万两之多。其中有一笔礼金未留下姓名，数额特别大，整整1万两，赵小莲觉得蹊跷，忙告诉了李鸿章。

李鸿章一时想不出谁这么大手笔，便把许钤身叫来询问。许钤身跟随李鸿章已有一年多时间，对他的亲朋好友、下属同僚都比较清楚。他略一沉思后悄声对李鸿章说："这定是吴棠吴大人送的礼。"

李鸿章一听，心里不安起来。这笔礼关系到3个人的前程，把李鸿章、丁宝桢和吴棠扭到了一起。他问许钤身："你认为该如何处置这笔礼金？"

许钤身笑道："这取决于朝廷对大人您的信任程度，如果他们采信您对吴棠一案的奏报情况，这笔礼就得收下。"

过了几天，朝廷下旨对李鸿章查办吴棠贪污案的结果表示满意，礼金一事就此告一段落。同时，朝廷命他速赴四川酉阳州，会同崇实、吴棠二人查办那里团民与教民互相残杀的事件，不得迟误。

李鸿章接旨后，长叹一口气，马上让人打点行装，当日便告别家人起程直奔酉阳州。身为湖广总督，这件事对李鸿章来说可谓"狗拿耗子——多管闲事"。酉阳州的教案由来已久，同治元年（1862年）法国传教士强行传教，激起民愤。三年后，群众不堪欺凌，捣毁天主教堂，殴毙传教士。为平息法国声讨，时任四川总督的骆秉章以处死1人、赔款8万两结案。此后，教会势力更盛，对民众欺压加剧。同治八年（1869年）教案再起，民团首领带人焚毁教堂，杀死教士。酉阳知州迫令民众缴械，传教士趁机率教众杀害群众百余名，伤700多人。矛盾愈演愈烈，法国趁势勒索恫吓，清廷震骇。

李鸿章曾在上海与洋人接触较多，在外国人中享有盛名，也相对熟悉其习性特点。朝廷专门派他前去处理，意在快速、妥当地平息此事，以免事态扩大。因此李鸿章到达四川后，立刻下令严防民间有反教举措，并将民团首领问斩，又赔偿白银，以示安抚。他实际处理民教案没花几天时间，但往返路途上却费了近两月工夫，等他回到武昌时，已经是同治九年（1870年）4月了。他开始忙自己的本职工作，重新着手筹办制造局，并在汉口设立造船厂，但他还没理出头绪，贵州便爆发了声势浩大的苗民起义。仅几日光景，贵州的部分州县便被义军占领。

贵州属于边远地区，不归两广总督管辖，更不关湖广总督的事。总督的职责是"厘治军民，综制文武，察举官吏，修饬封疆"，其辖区范围、官品秩位以及归属地方编制都十分明确。云贵本应该归云贵总督劳崇光管辖，但朝廷却颁旨命李鸿章为钦差大臣，督办云贵军务。贵州虽有旗兵和绿营，但兵力单薄，所以朝廷的真正用意是让李鸿章率淮军旧部去平乱。

李鸿章立刻把两湖的巡抚、提督、布政使、按察使、道台等大小官员召来，进行商讨议事，主要是将他计划办的几件要事妥善安排，然后带着十几营兵马匆匆开往贵州。可他还没走入湖南地界，朝廷又送来六百里加急，让他掉头向北驰援陕西。原来，在陕西与回民起义军作战的湘军悍将刘松山不幸战死，陕甘总督左宗棠军力不支，陕西危急。

这回，李鸿章内心大为不满：这不是拿他当猎狗驱使吗？主子的手指到哪里，他就得跑向哪里，可他毕竟是朝廷正二品的官员，跑得再快也分身乏术，救不了这个急。当然，让他恼火的原因还不止这一点。左宗棠也曾做过曾国藩的幕僚，而且李鸿章在华北、山东剿捻得到过左宗棠的帮助，于情于理，他去支援左宗棠都是应该的。问题在于，左宗棠也是钦差大臣、陕甘总督，督西北军事，李鸿章以同等身份去陕西，势必要受左宗棠的领导，而左宗棠为人高傲，性格刚峻，不入俗流，若自己前去与他共同指挥作战，他当然不愿意。加上淮军劳师伐远，兵困马乏，未必能胜，此外，饷银还得自己筹措。退一步讲，就算淮军侥幸得胜，也是左宗棠的功劳。

李鸿章左思右想，既要应付朝廷，又要应付左宗棠。于是，他一边给朝廷上奏章说明自己的难处，表示愿意克服困难去援助陕西；一边让主力先行入陕，自己则带着几营人马和随从随后慢行。他希望在到达陕西之前，淮军主力和左宗棠的楚军能联手将回民起义平定。

就在李鸿章还在半路时，同治九年（1870年）6月21日，发生了震惊中外的"天津教案"，李鸿章又一次充当了朝廷的"救火"队员。

第二次鸦片战争后，随着《天津条约》的签订，西方的天主教以列强的大炮为前导，以不平等条约为护符，在中国获得广泛传播，以至出现了"教堂几遍天下，传教洋人相望于道"的景象。西方天主教会在中国的活动，不但在于传播教义，而且渗入了文化侵略的意图，成为与中国传统社会和文化迥然而异的特殊力量。它既与一般民众，又与封建官绅分庭抗礼，因此各地都激发了交织着中西文化冲突和侵略反侵略双重内涵的反洋教运动。尤其到第二次鸦片战争后，反洋教斗争进入了一个多发阶段。

"天津教案"是清王朝有史以来最大规模的教案，又因其暴乱的激烈而具有典型意义。事情的起因是这样的：同治九年（1870年）春夏之间，天津发生多起儿童失踪案件。6月初，疫病流行，法国天主教育婴堂中有三四十个中国婴儿患病而死，老百姓纷纷谣传，说教会的传教士雇人用迷药拐骗儿童，然后杀死孩子，挖出心肝做药引。某天，天津群众抓到一个拐骗儿童的人贩子，名叫武兰珍。他交代说，卖给自己迷药的是一个叫王三的天主教徒。老百姓闻讯后群情激愤，跑到教堂去要人，结果教堂里根本没有王三这个人。老百姓认定教堂有意包庇不法行为，与教众交涉无果后，开始闹事。随后赶来的法国驻天津领事丰大业气势汹汹地要求三口通商大臣崇厚派兵镇压，崇厚没有答应。丰大业气急败坏，朝崇厚连开两枪，崇厚侥幸躲开。丰大业后来遇见前来劝和的天津知县刘杰，又向刘杰开枪，当场击毙刘杰的助手。天津群众见丰大业如此蛮横，蜂拥而上，打死了丰大业和他的随从。然后，他们冲进教堂，殴打洋人和传教士，接着又有人放火烧毁了法国教堂望海楼和育婴堂、法国仁慈堂、美国布道堂、英国讲经堂等多处，打死法、美、英等七国教士、商人20余人。后来证明，育婴堂与儿童失踪案无关，但当时的百姓已经无从分辨真假，或者说已经不关注真相，只想发泄对列强的愤怒。

随着事态的恶化，"天津教案"很快成了朝廷内外关注的焦点。由于涉及法、美、英等七个国家的教堂和传教士，如处理不当，很可能引起国际争端甚至战争。很快，七国联合向总理衙门提出抗议，并从各国调集大批军舰集于天津、烟台一带。清廷上下顿时慌作一团。

清廷十日之内连下三旨送到保定，调派武英殿大学士、直隶总督曾国藩驰赴天津，会同崇厚办理此案。此时，曾国藩肝病日重，右眼完全失明，但他深知此事关系洋人性命及各列强国的利益，稍有不慎，就有可能赔上一条老命。临行前，他重重地嘱咐儿子曾纪泽，将家事托付给他，准备以死赴任。

曾国藩重任在肩，一刻也不敢迟延，打点好保定方面便火速赶往天津。7月11日，他抵达天津，只见塘沽口岸边几国大军压境，洋舰云集，心中顿生惶恐。他有很深的宿命思想，内心深处一直埋藏着强烈的悲观主义色彩。一向办事从容稳重的他，这次准备快刀斩乱麻，秉持"但冀和局之速成，不问情罪之当否"的方针，发布了《谕天津士民》，对天津百姓有指责之意，"或好义而不明理，或有刚气而无远虑，皆足以偾事而致乱"。

7月23日，法国驻华公使罗叔亚怒气冲冲地来见曾国藩，要求杀掉涉事的天津道员、知府、知县，为丰大业抵命，并以战争相威胁。曾国藩怒火在胸，又不便发泄，他严词拒绝了罗叔亚的无理要求，但考虑到现实情况，"天津咫尺京畿，民教相哄，此小事不足启兵端"。于是，他决定严惩闹事者，先后逮捕了80多人，其中定为死罪的有20人、流放的25人；还把天津知县刘杰、知府张光藻革职充军；另赔偿白银49万两，并由崇厚出使法国赔礼道歉。处理结果传出后，朝野上下舆论哗然，引起轩然大波，人们纷纷痛骂曾国藩是卖国贼。面对来自内外、上下的压力，曾国藩终于支撑不住了，以年老力衰为由呈请朝廷另请高明。

慈禧太后担心中法两国开战，也希望尽早了结此案，便紧急把恭亲王奕䜣传进宫商量对策。两个清王朝最高权柄的执掌者一经议定，就成为圣命，无人敢有异议，更不敢抗旨。经过一番周密的比较论证，慈禧太后想起了李鸿章。慈禧说："曾大学士这次替咱们挨了一顿骂，看样子，他在直隶是待不下去了。"

奕䜣感叹道："太后说的是，曾大人这十几年劳苦功高，如今病体绵缠依然竭力效忠，其心可鉴，是该歇一歇了。依奴才之见，眼下不如让他回到两江总督任上避避风头,还请太后示下。"

慈禧微微颔首道:"六爷说得不错。原本把曾大学士调来直隶是为了彰显皇恩,而今直隶愈加重要,这个顺水人情就做了吧。不过,谁来接替这个位置呢?"慈禧心里其实早有人选,只是想证实奕䜣的想法与她是不是一致。

奕䜣察知慈禧太后征求他的意见是希望自己与她保持一致,并不是非要他拿意见不可。他想了想说:"太后明鉴,如今我大清恐怕只有一人能与洋人虚与委蛇,这个人非李鸿章莫属。奴才记得,最初他刚到上海,就赶上'常胜军'闹饷的事情。他不仅顶着洋人的压力办了,还办得严丝合缝,洋人都很推崇。我看只有他最适合坐这直隶总督的位置!眼下天津教案闹得正凶,他上任后一并交给他,若办好了,说明他当之无愧。"

慈禧意味深长地盯着奕䜣,心想,这个掌管军机处和总理衙门的亲王还是听话的,至少目前与自己同心协力。想到这里,她缓缓说出自己的决定:"着调湖广总督李鸿章署理直隶总督,加钦差大臣衔,办理'天津教案';改武英殿大学士、太子太保曾国藩回任两江总督;调江西布政使李瀚章署理湖广总督。"

再说李鸿章此时已率淮军到达西安,正在休整部队时收到快骑送来的八百里加急。不必看内容,他就已料定又是一桩火烧眉毛的事情。其实,他一直在关注"天津教案"的事态发展,一是此事关系恩师的朝中地位,二是他本能地等待时机,不愿放过任何一个加官晋爵的机会。他已看出曾国藩的做法存在问题,只是不便插手。这次朝廷让他火速带兵到京畿一带备战以抗列强,并调补为署理直隶总督,接替曾国藩,想必是希望他能避开曾国藩的失误,补救此事。李鸿章接旨后,感觉神清气爽,这次任务比剿捻更考验人,这是一次真正证明才干的良机,他哪里肯贻误片刻?因此,他一面传令随行各营连夜拔寨回援京津,一面奏请调派江苏巡抚丁日昌赶赴天津会办教案。

9月7日,李鸿章经过长途跋涉,从陕西来到保定。但他并不急于去天津与曾国藩交接，而是先向朝廷奏明，淮军只能驻扎在直隶边境，如果离北京、天津太近，容易引起列强的疑心，引发战争。他又致函曾国藩说，自己肺病复发，需要调养一段时间，并公然表示支持捉拿凶犯。但他又深恐受到时论的遣责，于是玩弄起"痞子手段"，声言要等曾国藩将教案"凶犯"议罪正法后再赴天津，以免"初政即犯众恶"。

挨到9月中旬，朝廷严旨饬令李鸿章不得再延误，他才动身赶赴天津。李鸿章和曾国藩这对师生，此时在洋舰云集的天津会面，真是别有一番滋味在心头。李鸿章到寓所拜望老师，见曾国藩卧病在床，满脸憔悴，一只眼睛已完全看不见东西，不禁心头一酸，泪如泉涌。他跪在曾国藩的床前，哽咽道："学生来迟了，恩师，让您受累了！"

曾国藩勉强探起上身，伸出一只手，颤颤巍巍地指着一把椅子让李鸿章坐下，然后有气无力地说："少荃，你总算来了。老夫知道，要接这件棘手之事，除了少荃你不会再有别人了。"

李鸿章不想让老师难过，尽量避谈案子。他说："才一年多时间没与恩师见面，没想到恩师竟病成这个样子。为了政事，您老夙兴夜寐，竟把身体熬到虚脱至此。此番既然学生来了，一定为您找个高明的郎中好好瞧瞧，其他事情您都不必悬心，只管静心调养一些时日。"

曾国藩的眼角挂着泪珠，激动地说："少荃呐，老夫知道你有这份孝心。但教案事急事重，耽误不得，若老夫能以一人之命换得事情圆满，那也值得。"

李鸿章轻轻抽泣着，见曾国藩挣扎着要坐起，他赶忙上前扶着曾国藩从床上坐起来。曾国藩接着说道："你可能不知道，天津民风刚劲，人多好义，加之地方官与法国领事丰大业均处置不当，群哄而起的事情时有发生。他们可不管你是英国人还是法国人，一言不合，便动刀枪，伤及无辜在所难免。但朝廷怕洋人，朝中有些大臣被洋人的叫嚣吓破了胆，总向着洋人说话，我这个钦差束手束脚，按照朝廷的意思做了，却落得个万人唾骂的下场。现在你来了，他们希望你能把洋人镇住。但少荃呐，列强专讲武力，自割地赔款让洋人轻松得到好处后，他们一直如法炮制，变本加厉。这一次，他们的花样也变不到哪里去。你要事先想好应对之策啊，万不可受人牵制。"

李鸿章说："恩师，您知道学生与洋人打交道，一向不喜欢跟他们费口舌之争，此次断不会答应他们的无理要求，也不怕他们武力相逼。我已带了近万人马驻扎在京津交界，恩师大可亲自观战，看我淮军如何用洋枪洋炮打败洋人，一吐我大清胸中恶气！"

曾国藩满意地点点头后接着说："少荃呐，你来之前，老夫已暗调湘军9000人往沧州一带驻防，若应时需，你也可调动他们，但对洋人不可一味用强。"

"调动兵马非为一战，只是摆个姿态给洋人看，以此促成和谈。恩师尽管安心休养，学生有事一定及时禀报。"李鸿章说。

曾国藩不放心，又问："你准备如何与洋人交涉？"

李鸿章答道："与洋人打交道，首先要跟他们打'痞子腔'。"

曾国藩听了脸一沉，说："'痞子腔'怎么打法？你倒打给我看看。"

李鸿章自觉失言，不好意思地笑道："学生只是随口说说，还望老师恕罪。"

曾国藩沉默良久，说："依我看，还是在于一个'诚'字，诚能动物。"

李鸿章在一旁肃然起敬，认真地说："恩师教训得是，学生定会好好筹谋，不辜负恩师一片殷许。"

谈话过后，他们办理了交接。李鸿章开始正式接手处理"天津教案"。

李鸿章的策略是让自己处在一个可进可退的位置，一来看看朝廷的态度是否明朗和坚决，二来试探一下洋人的耐心和目的。更重要的是让自己站在门槛上，进可攻退可守，进出自如。

当年在湘军大营中，提到对李鸿章未来的展望，曾国藩曾对其兄李瀚章说过"青出于蓝而胜于蓝"的话。十余年后，仅此一招，足见李鸿章在官场已经老练成熟起来。

在与洋人的多年交涉中，李鸿章一直推行"和戎"外交，他往往依据所谓"理"和"势"决定其应变方略。"理"是指是非曲直，"势"是指军事力量强弱。他明知洋人论势不论理，但在与洋人较量时偏偏把"论理"放在首位。眼下要处理"天津教案"，他仍计划从剖析是非曲直入手。

他首先摒弃中国传统反洋教思想中一些愚昧偏激和盲目仇外的情绪，指出教堂迷拐幼孩、挖眼剖心等说并无确切证据，全系谣传。然后揭露导致"天津教案"的真正原因，在于崇厚平日谄媚洋人，遇事不能主持公正，致使洋人过于嚣张，而天津绅民含愤已久，一触即发，遂不可制。丰大业枪击朝廷命官，罪不容赦，但其人已死无从责问，加之绅民殴毙洋人、洋教士20余人，因而"彼直我诎，彼是我非"。由于"我诎彼直，不论势之强弱，总以议和为是"，何况敌强我弱，实难决胜于疆场之上。他讥讽朝中那些不辨事实、一味叫嚣开战的人不识时务，称赞曾国藩坚持和议的做法老成持重，是为国家利益谋划，他力主不开衅端，和平了结此案。他认为要坚持和议，就不能不以严拿凶手、赔偿银两为结局。当然，赔偿须有限度，更不允许"夺据地方"。

李鸿章在奏折中说，如果我方在于情于理都站得住脚的原则下妥善处理之后，洋人还敢无理取闹，就与他们决一死战。秉持着这一原则，李鸿章和外国人巧妙周旋，据理力争。此案中，沙俄有4个游客在混乱中被打死，李鸿章暗地里与沙俄方面沟通，发现俄人只要经济赔偿，并不要求抵命。李鸿章便只跟他们谈经济赔偿，他还筹集各方面的捐助并与曾国藩拿出自己的积蓄，总共凑了2万两银子。

此时正值法国在普法战争中遭到惨败，拿破仑三世被俘；巴黎爆发了革命，推翻法兰西第二帝国，宣布共和，成立国防政府；普军进围巴黎，因而法国态度转变。法国驻华公使罗叔亚与李鸿章往来会晤，语气极为温和委婉。李鸿章虽然知道法国在普法战争中惨败，但却无意抓住这一有利时机，逼迫法国让步。他对来访的英国使馆翻译雅妥玛谈及自己的想法："天津百姓闹出这件大案，我正在日夜缉拿审讯凶犯，足见中国人善待友邦的诚意，断不乘人之危而故意排斥外国人。"他请雅妥玛将他的意思转告英国公使威妥玛，请其"从旁劝解息事，以免中外猜疑"。

就这样，李鸿章接办"天津教案"不久，基本按照曾国藩所拟定的方案正式议结，但李鸿章对原先的判决做了一些改动，将20人死刑改为16人死刑、4人缓刑。他又私下授意协助办案的丁日昌派人从监狱里找来16个死刑犯，顶替这16个人，蒙混过关。另外，他还在风波平息后将被流放黑龙江的官员召回。他做的这番"手脚"既瞒过了外国人，也使天津各界及朝廷上下接受了这一事实。与曾国藩相比，李鸿章做事更果敢，从当时的情况来说，李鸿章似乎是在为老师曾国藩收拾残局。

"天津教案"的处理结果，总体上来说洋人还是占了不少便宜，而李鸿章自己也承认："津案缉凶、赔偿事事办到，法国若没有被普鲁士打败之事，似乎也算惬意。""天津教案"办结之后，国人对曾国藩的谴责更甚，大骂他为"卖国贼"。京师湖南同乡更将他引为乡人之大耻，会馆中所挂的曾国藩官爵匾额全部被击毁，并将其名籍削去，不再承认他是湖南籍人。曾国藩闻之引为大恨，后经几番周折，财力兼施，才将难堪之处略为掩饰了一下。就这样，曾国藩这位"中兴名将""旷代功臣"，转瞬之间变成"谤讥纷纷、举国欲杀"的汉奸、卖国贼，如过街老鼠般人人喊打。

"天津教案"让朝廷对李鸿章有了新的认识。这个既会带兵打仗，又会跟洋人周旋的汉族官员正是朝廷当时亟须依靠的力量。于是，朝廷下旨，李鸿章接替曾国藩，实授直隶总督，随后加任他兼北洋通商事务大臣。至此，李鸿章的权势和声望已在老师曾国藩之上。英国大船商之妻阿奇博尔德·立德在其著作《李鸿章的生平与时代》中这样写道："有些话题他不愿意触及，但一旦不得不谈，就表现出惊人的坦率。……有这样一个仪容伟岸、极富个性的人在身边，作为一个女人，慈禧太后一定会更有安全感……"

李鸿章先后在直隶总督、北洋通商事务大臣这个位子上任职约二十五年。在这二十五年的时间里，他参与了清廷有关内政、外交、经济、军事等一系列重大决策，成为清廷倚作畿疆门户、恃若长城的股肱重臣。

二、广纳中外才　放眼看世界

李鸿章接任直隶总督不久，差官便将李鸿章的家属从武昌接到治所保定。他的大哥李瀚章正式接任湖广总督职，已拜印视事；三弟李鹤章、四弟李蕴章、五弟李凤章、六弟李昭庆等人，则按照他的安排留在原籍合肥，或读书，或料理家务，各有事干。他们都已成家，开枝散叶，李家一时人丁兴旺。

不久，李鸿章又迎来一个很重要的日子——母亲的七十大寿。为了迎接这一天的到来，李鸿章从同治七年（1868年）就开始筹备。李鸿章的好友、大才子吴汝纶作《李太夫人七十寿序》，称赞她的母教："太夫人备五福，亲见贤子都将相之位，兄弟持节开府，千里相望。考传征册，前古无有。……佐天子中兴盛业，以为亲娱；出而匡时，入而将母，斯天下之至荣也。"

李鸿章母亲寿庆之日，远近宾客云集，宴席一连摆了几天。席上有宾客说不尽的赞美词、听不完的顺耳风，李鸿章一时觉得自己是天之骄子。母以子贵，皇亲国戚对太夫人的称赞盛极一时。当时的文学家俞樾（俞平伯曾祖父）将李鸿章兄弟比作唐朝李光弼、李光进兄弟，将李太夫人比作他们的母亲韩国太夫人，在祝寿序中这样写道：

太夫人抚中丞（时李瀚章正任浙江巡抚）昆仲而怡怡之曰：尔父未竟之志其任在尔曹乎！咸奉命唯谨，用是投袂而起。……东南底平，太夫人之教。今中垂与肃毅伯（李鸿章的爵位）熙天耀日之功，旋乾转坤之略，固已震古烁今，彪蔚一时；而观察（指鹤章）、都转（指昭庆）诸公，亦争自砥砺以成功名。

七十寿序之后，俞樾还做了七十寿联，以示敬意：

花下版舆来，自皖而两浙，而三吴，而潇湘洞庭，数千里瞻拜慈云，凤鸟舞，莺鸟歌，颂无量寿佛
床头朝笏满，有子为宰相，为节度，为观察转运，五百年特钟间气，玉策贤，金策圣，作中兴名臣

还有一联是"制联圣手"李次青递上的楹联：

鹤算晋七旬，让多子多孙，共捧出王母碧桃，麻姑仙草
寿觞称二月，看难兄难弟，正开到尚书红杏，宰相梅花

这些寿联将贺寿与对李氏兄弟的歌功颂德融为一体，李鸿章的心里、李太夫人的心里，都像吃了蜜糖一样乐在其中。李鸿章借题发挥，通过宴请结识更多的朋友，罗致幕僚。他物色的第一个人就是吴汝纶。

吴汝纶，字挚甫，安徽桐城人，同治三年（1864年）举人，次年中进士。吴汝纶曾入曾国藩幕府，为"曾门四大弟子"之一。李鸿章与他关系密切，想让他和许钤身牵头，搭建新的幕僚班子。

经过各种努力，一批精明能干的人才被网罗到李鸿章帐下。

王凯泰，江苏宝应人，道光年间进士。咸丰十年（1860年）在籍襄办江北团练，因平定太平天国起义而声名鹊起，后任福建巡抚，是李府幕僚中官阶最高的一个。入幕最早、相随最久的周馥自不必说，从淮军刚开始招兵买马之时起，直到《辛丑条约》签订后李鸿章去世，他一直追随李鸿章左右，前后"风雨龙门四十年"。军需官钱鼎铭，早在李鸿章战上海时就充当他的幕僚和助手。

除旧有幕僚外，年轻举子、大才子张佩纶新入幕府。张佩纶少年就学时，思维敏捷，数千字文章一挥而就，其学问之渊博，可与张之洞齐

驱并驾。张佩纶受父亲张印塘的影响,对李鸿章一向很敬重,后来入府为幕僚,受李鸿章器重而成为李鸿章的女婿。

直隶靠近京城,战事较少,相对安宁,加之道、府、县各级官员均肯任事,更促使李鸿章抱定宗旨,放开手脚在洋务上大干一番。他奏调薛福成、黎庶昌到自己身边任职,让这些人施展才华,有所作为。此外,他还又罗致了一批军工人才、实业家、维新思想家及洋参谋。

丁日昌帮助李鸿章处理完"天津教案"后,本应回到江苏巡抚任上。但李鸿章难舍其才,便奏请留丁日昌会办"天津教案"未了之事,朝廷一应照准。这样,丁日昌就留下来帮李鸿章恢复天津机器制造局。

一天午饭后,李鸿章与丁日昌在签押房一边喝茶,一边谈起天津机器制造局今后的总办人选之事。丁日昌细细列举了江南机器制造总局和金陵机器制造局几位比较能干的官员。

李鸿章听后逐一否决,说:"雨生(丁日昌字),你经办洋务已有些时日,应该知道一个道理,制器与练兵相为表里,练兵若不得其器,则兵无可用;而制器若不得其人,则器必无所成。天津机器制造局成败与否,关键在于用人一项。试想,江南机器制造总局如果没有你和容闳(第一个毕业于美国耶鲁大学的中国留学生)二人,怎会有现在这种局面?"

丁日昌笑着说:"中堂大人过誉,属下不过是以驽马之力尽力为朝廷办事,何况仰赖中堂保驾护航,制造局才有今日之盛况。属下斗胆请教中堂,这天津机器制造局究竟想委谁总理其事呢?"

李鸿章轻轻放下茶杯,说道:"雨生,有言在先,本部堂说了你可不许不同意啊!眼下最合适的人选莫过于江南机器制造总局的会办沈保靖,本部堂想把他调过来出任天津机器制造局的总办。你看如何?"

"您老说的是道员沈保靖?"丁日昌闻言一愣,回道,"此人确实能干,但他未必听调。您老可能还不知道,沈保靖已经辞缺多时了!而且,他走时发了毒誓,从此不再涉足任何洋务。"

"有这等事?为什么?"李鸿章很是不解。

丁日昌解释说:"据下官所知,沈保靖非常赞同办理洋务,并精通此事,只是有一次他回江苏江阴老家省亲,乡里人都骂他是假洋鬼子,听说他的母亲也跟着挨骂。他去祠堂祭祖,结果被族长轰了出去,说他辱没门风。沈保靖羞愧难当,回到上海后便向下官和容闳告了长假,宁可弃官不做,也不愿被族人鄙视为假洋鬼子。沈保靖一家老小,都住在老家乡下,前些年盖起了房屋,还置办了几十亩的田产,几乎耗尽他全部薪俸。但他的族人却不认,他怎能不伤心呢?"

"是啊,国门虽开,偏偏民智不开;民智不开,又如何自强呢?所有问题都在于一个'变'字,改变旧思想,看清新形势;改变旧办法,引进新技术;改变旧内容,注入新活力;改变落后挨打的局面,自强于世界。"李鸿章说完,长叹了一口气。

"朝廷中尚有那么多人反对办洋务,何况普通百姓呢?"

"所以,首开风气还需你我这些人努力啊。雨生,沈保靖现在在哪里?"

丁日昌回道:"下官曾派人打探过他的消息,听说他现在住在上海郊区的一座寺庙里,平日写字作画,并以此养家糊口。此外不再与外界交往,看样子他是准备当隐士了。"

"哦,"李鸿章沉思片刻,说道,"不如这样吧,先将他调到直隶随营差遣。只要他来了,做什么不做什么就由不得他了。从品质和才干来说,机器局总办非他莫属。雨生,这事就这么定了,你只需劝他到天津来便可。"

丁日昌点头称是。李鸿章接着说:"还有一个人也被洋务害苦了,他不仅害怕办理洋务,甚至连抚台都不愿做,甘愿去开馆授徒做学问。我大清洋务原本缺少人才,偏偏又把一些德才兼备之士闲置一边,使得倡办洋务雷声大雨点小!"

丁日昌笑了笑说:"如果下官没有猜错的话,中堂大人说的这个人当是前任广东巡抚郭嵩焘郭大人吧?说起来,中堂大人的这位同年仕途坎坷,好不容易放了广东巡抚,偏偏又与两广总督瑞麟闹起了意气。督抚不合，如何能成事？郭抚台是务实之人，身为巡抚不能按自己的想法行事，这巡抚也就当得没滋味了。"

李鸿章叹息道："筠仙（郭嵩焘字）识大体，好发议论，难免遭人猜忌，讨上头厌烦。如今的朝中官员多重文轻理，嘴长手短，守旧迂腐，却标榜自己如何知书贤达、品德清高，其实都是些糊涂人，并不能通达世事、明辨是非。朝堂之上新旧交锋，互相攻讦，时间和精力都无端浪费了。听说他在长沙讲学仍时刻关注时局，为国家前途担忧，实在是难得。"李鸿章这番感慨，让丁日昌诺诺不止，连连称是。

不久，李鸿章任命湖北补用道沈保靖为天津机器制造局总办，同时把原本在天津的机器局进行重新规划拆分，撤销专门制造火炮、炮车、炮架的分局西局，把西局的铸铁厂并到火药分局东局，并对东局进行大规模的扩建。自李鸿章接办天津机器局后，机器局几经扩建，火药和枪械的品种和产量不断增多，生产技术不断进步，到光绪二十二年（1896年），年产钢质炮弹已达1200发。

当时的清朝除了李鸿章，再没有一个督抚大员敢于像他那样，有这么大的胆量和气魄，一心想为中国自强干出一番大事业来。朝廷也认为李鸿章是个难得的干才，在他任湖广总督期间，便多次考验他，一会儿派去四川，一会儿派到贵州，还派他去陕西协助左宗棠，而如今又让他跟洋人打交道。

天津是个华洋杂处的港埠，又是拱卫京师的前哨阵地，洋人都很重视天津这个能为本国谋取政治与经济利益的舞台。在洋人眼里，天津不是军机处，不是总理衙门，但又是等同于军机处、总理衙门的一个敏感的地方。因此，李鸿章尤其需要罗致洋人当幕僚、当朋友。

在李鸿章的幕府中，外国人占有特殊的地位。李鸿章的第一个洋幕僚是英国人马格里。早在同治二年（1863年），马格里就建议李鸿章在上海松江建立兵工厂。受李鸿章的委派，马格里先后主持过松江、苏州、南京等兵工厂的筹建工作。李鸿章认为马格里"训练士卒使用西洋枪炮，随军攻剿，颇为得力"，因而给他上表奏请四品顶戴，以示奖励。

不久,他又向朝廷奏请,马格里"设局仿造西洋火器,所生产的开花弹百发百中,无坚不摧,得以克复苏州等城,居功甚伟",朝廷赏给三品顶戴。

马格里也一直对李鸿章忠心耿耿,办事兢兢业业,只可惜他后来因为与中国同事起争端而辞职。几乎每一次外国人与中国人起争端时,李鸿章总是站在中国人一边,即使外国人是对的,他也是如此。因为他太了解中国社会和中国人的脾气了,任用外员已经是"大逆不道",如果再"私心偏袒",那"天下岂会有李鸿章"?但李鸿章念及马格里为自己和清朝所做贡献,为他谋得了中国驻伦敦使馆参赞的职位。

德意志人德璀琳是外国人在华北工商企业家的联络官。他在李鸿章幕府主要负责西欧的洋务与襄理外交。光绪二十二年(1896年),李鸿章出访欧美诸国时,德璀琳是主要随员。

美国人毕德格是跟随李鸿章时间最长的洋幕僚。毕德格曾参加美国南北战争,于同治十一年(1872年)出任美国驻天津领事馆副领事。他能够熟练地用中文阅读写作,会说一口流利的中国话。李鸿章任直隶总督后,聘请毕德格为家庭英文教师,不久又聘请他为私人外交秘书。他是与李鸿章最亲近的少数几个外国人之一,也是李鸿章对外事务方面十分信赖的助手。

美国政府认为,毕德格如果成为李鸿章的私人秘书,就不可能公正地履行政府赋予他的职责,在多次劝说、告诫、阻拦无效后,解除了他的公职。毕德格放弃领事馆副领事的"金饭碗",高兴地接受了李鸿章的聘请,成为李府中不多的洋心腹之一。自从进入李鸿章幕府后,闲暇之余,他用流利的中文为李鸿章朗读、讲解了几百部西方自然科学与社会人文名著,令李鸿章眼界大开,既了解了西方,也知道了世界。

在这些洋幕僚的协助下,李鸿章已经真正成为一个合乎潮流的洋务大臣。他常出门乘坐轿子去会见外国人,这顶轿子可不一般,它通体大红,顶上罩着红锦,轿帘上绣有龙纹样式。轿顶上装饰着四条神态威猛的金彩龙。轿身做工精致考究,纹饰精美。在轿子前面还有一小队兵丁作为前导，他们个个身穿灰呢窄袖衣，肩荷洋枪，步履齐整。到了洋人住处前，李鸿章便探怀取出一副金丝眼镜，把戴着的大墨镜换下，非常洋气。

一天，在 100 名身穿灰呢窄袖衣、肩扛洋枪、步履齐整的卫兵护卫下，李鸿章由毕德格等洋幕僚陪伴，从天津机器制造局回到位于海河与南运河交界处的金刚桥官邸。他心情很好，换了便装来到书房，问毕德格说："洋教习，昨天《双城记》已经讲完，接下来先生打算讲点什么？"

毕德格站在一旁毕恭毕敬地说："今天我打算给大人讲《三个火枪手》。"

"《三个火枪手》？"李鸿章若有所思，"好，这个名字好，说的是德意志之事吗？"

"不，大人，这是法国大仲马的名著，讲的是法国的故事。"

"法国？噢，我现在对法国不感兴趣，还是说一说普鲁士吧。地球的那一边不是爆发了一场普法战争吗？今天就说说这场战争吧，我需要了解这些情况。"

李鸿章就是这样"洋为中用、洋为我用"，他把洋幕僚们当作自己睁开眼睛看世界的窗口，不管天下发生什么事情，他都力求尽快知道。洋幕僚们虽心中仰慕李鸿章，但客观上他们也无可回避地代表了本国利益，因此有意无意地向李鸿章施加影响，以至于人们现在能看到的李鸿章在公开场合露面的照片，几乎没有一张身边不站着洋人。

李鸿章是中国近代最早提出变法主张的自强派官员之一。非常可惜的是，腐败无能的清朝一味奉行保守政策，没有看到变法的重要性与紧迫性，拒绝了李鸿章等人的主张。但由此可以看出，李鸿章确实与一般的封建官僚不同，他深谋远虑，早就看到了历史大势。自强派中，尽管有很多人主张变革某种制度，但是公然倡议变法并正式向清廷建议的，仅有李鸿章一人。而且他的变法主张并不仅仅局限于某一种制度，他希望达到的目标是整个国家脱胎换骨、焕然一新，重新崛起并傲立于世界民族之林！

李鸿章幕府在近代中国延续了四十年之久,其中官至督抚者达20人,出任驻外使节者10余人,包含近代实业家、科学家、著名的洋务派、早期维新思想家、资产阶级启蒙思想家、资产阶级革命家以及数以百计的洋人,他们构成了实力强大的淮系集团。

三、恩师乘鹤去　孤胆扶摇升

由于李鸿章善于跟洋人打交道,所以在他任直隶总督不久,清廷又让他兼任北洋大臣。他在上任之初,曾对直隶总督一职各方面的关系与权力进行过分析:直隶总督肩负拱卫京师和就近顾问之责,但却缺少直辖的兵权与兵力。而此时的清王朝风雨飘摇、内外交困、朝不保夕,西方列强则虎视眈眈、借机寻衅、图谋不轨,使清廷没有片刻的安宁。北洋大臣干的就是这个最麻烦的差事,它既是朝廷对外周旋、折冲樽俎的利剑与盾牌,又是大清对内洋务自强的首脑与脊梁。

早在同治二年(1863年)刘长佑任直隶总督时,曾建立直隶练军;曾国藩移督直隶时,又用湘军的办法改造绿营兵勇,使之从绿营营制中独立出来,单独成军,共设六个大营1.5万人,但以其保卫京畿及天津漫长的海岸线,力量显然过于单薄。曾国藩就是因为没有强大的兵力做后盾,清廷又不愿与外国"开衅",才在处理"天津教案"时委曲求全,与洋人谈判,落得个处理不善的下场。再则,直隶总督的权限实际被牵制,三口通商大臣与直隶总督在许多重大问题上互相推诿扯皮。这两个积弊若不解决,李鸿章即使有再大的本事,也将落得与老师曾国藩同样的下场。

所谓三口通商大臣,是《天津条约》《北京条约》订立后所设立的官职。为适应北方沿海通商口岸开放的形势,办理通商和外交事务,清政府在总理各国事务衙门下,在天津新设三口通商事务大臣,管理直隶、山东、奉天所有洋务及海防各事宜,"三口"指天津、牛庄(后改营口)、登州(后改烟台)。作为专职,由崇厚任职十年。

同治九年（1870年）11月，在三口通商大臣崇厚出国向法国人道歉时，工部尚书、总理衙门大臣毛昶熙上奏朝廷，援两江总督兼署南洋通商大臣之例，请裁撤三口通商大臣，划归直隶总督管辖，颁给钦差大臣关防，以昭信守。因为办理外交通商事务大臣脱离省督抚而设专职，"有绥靖地方之责，无统辖文武之权"，当地的地方官员恐自身受损，不肯协助，以至于遇事推托而致事态严重，无法收拾。

毛昶熙的奏折被批到总理衙门复议，恭亲王奕䜣等总署大臣都支持毛昶熙的建议。不久，朝廷颁下圣旨："改三口通商大臣为北洋通商大臣，由直隶总督兼署并颁钦差大臣关防；改天津三口通商大臣衙门为直隶总督行馆。该督于每年出海口春融开冻后移扎天津，至冬令封河再回省城。如天津遇有要件亦不必拘定封河回省之制。"此后，原三个口岸所有洋务海防事宜都归直隶总督经理。

李鸿章对朝廷这次"改定章程"十分兴奋，决心加强洋务与海防。从朝廷来说，此举解决了直隶总督和三口通商大臣各自为政、互相掣肘的矛盾，又解决了省防和洋务海防的战略地位问题。而对李鸿章来说，身兼二职，权一而责巨，地位提高了，权势增强了，可以放手去干一番事业，还有什么比这更让他满怀激情呢？为此，他特地写信给弟弟李鹤章，说："为兄深沐皇恩，遇事极为慎重。等春天冰冻的江河、土地融化后，将移驻天津，以利兼顾。等河流封冻，再回保定省城。"

权力增大，也就意味着责任更加重大，他为此诚惶诚恐，惴惧在心。他又写信向恩师曾国藩倾诉道："通商海防诸事并归，权力一统而责任重大。鸿章自感才力不胜，而且内无代理笺奏之人，外无足以托付兵政之选。分驻天津、保定，必误地方，而且疲于奔命。何况三口衰败已久，实难奋起图新。每每想到这一点，都万分惊恐，众谤负疚在指点顾盼之间。恳请恩师随时教导扶助。"

12月8日，由于三口通商大臣已被裁撤，李鸿章在天津开始启用钦差大臣关防。这时已接近封河，但他刚刚到任，必须驻天津整理各项事宜，堆积的函牍材料都等着他去处理。他只能将所有的日常例行公事统交藩司钱鼎铭在保定省署代为核办，遇有重大事件再快速呈报给他定夺。摊子已经铺开，李鸿章开始其任直隶总督兼北洋大臣的权臣生涯。

生活安定下来后，12月底，李昭庆将赵小莲及侄儿侄女送到天津，其母亲则在湖广总督府由李瀚章奉养。李鸿章已没有太多的牵挂，所以长期在天津办公，去保定的时间很少。

春风得意的李鸿章权势日增，矛盾和争斗也纷至沓来，需要解决的事情一桩接一桩。百姓穷，官员穷，朝廷穷，他要从整顿吏治开始；水患旱灾，蠲缓告急，他要从整顿水利开始；海防江防，练兵筹饷，制器练器更要全盘抓起，不能重蹈恩师的覆辙……这些急务，他样样都得规划、上奏，再着手实施。

就在他整顿吏治、水利、洋务刚刚理出头绪之际，直隶的水灾又使他面临一次重大考验。同治十年（1871年）夏季，直隶境内连降大雨，水患为五十年一遇。7月23日，永定河上游决口，卢沟桥下的石堤也被冲塌。夏季的暴雨使低地成灾，8月末又连续下了六昼夜的大雨，使高地收成宣告无望。李鸿章无奈，只得将灾情交部议处。

直隶纷乱如麻的工作刚开头，李鸿章不得不将主要任务转向减灾救灾。他请准截漕10万石办理赈济，并请由朝廷从江浙各买米2万石协济。

每遇困难与挫折，他总是向恩师倾诉、请教："畿辅水利，废弛已久，难以收拾。年年饥荒，非旱则涝。坐此愁城，智力俱困。"而曾国藩尽管已在病中，仍不忘给李鸿章以教诲和建议。

由于灾情严重，李鸿章筹集到的粮食和救灾银两只能算是杯水车薪。眼看灾民们的房屋被冲毁，他在8月15日写信给曾国藩说："等待救援之苦，不堪设想。来年耕作还需酌借种籽，凡此种种，千头万绪，都急需用钱。永定河本无治理之法，新决之口达十几个，学生的意见是废弃之，又不便自作主张，骇人听闻。估计工费将近30万两，尚不知能否筑成。"

李鸿章想方设法拨出藩运各库银30余万两作为修补之资，并从兵饷中借出30万两，又预截京饷5万两救急。东拼西凑，弄得他焦头烂额,但灾情尚未完全缓解。

12月,李鸿章从天津出发,巡视永定河工程,顺道回省,进一步做赈抚工作。经过近四个月的奔波,事情终于有了眉目,新年的鞭炮声也临近了。

同治十一年(1872年)新春的来临,对李鸿章来说多少有些不同寻常,因为截至这一年,他已整整经历了半个世纪的人间沧桑。农历正月初五,依然是寻常百姓家迎接财神爷的日子。李家"财神爷降生"的神话已经被念叨了五十年,而李鸿章这位"财神爷"在刚刚过去的直隶水灾中为救灾已负债累累。

还在上一年冬天,被曾国藩称为"拼命做学问"的俞樾就已给他寄来了预贺寿函:"岂五十官服之岁,而入相及五年;应五百名世之朝,故诞降适逢五日。此乃熙朝之盛事,岂惟同谱之美谈。……"

很少有人知道表面光鲜的李鸿章身心俱疲。喜庆的日子终于来到了。一阵喧嚣热闹,一阵轻歌曼舞,"署内外爆竹如山,人气如烟云,文武百官均来庆贺"。而文人雅士,竞致寿联,都在意料之中。俞樾作寿联道:

> 以岁之正,以月之令,春酒一樽,为相公寿
> 治内用文,治外用武,长城万里,殿天子邦

还有一篇由李鸿章的同年、保定莲池书院主讲黄彭年所作的《合肥相国五十寿序》颇引人注目:"少荃相国弱冠登朝,以儒臣治兵,与湘乡规复东南,底定中原,佐成中兴之治。年未及艾而秉节钺、登台辅,膺五等之封,海内荣之。……天既使之早出而任天下之重矣,其必予其寿考而康我小民,以延国祚于无穷,可知也。相国武功吏治,与畿辅澹灾之政,人争道之。"

美酒良辰,高朋满座,歌功颂德的文字烘托着一个"功绩卓著,文武兼拥"的寿星。人生的辉煌,权势的显赫,春风得意,有谁胜之!

很快，令李鸿章心醉的寿宴结束了。李鸿章从骄饰与浮夸中醒来，感到该做的事还有很多。以前保定的事务大多由藩司钱鼎铭处理，如今他升调河南巡抚，李鸿章"如失左右手"。而且50岁一过，他的身体每况愈下，一到冬天就咳嗽不止，自感精力大不如前，经常要用药滋补。

无助之际、空落之时、危难之处，李鸿章总是想起自己的恩师曾国藩。一有闲暇，他就拿起笔，给恩师写封信，希望借此从恩师那里得到理解、帮助、宽慰或妙策。眼下他感到疲倦，需要得力的帮手，于是又给恩师写下这样的信："鸿章自感精力不足，文武将佐也缺少坚贞耐苦之人，一旦发生紧急事件，如何是好？吾师以天下为己任，是否曾经预先谋划到这一点呢？"

然而，这一次李鸿章再也得不到答复了。

就在李鸿章发出这封信七天之后，即同治十一年（1872年）3月12日，曾国藩撒手人寰。原来，自从"天津教案"之后，曾国藩就在国人的指责与痛骂下，怄气大病一场。刚见起色，又因马新贻被刺一案而使病情雪上加霜。曾国藩一生好强，但因为世道纷乱，使自己晚节受损，曾经战功赫赫的湘军被裁撤后作鸟兽散，十数年的苦心一朝付诸东流，他实在是不甘心。他尽毕生之功保卫大清江山，如今自己为之奋斗一生的清王朝仍处于风雨飘摇之中，而他62岁的生命之灯即将耗尽。临终前，他对"天津教案"一事仍是悔恨交加，自责不已。他一辈子都讲究处事原则，讲究品德和修行的重要性，没想到自己晚节不保，心中的苦楚可想而知，怅怅然而命归黄泉。

噩耗传来，李鸿章初疑来信疏忽，待确认后竟一度昏厥，直至家人找来郎中救治后才又复苏。当他刚一醒来想到与恩师永别，忧悸欲绝，再也掩饰不住肝肠俱裂的心痛，竟至号啕大哭，寝食俱废。他含着热泪，提笔写下一副挽联：

师事近三十年，薪尽火传，筑室忝为门生长
威名震九万里，内安外攘，旷世难逢天下才

3月23日，李鸿章读到朝廷的优诏："两江总督曾国藩学问纯粹，器识宏深，秉性忠诚，持躬清正。……兹闻溘逝，震悼良深。曾国藩着追赠太傅，照大学士例赐恤，赏银三千两治丧。加恩予谥文正，入祀京师昭忠祠、贤良祠，并于湖南原籍、江宁省城建立专祠，其生平政绩事实，宣付国史馆。其一等侯爵，即着伊子曾纪泽永袭……"直至此时，李鸿章才猛然感觉："吾师果已死矣，不可复生矣，天乎！天乎！奈之何哉？"

随后，他函唁曾纪泽、曾纪鸿："我与先师从游将近三十年，在诸多门生中受到知遇最早、最深，也最亲切。调甫（钱鼎铭字）恰于（3月）11日抵达京城，来信称内廷是日得报，辍朝3日，百官相顾失色，国内外士民呼号巷哭者，无以计数！每当想起吾师在战事艰难困窘时，经常担心死不得所，等到逆贼平定而身居高位，又忧虑晚节不保，如今结局如此哀荣，谥号如此优异，也算不负其生平之志。唯吾弟等孤露人间，何以善慰母亲，继承遗业；鸿章等勉承遗绪，何以支持国计，仰报恩遇，这些都需要我们时刻警惕激励自己！"

如果说李鸿章写给曾纪泽的函唁中有一些虚饰之词的话，那么，他向弟弟李鹤章述及自己对曾国藩逝世的哀悼心情，则完全是真情流露："中流失柱，滔滔如何。兄等后学，隐鹄是依。提之携之，端在元老。一朝仙去，不复归来。为公为私，肝肠寸断。兄本拟为文哭之，无如一字落墨，泪寄千行……"

万事悠悠，宇宙茫茫，再也得不到仙逝者余荫的李鸿章自己又何尝没有"孤露人间"的感觉？朝野上下，也不可能有人再与他南北呼应。他原先倚靠的"大树"恭亲王奕訢也江河日下，"晃荡不能立足"。今后孤军奋战，徒然慨叹一声"行路难"。他悲哀、痛哭，其中除了对恩师"提之携之"的感激怀念之外，也包含对自己未来的担忧与不安。他明白，慈禧太后在许多事情上要信赖他、倚重他，但又利用主战派李鸿藻、奕谟牵制恭亲王奕訢和他。今后的路，他还要如履薄冰地走下去。

在铭心刻骨的伤痛中，李鸿章的心灵深处还藏有惕厉的意志及百折不挠的信念,这就是他过人之处。痛失恩师,他一面苦心为清王朝这艘破旧的大船护航,一面在慈禧操纵的各派政治势力中试图躲过暗礁,或者寻找新的支持者。

不久,御史李宏谟奏请直隶添设巡抚。11月,邸抄刊登上谕:"御史李宏谟奏直隶政务日烦请添设巡抚一折,着军机大臣会同该部议奏。"敏感的李鸿章一眼就看穿了个中奥秘,在直隶总督之内设巡抚显然意在削弱他的权力。他禁不住向友人大发牢骚:直隶添设巡抚,"实际只多一个办例稿之人,意见多有掣肘。军务由总督负责,巡抚没有兵权又不通晓军事,策应从何谈起?河工即使有钦差大臣防护,也不可能不溃决。京官不懂外交事务,偏偏又喜欢谈论外交事务,谈起来娓娓动听,但丝毫不在要害。若游说复设三口,更是诡诈难测,官民都很贫困,实在供养不起。不料现在旧话重提,花样百出。鸿章幸得私下议准,常驻津门,作一局中闲人,进退绰绰有余"。

李鸿章欲大权独揽,就不能坐视不理。他一面向同僚透露消息,一面与恭亲王奕䜣和军机大臣文祥联系,此事最后因文祥和奕䜣出面坚决反对而作罢。

不久,朝中又相续发生了"扬左抑李""暗倾恭邸"的事件。慈禧太后利用"清议",将与李鸿章积怨甚深的左宗棠召进京来,担任军机大臣、总理衙门大臣,管理兵部事务,借以牵制李鸿章和恭亲王。但是,由于左宗棠久在西北作战,对京中政事及外交事务不甚精通,又自视清高,作风傲慢,使推重他的奕䜣和清议派大失所望。李鸿章乘机进一步加以排挤,终于使左宗棠在政坛角逐中败北,被派出京任两江总督兼南洋通商大臣。

在直面政治斗争的同时,李鸿章悉心政事,极力减轻直隶灾民的负担,计及民生之休戚。他清楚,自己分内应办之事,牵制颇多,时间紧迫,所以不敢好高骛远,纸上空谈,而是脚踏实地地从具体事情做起。他任直隶总督兼北洋大臣之后,自以为仕途的艳阳天即在眼前,但阴云与风波总伴随其间,不过总的趋势仍然是扶摇直上。

第六章　师夷长技以制夷　试倚奇局建伟业

一、图天下之变　发展制造业

身在其位，必谋其职。大权在握的李鸿章面对清王朝内忧外患的困境，必须设法谋求自强。故而他主张变法图强，兴办洋务。

说到李鸿章倡办洋务，事情还得追溯到前几年。同治三年（1864年）6月，会剿天京的湘军马上就要发动总攻，太平天国的灭亡已经不可逆转。中国今后如何发展，军事和政治往哪条路上走，已经成为朝廷亟待定夺和解决的首要问题。在这个历史的重要关头，李鸿章给总理衙门寄发了一封石破天惊的信件：

"鸿章私以为天下之事穷则变，变则通。中国士大夫长期沉迷于章句小楷，武夫悍卒又大多粗蠢而不够细心，以致所用非所学，所学非所用。无事则讥笑外国的利器是过于奇巧而无益的技艺与制品，认为不必学；有事则惊呼外国的利器为奇异多变之物，认为不能学。殊不知洋人视火器为身家性命的观点已达数百年之久……鸿章认为，中国若想自强，应该学习外国的武器；而学习外国的武器，关键在于引进外国的制器之器和培养自己的制器之人。眼下或许可以专设一科取士，终身许以富贵功名，则事业可成、技艺可精，而人才亦可集。"

李鸿章写这封信的动因很简单，他在率领淮军赴上海前夕，便认识到中国若不自强，就将被列强蚕食、瓜分这一严峻事实。在与洋人多次接触后，李鸿章对世界大势有了进一步的了解，逐渐认识到中国正处于"数千年来未有之变局"，面对着"数千年来未有之强敌"。他看到外国的利器、强兵百倍于中国，内则紧邻京城，外则满布江海之间，使大清受制于人，而无法打击其气焰。他认为中国外海内江上，外族猖獗，没有能够设险据守的地方，更没有思患预防的人才，这都是数十年后的隐忧。

当时正在为远远超出国人理解能力的"异端邪说"和阿思本舰队事件失败而抑郁不已的恭亲王奕䜣，收到李鸿章这封信后，精神大振，感觉受到了莫大的鼓舞。

6月2日，也就是太平天国天王洪秀全去世的第二天，奕䜣以议政王身份领衔全体军机大臣向少不更事的同治皇帝递交了一份奏折：

治国之道，在于自强。而审时度势，则自强重在训练军队，而训练军队首先要制造火器。自洋人制造争端以来，到现在已历数十年。到咸丰年间，内患外侮同时发生，难道都是因为武臣不善于治兵吗？抑敌有制胜之兵，而无制胜之火器，所以不能所向无敌……臣等每于公务之闲暇，反复谋划考虑，洋人之向背通常是以中国的强弱作为衡量标准……我国若能自强，则彼此可以相安无事，并威慑其狡焉思逞之心。否则我国无可依恃，恐怕难保洋人不会轻视我国。假设洋人一朝反复，绝非仓促之间所能筹划万全。现在既然知道对方取胜的资本，便应极力追求其取胜之术，岂可苟且偷安，坐失良机？

曾国藩闻风而动，因为他在安庆已经有了基础，即安庆内军械所。早在同治三年（1864年）12月，从未制造过机器的徐寿、华蘅芳、徐建寅（徐寿次子）等人在十分简陋的条件下，竟然建造出一艘长50余尺、每小时行走20余里的木壳轮船。轮机虽然购于外国，但它毕竟由中国人自己设计、装配而成。曾国藩高兴地登船试机，极为满意，并把它命名为"黄鹄"号。

李鸿章在上海闻讯，也积极行动起来。与一般的封建官僚不同，他久在上海见闻了外国诸多先进机器，早就看到了各国制造业的发展趋势。

同治元年（1862年）腊月，上海五口通商大臣薛焕调到京城，通商衙门划归总理衙门管辖。五口通商大臣是鸦片战争后设立的官职。由于中英签订了不平等的《南京条约》，中国被迫开放上海、宁波、福州、厦门、广州五口通商，中外交涉遽增。道光二十四年（1844年）清廷在广州设立五口通商大臣机构，管理广州、厦门、福州、宁波、上海五个口岸办理通商、交涉事务，由两广总督加封钦差大臣头衔兼任。咸丰八年（1858年）五口通商大臣衙门移驻上海，改由两江总督兼职。

彼时正在金陵与曾国荃议事的江苏巡抚李鸿章接到调令，署理五口通商大臣。第二天，他离开金陵，顺路考察了江苏境内的部分州县，又走访了几座军营，然后赶到上海五口通商衙门，接替薛焕总理通商衙门事务。

李鸿章上任后，通过洋人的私人关系，进而通过上海洋行大批购置武器。时间一长，他逐渐了解到，购买武器并不划算，丰厚的利润都让洋人赚去，不如自产自销。但建厂需要银子，朝廷即使支持建厂却拿不出银子，多由地方自筹。李鸿章在上海掌握了最为稳固的饷源——厘金，但到处需要用钱，用于办厂的银子实在有限。

同治四年（1865年），李鸿章正为银子发愁时，没想到一件好事落到了他的头上。这一天，道台丁日昌来到通商衙门对他说："下官一路匆匆赶来，是想向抚台大人汇报一件事。这件事关系到美国旗记铁厂收购问题，下官担心日久生变，所以希望大人早做定夺。"

李鸿章一愣，忙问道："雨生这样惶急，到底是什么事？本官还不知情由，如何做决定？"

丁日昌忙说："抚台大人，您还记得前几天上海县衙关押的那三名由税务司衙门移交过来的犯人吗？"

李鸿章心想，眼下因府衙、通商衙门及淮军剿匪的事忙得团团转，谁有心思追究一个县衙的事。但他见丁日昌认真询问的模样，又仔细回想了一遍后问道："雨生所说的可是由总税务司赫德移交过来的那三个嫌犯吗？本部院听上海县知县禀报，好像是卖关节营私之事。这与收购铁厂有何干系？"

丁日昌认真地说："抚台大人容禀，大人不是正在与美国旗记铁厂商谈收购之事吗？下官刚刚获知，开办铁厂的那个美国人与犯事的通事（翻译人员）唐国华早就相识。据说，唐国华的家人与这个美国人还有些生意上的往来，而这个美国人能来这里开铁厂，也是唐国华的家人介绍的。唐国华的家人托人给下官捎话，他们情愿出些银子，帮巡抚衙门买下铁厂来减轻儿子罪责，不知巡抚衙门意下如何？"

"他们肯出银子？"李鸿章又惊又喜，笑道："有这等好事，若无其他附加条件，本官岂有拒绝之理！你说说怎么个买法？"

丁日昌谨慎起见，说："这恐怕还得把知县王宗濂传来，最好再跟总税务司的赫德知会一声。"

"这没问题。"李鸿章应道。他立刻派人去传知县王宗濂，但并没有通知赫德。

知县王宗濂来后，李鸿章详细询问了三个嫌犯的情况，然后又调阅了他们的案卷。案情很快就弄清楚了。这名被押的通事唐国华是广东香山县人，早年到英、法等国游学，归国后在福州洋行谋了个通事的差事。为工作方便，唐国华于咸丰九年（1859年）在福建报捐州同知衔。同治元年（1862年），他到上海总税务司充任通事兼翻译外国公文，总理进出口税单。另外两个被同时收监的嫌犯，一个叫张灿，浙江鄞县人；一个叫秦吉，上海本地人。他们均于同治元年（1862年）经唐国华介绍，到总税务司所属扦手公司专干扦查进出口货物的营生。

因为很多商人不懂外语，每遇洋船装货，所谈合同及货物清单并洋行保险凭据均系洋文，无法辨识，货商便找唐国华逐项翻译。唐国华每翻译一文，总是索求报酬，仅此项就捞了不少油水。张灿、秦吉二人与唐国华结识后，见他发了洋财，也想加入。唐国华便把他们当作拉生意的帮手，凡华商装洋货，他们二人就去揽翻译洋文的生意，讲妥价钱后，再转给唐国华翻译，他们从中挣取差额。日子不长，张灿、秦吉的腰包也开始鼓起来。

这种假公济私的做法尽管不犯法,却影响了总税务司的利益。因此,赫德到任之后,了解了总税务司扦手公司的内幕,决意整治一番。所谓"新官上任三把火",赫德既是想在总税务司树立威望,同时也为打击中方职员。赫德将唐国华等人抓起来,先关在总税务司,但总税务司没有相应的司法权,于是他一边发函知会总理衙门,一边把三个嫌犯扭送上海县衙问罪。

了解到这些情况后,李鸿章对丁日昌、王宗濂说:"如此简单的一个案子,为什么拖了许久还没有结案?"

王宗濂回答:"回抚台大人问话,只因赫德盯得紧,已两次致函衙门,一定要下官把唐国华等三犯重判。下官虽未经手过唐国华这类案子,但下官认为不宜重判,所以拖延至今仍未定罪。还请大人示下。"

李鸿章听了沉默不语,丁日昌接过话头说:"赫德也托人跟下官明说要从严发落,并多次询问唐国华的判处结果。看样子,他是不达目的不罢休。下官只得以总理衙门尚未下发公函为由,一再搪塞他。但再过几天恐怕就拖不下去了,总理衙门的公函一到,事情就得有个了结。"

李鸿章低头沉吟之际,脸色也阴沉下来。这些得寸进尺的洋人竟这样公然藐视清廷,居然干涉起朝廷司法来。他定了定心神,说:"细论起来,唐国华不过是多捞了几两银子,张灿、秦吉二人也只是想多挣几个钱罢了。按大清律法,严惩也严不到哪里去。大清国的事情,不能尽听外国人的,总要有自己的主张。再说,整个总税务司里想必没有几人是干净的,赫德如此借题发挥,实在可恨。王县令,唐国华的案子,你认为怎么办好啊?"

王宗濂谨慎地说:"下官认为,依大清律法,判一年刑期,另处以罚金较为公正。"

"那是否可用罚金代刑期取保?"

"按律当然可以,只是赫德定不会罢休。"王宗濂说。

李鸿章有些烦躁起来,站起来一边踱步一边说:"以本官多年跟洋人打交道的经验，对洋人不能太客气。朝中一些大员害怕洋大人，他们会向你等施压，本官不能坐视洋人猖狂而不理。惩治唐国华等人虽是赫德分内之事，但他却别有用心地设计坑我国商人。本官以为，如果唐国华一家真能把美国旗记铁厂买下来替儿子赎罪，唐国华不仅应免罪，还可以到铁厂去做事。铁厂重新开工后，需聘请许多外国匠师，唐国华的专长适得其所。"

王宗濂说："抚台大人所言极为有理，但下官担心，若不把唐国华问罪，赫德那边怎么交代？"

李鸿章看了王宗濂一眼，说道："既然赫德把嫌犯交给了县衙，你就有权按我大清律法处置，赫德若紧追不放，找朝廷究问，由本官担着。你等尽快促成唐国华一家买下铁厂才是关键。听说美国人张口便索价20万两白银，唐家能一下子拿出这么多银子吗？"

丁日昌连忙答道："抚台大人，银子不是问题，那位美国人的通事已经跟下官露了个底，说他的美国雇主急于回国，因此，实价银10万两便可谈定。而下官跟唐家谈的是20万两，而唐家并不在乎。"

李鸿章满意地点点头，说："雨生啊，三方怎么谈由你全权定夺，力争这几日把此事办妥帖。怎么开释唐国华等三人，由王知县去办，英国人方面权且不必太在意，莫因外人打搅，就乱了方寸。"

丁、王二人齐声道："下官谨记抚台教诲，请抚台大人放心。"

十几日后，唐家会同同案的张家、秦家，与厂主反复磋商，果真将铁厂全盘买下，仅费银7万余两。

交割完毕后，美国人高高兴兴地拿着银子，很快搭船回国了。唐国华、张灿、秦吉三人，当日即被王宗濂传上公堂，当堂结案，释放回家。不久，丁日昌又按照李鸿章的吩咐，把唐国华请到铁厂担任通事。

李鸿章拿着县衙的判决函文，去找赫德交涉。已探得实情的赫德见是巡抚亲临，满腔怒火不好当面发作，但他认为李鸿章及其属下的所作所为实在太无理了，声称要向总理衙门告状、抗议。李鸿章放声大笑道："司台大人有这闲工夫就尽管去告，如今此案已结，处理结果也报送朝廷。有不公之处，自可上诉陈辩，不过本官公事繁忙，就不再奉陪了。现今公函已送到。告辞！"

李鸿章用具有震慑力的态度与赫德交涉此事，赫德望着李鸿章的背影，心里对这个大个子中国人产生了几分畏惧。赫德司掌海关四十八年，并把邮政、灯塔和海底电缆引入中国，对中国的政治、国防改革颇有贡献。他就如同一个职业经理人，与东方封建王朝在特殊时期形成了一种奇妙的合伙人关系。而眼下李鸿章亲自挂帅主办洋务，长久下去，英国的在华利益必受影响，他内心焦急却无对应的良策。

几天后，李鸿章将丁日昌督办的上海制造局、韩殿甲督办的枪械所全部并入铁厂；又经曾国藩同意，将曾国藩创办的安庆内军械所也并入该厂。厂名经李鸿章建议、曾国藩同意，正式定为江南制造总局，由丁日昌任总督办。

丁日昌到任后，很快就发现中国传统的生产工艺和手段无法适应近代枪炮制造的需要。旧式泥炉炼不出能够制造近代枪炮的钢铁，用泥模铸炮也很难使炮膛光滑均衡。因此，丁日昌产生了改革生产工艺和手段的强烈愿望。他对近代枪炮的制造原理、生产工艺，特别是车床等生产工具做了更深入的了解，建议设立夹板火轮船厂，用机器生产近代军舰、轮船和枪炮。恰在这时，容闳提出了要在中国发展"制器之器"的主张，丁日昌立即深表赞同。曾国藩随后把容闳赴美采购的机器运到上海，交付丁日昌使用。

在李鸿章、曾国藩的主持下，江南机器制造总局开始了对德式武器的仿制，两年后厂址迁移到上海城南高昌庙镇，制造局扩充了生产规模，招募中外技工2000多人。

同治八年（1869年），江南机器制造总局成为近代中国传播科学技术的大本营。它还设立了翻译馆，引进很多西方科技和工程技术人员，比如著名的西方翻译家和科学家伟烈亚力、傅兰雅、玛高温等。同时，该局还有中国的著名数学家和科学家李善兰、华蘅芳、徐寿等人，可谓人才济济，师资力量不仅雄厚，而且涉及科学领域比较全面。

有了这样的人才实力，李鸿章便把广方言馆并入了江南机器制造总局，招收 15~20 岁的学生入学，除了外语，又增设算学、舆地等学科，学制改为四年。这个学校可以说是中国最早的语言和工程技术学校。

随着广方言馆的并入，江南机器制造总局成为清末中国最大的军工企业，以制造枪炮、子弹为主。同治六年（1867 年）仿制出德意志毛瑟 11 毫米前膛步枪，这是中国自己生产的第一种步枪，该枪使用黑火药和铅弹头，威力惊人。江南机器制造总局平均每天可以生产 15 支毛瑟枪和若干弹药，李鸿章后来承认，当时该局生产的枪械弹药，对"捻乱"的平定大有助益。除了枪弹之外，该局还在同治七年（1868 年）生产出中国第一艘自造的汽船（木制船身）"惠吉"号。至光绪十七年（1891 年）时，该局首次炼出钢铁。

二、痴迷新兵器　巨资购军舰

同治十一年（1872 年），李鸿章被授予武英殿大学士，仍留任直隶总督和北洋大臣。至此，他的权势和威望如日中天。其时太平军和捻军皆被剿灭，但国内经济凋敝，民不聊生；西方列强虎视眈眈、借机寻衅、图谋不轨，清廷仍在风雨飘摇之中。

李鸿章是从战争中走过来的，他认为改变中国的落后面貌应从武器开始，而特殊的时代背景又为他提供了广阔的活动舞台与历史机遇。"坐镇北洋，遥执朝政"的李鸿章，通过与外国人士、早期维新志士、驻外使节的频繁交往和洋务活动的实践，对中外形势和应对之策有了进一步的认识，提出了"外须和戎，内须变法"的洋务总纲，并申明其手段就是要"师其所能，夺其所恃，师夷长技以制夷"。外国人觉得这个"夷"字带有鄙视和敌视的意味，强烈要求改掉，清廷被迫将"夷"改为"洋"，因为外国人大多是渡洋而来，由此被称为洋人。从咸丰十年（1861 年）底至光绪二十年（1894 年），全国各地纷纷掀起"师夷长技以制夷"的改良运动，对晚清中国的近代化起到一定的推动作用。

这一时期，李鸿章虽然提出了"千古变局"的命题，但尚无力剖析它的内涵和外延，因而还停留在直观感受阶段。中国刚经历了太平天国运动、第二次鸦片战争，内忧与外患对清朝的统治形成冲击，朝廷不得已推行洋务运动，但其主要目的是要有更好的技术、更好的武器。同治十一年（1872年）至同治十三年（1874年），李鸿章先后两次上奏朝廷陈述时局。他在第一次奏书中说：欧洲诸国上百年来，由印度而南洋，由南洋而东北，闯入中国边界腹地。凡历史上没有记载的、自古以来没有交往的，无不叩关请求互通贸易。我皇大度，一概与之立约通商，进行笼络，合地球东西南北9万里之遥，全都聚于中国，此乃3000余年来一大变局。

第二次上奏，李鸿章讲得更明白一些：现在东南万余里海疆，各国通商传教来往自如，甚至进入京城和各省，列强表面上打着和好的旗号，暗地里却怀着吞并中国的野心，一国生事，诸国跟着挑拨煽动，实为数千年来未有之大变局。

前后上奏内容的变化，标志着李鸿章对资本主义列强"协以谋我"的侵略本质和策略的认识在逐渐深化。李鸿章所说的"数千年来未有之大变局"，实际上是长期停滞于封建社会的中国面临着资本主义列强征服世界并按照自己面貌改造世界的潮流。而资本主义列强之所以能够称霸世界，其根源在于资本主义生产方式以及轮船、电报等科技手段的熟练运用。这些科技的速度可谓瞬息千里，军器机事之精良使洋人战斗力倍增，炮弹所到之处无坚不摧，水陆关隘皆不足以限制洋人进犯。

在妄图自保江山的清朝统治阶级中，能有这种认识的可谓凤毛麟角，屈指可数。李鸿章从"数千年未有之大变局"和"数千年未有之强敌"的认识出发，大声疾呼中国绝不应昏睡于"天朝上国"的迷梦而抱残守缺、不思振作，在他看来，兴办洋务就是"处奇局建奇业"的必经之路。

同时，李鸿章主张对外"和戎"，也就是拿通商权益来笼络洋人，与少数强势民族或国家修好。这一主张起源于他对中外力量对比及列强本性的看法。首先，他正视当时敌强我弱的客观形势，对方的军械强于我国，技艺精于我国，一旦打起仗来，中国用旗兵、绿营兵以弓箭、刀矛、抬枪去对付洋人，势必无法取胜。其次，他认为列强志在通商，意在得利，并非真的想夺取中国土地，无意从根本上危及清朝统治。因此，他断言中国对列强不可轻言战争，应确定以和为主的战略方针，以"羁縻"之策争取并利用和平的国际环境来"借法自强"、预修武备，以期达到自立的基础，从而巩固防守、维护国家长治久安。

在这一理念的影响下，李鸿章对开办军工企业几乎到了痴迷的地步。早在上海时，李鸿章便不断写信给曾国藩，赞扬外国军队遵守纪律和外国枪炮的巨大破坏力，把船坚炮利视为"身心性命之学"，并开始着手从外国购置新式枪炮。

不过，李鸿章在买洋枪洋炮的时候十分慎重，他与兵器专家、幕僚刘瑞芬研讨论证过多次，又数次对比实物，最终看中了克虏伯大炮。

同治五年（1866年），在"师夷长技"的时代背景下，总理衙门派出斌椿、张德彝等11人随海关总税务司赫德出国考察。这是中国近代官方第一次向欧洲派出考察团。6月27日，考察团抵达普鲁士。此时，普鲁士刚刚取得了普奥战争的胜利，克虏伯大炮的威名在普鲁士广为流传，引起考察团成员的极大兴趣。赫德于是临时改变行程，参观克虏伯炮厂。在克虏伯炮厂，阿尔弗雷德·克虏伯热情款待了来访的中国客人，并向中国考察团展示了各种类型的枪炮。不久，李鸿章接到一份报告，考察团在报告中叙述说克虏伯的创始人阿尔弗雷德·克虏伯"热情、好客，不像英国人、法国人那样藐视我们的长衫、马褂和长辫，他彬彬有礼地用盛宴款待我们这些中国人！"

李鸿章非常高兴，于是让人研究了克虏伯大炮的技术规格，并考虑购买。在此之前，清廷主要从英法两国购炮。在认真对比西方生产的几种主要大炮的技术参数后，李鸿章得出结论：克虏伯大炮优于美国、法国、西班牙等国的大炮。在他看来，"凡行军制胜，海战只能依恃船炮，陆战只能依恃枪炮。稍有优劣，则效果差别巨大"。这时，他对克虏伯大炮已经流露出明显的好感。

　　李鸿章接任直隶总督兼北洋通商大臣后，在德璀琳等人的劝说下，果断决定向克虏伯购买328门火炮，布防在大沽口、北塘、山海关等炮台，首先巩固北京城的防务。这是自同治五年（1866年）初次接触之后，中国第一次直接向克虏伯采购军火。此后几年，中国持续从克虏伯订购军火，同时双方也加强了民用领域的合作。在克虏伯的中国主顾中，李鸿章的淮军尤其偏好克虏伯的大炮。在19世纪70年代中期，淮军不断从克虏伯的公司购置克虏伯后膛钢炮，还仿效德意志炮营兵制建立新式炮营。

　　同治十三年（1874年），李鸿章给朝廷上奏折，对克虏伯大炮后膛炮进行精细描述：后膛装药枪炮是近来最新的武器。格林炮射程不远，仅可作为护守营墙大炮。唯德意志克虏伯4磅钢炮可以命中很远的目标，而且质坚体轻，用马拖拉，行走如飞。现在俄、德、英、法各国在平地作战均以其作为利器，陆军炮队专用此炮，所需子弹的价格与炮价相等。

　　出于对克虏伯大炮的偏爱，李鸿章在光绪三年（1877年）率先于淮军中装备了19个炮营，每营有正勇144名，共有克虏伯大炮114门、克虏伯4磅后膛钢炮6门、马150匹、车19辆。李鸿章无疑是中国炮兵的鼻祖。

　　大炮买回来后，李鸿章称：克虏伯有义务出资为中国培训火炮专家，这样中国才会继续购买克虏伯家族的大炮，否则，他就要向欧洲另一军火销售商波鸿协会靠拢。阿尔弗雷德·克虏伯答应李鸿章的要求，第一批中国留学生卞长胜、查连标等7人到德意志埃森城接受免费培训。中国还向克虏伯购买了大炮的技术参数资料。同治十年（1871年）至光绪二十二年（1896年）前后二十年的时间里，中国向克虏伯家族购买各种类型、各种口径大炮近2000门。

　　当然，李鸿章购买洋器也会考虑成本问题。据说，英国的马克沁在光绪十年（1884年）制造出世界上第一支能够自动连续射击的机枪，即马克沁重机枪。李鸿章等人观看了一挺小型马克沁机枪的射击，在很短的时间内,这挺机枪打断了一棵直径约46厘米的白蜡树。马克沁机枪的火力的确强大,但极高的射速也造成弹药消耗极快,当时还是单发步枪的时代,大多数人都认为这样的机枪使用成本太高。所以,李鸿章看到表演后,连说:"太快,太快。""太贵,太贵!"他看重江南机器制造总局以及后续创办的金陵机器制造局、天津机器制造局等军工企业,大概也是出于成本考虑。

金陵机器制造局的情况与江南机器制造总局相仿。自创办后规模不断扩充,设备逐步改进,到光绪五年(1879年)计有机器厂三家,翻砂、熟铁、木作厂各两家,还有火箭局、洋药局、水雷局等,能够制造炮位门火、车轮盘架、子药箱具、开花炮弹、洋枪、抬枪、铜帽、大炮、水雷等。天津机器制造局也不例外。在李鸿章的经营下,天津机器制造局扩建厂房,添购机器,增设熟铁、锯木、洋枪、枪子、炼钢等厂,以制造枪炮、子弹、火药、水雷为主,辅之以修造船舰等。19世纪80年代,李鸿章颇自豪地称天津机器制造局为"洋军火之总汇"。

洋务派在洋务运动期间创办的十九家企业中,李鸿章掌握着五家企业,从创办到光绪二十年(1894年),共消耗资金2454万两白银,约占清廷投入近代军工企业经费总数5000万两白银的一半。

李鸿章对"坚船"的兴趣,始于他带淮军从安庆乘船前往上海与太平军作战的途中。与太平军作战时,通过与洋人的合作,他对西洋的坚船利炮有了进一步认识,并对此极为痴迷,曾写有一份描绘蒸汽动力运转的奏折:

镟木、打眼、绞镙旋、铸弹诸机器,皆绾于汽炉,中盛水而下炽炭,水沸气满,开窍由铜喉达入气筒,筒中络一铁柱,随气升降俯仰,拨动铁轮,轮绾皮带,系统轴心,彼此连缀,轮转则带旋,带旋则机动,仅资人力以发纵,不靠人力之运动。

这份奏折被视为中国最早的科普文章,文中的许多词汇都是当时的新词，在古文中前所未见。在朝廷内外忙于镇压太平天国起义而几乎无人知道世界上还有蒸汽机的大清国里，头上是顶戴花翎，脑后拖着辫子的李鸿章，能够如此细致地观察蒸汽机的运转原理，着实令人惊叹不已。

同治十年（1871年）6月，李鸿章听说朝廷要裁撤同治五年（1866年）由左宗棠创办的福建船政局，立刻离开保定从运河北端登船赶往金陵。他从运河北端上船，沿江行来，每到一处炮台，他便令船缓行，然后站立到甲板上，用千里镜查看驻防情况。河面平静，水鸟掠过水面而飞，不时有漕运粮船驶过和驻防水师的巡逻木帆船往来。李鸿章放眼远眺，不觉心旷神怡、豪情万丈，决心建立一支现代化的海军舰队，以蒸汽机代替古老的帆和桨。

在金陵上岸后，他令人把薛福成、黎庶昌、许钤身、盛宣怀等人找来，商量如何保住福建船政局及创设新造船厂之事。这些人都是洋务运动的积极推动者，他们聚集一堂，各抒己见。

李鸿章说："诸位，福建船政局筹办五年来效果并不理想，建造的船只有限，而且各地拨济的财税也不见收效，而今仅靠借洋人的钱维持着，已是负债累累。但为此裁撤却万万不可，远在陕甘平回的左帅已向朝廷力谏，陈明其中利害，古语说'人无远虑，必有近忧'，治国理政又何尝不是？故而本部堂已向朝廷表明不赞同裁撤。本部堂担忧的是以后船厂的经营办法。我大清军兴以来，耗银无数，户部存银每每不继。以后但凡设局造船，仍靠户部拨银或商借洋款，实非善局，总要想一个万全之策出来才好。"

众人议论纷纷，且都不赞同裁撤，最后联名上了一道奏折。该奏折洋洋万言，有理有据，论辩福建船政局不可裁撤的理由：其一，欧洲列强就是因为船坚炮利，所以才横行中国；其二，自造轮船，方能保和局、守疆土；其三，欧洲列强早已精通制造轮船之术，我大清国刚刚试造，不可半途而废；其四，小国日本为了自保，尚且添设铁厂，多造轮船，变用西洋军器，我大清国更当如此；其五，前功尽弃，后效难图，而所花银两白白浪费，不仅贻笑外人，而且助长洋人志气；

其六，养船练兵，乃富国强兵大计。

在朝中一众支持洋务的大员的力辩下，朝廷最终决定保留。福建船政局自同治八年（1869年）6月造出第一艘排水量为1450吨的兵船后，至同治十三年（1874年）2月"大雅"号下水，共造船15艘，其中超过千吨的兵船有10艘。

随后，丁日昌又上折子，倡议朝廷增设海军舰队。薛福成、盛宣怀等人建议增设轮船招商局。朝廷极为重视他们的倡议，在朝中发动官员商议，从而展开了一场激烈的争论。

同治十一年（1872年）底，李鸿章上奏请求创办轮船招商局。朝廷准奏但拿不出银子，于是，轮船招商局便成为清王朝立国以来设立的首家股份制航运企业，采用招商集股、官商合办的形式运作。轮船招商局总局设在上海，分局设在天津、牛庄、烟台、汉口、福州、广州和香港以及日本的横滨、神户及吕宋、新加坡等港口，承运漕粮，兼揽商货，总办朱其昂、李振玉、胡雪岩、盛宣怀等人分别参股。轮船招商局的创办模式奠定了"官督商办"政策的基调。

李鸿章的初衷是将轮船局办成军工企业，专门生产坚船炮舰，结果变成了航运公司。李鸿章无奈，只得把希望寄托在江南机器制造总局上，让它来生产军舰。后来，江南机器制造总局果然生产了好几艘舰船。自同治七年（1868年）8月第一艘兵船"恬吉"号下水试航后，至光绪元年（1875年）该局共造舰船6艘，其中"海安"号、"驭远"号两轮，在外国为二等，在我国为巨擘。但是，李鸿章很快便发现了问题，江南机器制造总局生产的舰船无论是样式、性能、功用，都大大落后于国际同行业水平。这些船打不了仗，只能当运输船。

光绪元年（1875年），李鸿章奏准向英德两国订购舰艇。消息传出后，总税务司赫德向李鸿章提议：英国阿摩士庄的炮船先进，最适合中国军队使用。

李鸿章虽与赫德有嫌隙，但还是相信了他的话，决定购买4艘小型军舰。第二年，被称为"蚊子船"的4艘舰艇驶抵中国。接着，李鸿章又为南洋大臣沈葆桢代买了 4 艘同样吨位的军舰。当 4 艘新舰到达后，李鸿章一看这 4 艘军舰的性能比上一批好，就留下了新的，把原来的 4 艘送给了沈葆桢。不久，赫德继续向李鸿章游说，说英国又新研制了一种更先进的舰艇，李鸿章这个"坚船迷"一听，既然有这么好的船，岂有不买之理？于是又托赫德买了 2 艘。很快，李鸿章发现自己被赫德骗了，与当时流行的舰船相比，从英国前后购买的 10 艘战舰不但式样陈旧，而且性能差，炮重船小，行动迟缓，根本无法进行深海作战。他沮丧至极，为自己轻信洋人而不加审辨的唐突做法懊恼不已。五年后，李鸿章不得不对外宣布：这些船全用破钢片镶成，不能再继续航行，只得作废。

不过，这并没有打击李鸿章对坚船的热情，他继续不惜血本购买战舰。光绪七年（1881 年）8 月 3 日，清廷花费 65 万两白银购置的"超勇"号和"扬威"号铁甲舰，终于在英国纽卡斯尔港下水，在 200 多名大清海军官兵和 30 多位英国官员、军火商的注目下，大清国旗飞龙戏珠旗帜缓缓升起，现场鸣放礼炮，在场的每个中国人都激动得热泪盈眶。两周后，两舰起程回国，这是中国军舰第一次巡航世界，也是第一次穿越北大西洋—地中海—苏伊士运河—印度洋—西太平洋航线。船舷上的中国水兵列队整齐，头颅高昂，军姿挺拔，军服上的每一个铜扣都在阳光下熠熠发光，沿途各国纷纷鸣放礼炮，表达敬意。

三、取官商督办　大兴民用业

除继续经营以"求强"为目的的军工企业外，李鸿章还开始兴办以"求富"为目的的民用企业。

光绪元年（1875 年）初，经军机大臣文祥举荐，郭嵩焘再度出山，任福建按察使。其时清廷正筹议兴办洋务方略，郭嵩焘慨然命笔，将自己办洋务的主张和观点写成《条陈海防事宜》上奏，认为将西方强盛归结于"船坚炮利"是非常错误的，中国如果单纯学习西方兵学"末技"，希望借此强大起来，恐怕只会让自己走向灭亡。只有学习西方的政治和经济，大力发展中国的工商业才是出路。郭嵩焘因此名噪朝野。

而李鸿章经过十几年的实践，并考诸古今国家形势，也发现国家必须先富起来，而后才能强大，尤其必须先让老百姓富起来，而后国家的根基才能更加稳固。只有国家富裕了，才有能力求强，以求富来维持军工业，这是李鸿章在十几年洋务运动中的经验总结和认识的提升。

此后，"必先富而后能强"成为洋务派的基本主张。

李鸿章一边大力发展军事工业，一边着手创建民用企业。他说：欲自强必须有资金，欲疏通饷源不如振兴商务。而中国衰弱的根源在于贫困，西洋国土跨千里、数百里的国家，每年的财赋收入动辄数亿，无非来源于煤铁五金之矿、铁路、电报、信局、丁口等税。清朝此时宜审时度势，如果不早图变革，选择其中重要的方面逐渐仿行，那么，以贫交富，以弱敌强，最终没有不受其害的。

其后，在19世纪七八十年代，李鸿章先后创办了河北磁州煤铁矿、江西兴国煤矿、湖北广济煤矿、开平矿务局、上海机器织布局、山东峄县煤矿、天津电报总局、唐胥铁路、上海电报总局、津沽铁路、漠河金矿、热河四道沟铜矿及三山铅银矿、上海华盛纺织总厂等一系列民用企业，涉及矿业、铁路、纺织、电信等多个行业。

为了求强而求富，李鸿章企图通过兴办民用企业，解决军事工业的原料及燃料供应、调兵运饷的交通运输困难及练兵练器的经费问题。当时国内已具备了发展民用企业的客观条件：一是自然经济加速解体，城乡个体劳动者和生产资料日益分离，大批农民和手工业者破产失业，劳动力市场和商品市场逐渐扩大；二是在外国资本的侵略掠夺中，产生了中国的买办和买办资本，增加了地主、官僚和商人的财富积累；三是外商在华投资设立资本主义企业及其快速致富的现实，刺激着地主、官僚、买办、商人投资新式企业，追逐高额利润的兴趣。

李鸿章创办轮船招商局的基本设想是：没有战事时，轮船可以运粮和载客；有战事时则可输送军火。他还希望在航运上可以与外国的船运相抗衡。由于缺乏资金，招商局后来改为官督商办的民用企业。当代一些经济学者对当时招商局的财务情况做过详细的分析，认为招商局实际上是一个有西方资本企业管理模式的股份制公司。招商局成立之初仅有3艘轮船，而其后展开的客运业务承揽了朝廷"官物"运输的一半运量，挤垮了英美合办的旗昌公司。兼并旗昌公司产业后，招商局共拥有轮船33艘，主要经营沿海与内河航运，年收入平均约为200万两白银，年净利为30万两白银。

为了供应中国兵商轮船及机器制造各局用煤，不致远购于外洋，不会受制于人，同时避免利润外流，李鸿章又把目光投向了煤矿开采业。光绪二年（1876年），他派唐廷枢前往开平（今河北唐山市开平区）勘察煤铁矿产资源，并于翌年批准唐廷枢提出的开采开平煤铁的计划，委派他负责该项工作。为了争取地方官吏的配合，李鸿章还增派前天津道丁寿昌和天津海关道黎兆棠会同督办。光绪四年（1878年），开平矿务局正式成立，先是官督商办。光绪七年（1881年），李鸿章委托徐润和吴炽昌为会办，以代替被调走的黎兆棠和病逝的丁寿昌。该局起初以开采煤、铁为主，兼炼钢铁，后因经费和技术问题，遂停止炼铁，专采煤矿。资本从80万两银增至150万两。至光绪二十年（1894年），该局日产煤达2000吨。开平煤矿是洋务派创办的采矿业中业绩最佳的大矿。

漠河金矿是李鸿章等奉旨创办的官督商办的另一大型企业。漠河地处我国东北极边，北隔黑龙江与沙俄毗邻。清廷于光绪十二年（1886年）得知沙俄阴谋开采漠河金矿后，从"杜患防边"的立场出发，决定开采漠河金矿，命令李鸿章与黑龙江将军恭镗遴选熟悉矿务的精干人员，前往矿区勘察。翌年，李鸿章奏准由道员李金镛总办漠河金矿，除重大事件应禀报黑龙江将军酌度外，其余一切由该员相机行事，以专责成。漠河金矿的开办资本，由官款垫借白银13万两，募集商股不到3万两。光绪十五年（1889年）初，漠河金矿正式开采。

在众多民用企业中，李鸿章最具远见的莫过于开设铁路和电报。

最初，当洋人想在中国开设电报业务时，朝野上下无不惊慌失措，认为电报的设施深入地下、横冲直撞、四通八达，将切断地脉，不利于风水。李鸿章起初也不允许洋人将从香港铺设来的海底电缆上岸安装。早在同治六年（1867年），他就曾经断言电报、铁路"有利于外国，而对我大清国则极为有害"。但到19世纪70年代初，李鸿章改变了态度，向朝廷历陈"电报、铁路必应仿设"。光绪五年（1879年），鉴于"各国以至上海无不设立电报，瞬息之间，可以互相问答。唯独中国文书还在依赖驿马传递，虽日行六百里加急，但速度仍远远落后于外国的电报"，他深感"电报实为防务必需之物"，于是饬令在大沽北塘海口炮台和天津之间架线试设电报主干线。时隔不久，由他支持铺设的中国第一条电报电缆线在大沽口到天津城之间开通。李鸿章不再理会"地脉"，也能尽力摆脱洋人的掣肘，因为他知道电报业蕴藏着极高的军事和民用价值。

光绪六年（1880年），李鸿章根据盛宣怀的建议，又奏请接修天津经镇江至上海的电报线，并于津沪电报线路铺设期间，在天津设电报总局，派盛宣怀为总办，郑观应襄理局务。

光绪八年（1882年），电报局改为官督商办企业，募集商股接办贯穿苏、浙、闽、粤四省电报线路，于光绪十年（1884年）正式投入使用，之后电报局由天津迁到上海，以盛宣怀为督办，郑观应、谢家福、经元善为会办。与此同时，电报局继续招商集股，架设了津京线、长江线、桂滇线、陕甘线等。光绪十八年（1892年），李鸿章奏报朝廷："臣查中国陆路电线创自光绪六年（1880年），经营十余年，布满各省，瞬息万里，官商称便。"

第二次鸦片战争之后，中国边境只是短暂地平静了几年，到19世纪70年代，沿海再度吃紧。在晚清文武大臣中，最早提出兴办铁路的李鸿章，其出发点仍是为了加强国防。在同治十三年（1874年）朝廷组织的海防大讨论时，李鸿章第一个递上奏折，全面提出了他的洋务自强战略，其中格外强调铁路的军事意义："火车铁路，屯兵于旁，闻警驰援，可以日行千数百里，如此统帅便不至于误事……"而反对派的理由则是开铁路容易使山川之灵不安，导致干旱和洪涝。

尽管李鸿章的倡议引来一片反对之声，但他并不甘心，他的聪明与狡猾，就在于他懂得官场上虚与委蛇的艺术。为了修建铁路，他一面批驳朝廷顽固派的反对言论，一面授意唐廷枢上奏要求修筑运煤铁路，即在开平煤矿修筑至唐山胥各庄之间的铁路，以便运煤。

光绪十二年（1886年），海军衙门总理大臣醇亲王奕谟到天津巡视北洋海口，与李鸿章详细商议修建铁路的办法。此时的奕谟位高权重，但也不敢大张旗鼓地主张修建铁路，他对李鸿章说，如果修铁路，必须从已修成的胥各庄一路修起，因为修开平到胥各庄的铁路是为了运开平矿的煤，关系不大，反对的意见会小一些，只有这样，这件事才有可能办成。李鸿章也认为这一思路可行，加上在唐胥铁路的基础上逐年修建，相当一段距离都在他管辖的直隶境内，此事更易办成。为避免遭到朝臣非议，他还特意声明这条铁道不设火车机头，以驴马拖拽，才好歹得到了恩准。

光绪六年（1880年），唐胥铁路竣工。李鸿章自然不会满足于马拉驴拽的车皮在铁路上缓缓滑行，一直伺机争取更进一步。同年，在李鸿章的授意下，开平矿务局以方便运煤为由，将铁路延长到芦台附近的阎庄，总长从10公里延长到约40公里，唐胥铁路随即改称唐芦铁路。光绪七年（1881年），唐芦铁路通车，终于用上了机头。这台由英国工程师设计、中国工人制造的"龙号"蒸汽机车头，成为中国第一条铁路上的第一台蒸汽机车头。但通车没多久，由于机车直驶，震动了东陵，而且喷出的黑烟有伤庄稼，机头被下令禁止使用，运煤的车皮再次使用驴马拖拽，这大概是中国近代化进程中最大的笑话之一。

也正因为如此，李鸿章在给朝廷的奏折中故意把铁路说成"马路"。他迂回前进，总想把马路变成真正的铁路。很快，他又提出将唐芦铁路延长修建到大沽、天津。光绪十三年（1887年）春，由奕谟出面奏准动工修建，强调这段铁路是为了调兵运送军火，并将开平铁路公司改名为中国铁路公司。此路第二年便告建成，这条从唐山到天津的铁路全长为 130 千米左右。从修唐胥铁路到延长至天津,几年间,李鸿章一直紧锣密鼓,不放过任何"可乘之机",硬是一点点修成了铁路。

至此,李鸿章信心倍增,又上奏请求朝廷正式批准他的铁路修建计划,没想到这次捅了"马蜂窝"。顽固派本来因对醇亲王有所顾忌,才对李鸿章悄悄修路忍之又忍,并未大张旗鼓地公开反对,现在他要把铁路修到天子脚下,真是忍无可忍!反对声就像炸开锅一样,一时弹劾的奏章纷至沓来,掀起了近代关于修建铁路的又一次大争论。

这时,李鸿章巧妙转圜,为自己解围,决定设法送慈禧一个小礼物,让她亲自见识一下火车的魅力。光绪十四年(1888 年),古老的皇宫西苑,从中南海紫光阁起,经北海阳泽门北行,直到静心斋,出现了一条由法国人全额赞助的 1500 米长的微型铁路,与之配套的还有一台小火车头和六节小车厢。这个可以快速行进的"玩具"火车,成了皇亲国戚在深宫后院的游览花车,大开眼界并乐在其中的慈禧转而明确支持修建铁路。长达十余年的铁路大论战,最终是洋务派取得了胜利。

而李鸿章精心策划的那条中南海里的小铁路,后因慈禧厌烦了宫闱中时有机车声响,又将机车头驱动改为由太监们拉着车厢在轨道上缓缓滑行。这成为晚清末年又一幕荒诞滑稽的插曲。

光绪十七年(1891 年),李鸿章在山海关设立北洋官铁路局。第二年,关东铁路动工修建,光绪十九年(1893 年)铺轨到山海关,光绪二十年(1894 年)修路到中后所。这段铁路的经费全部由清廷拨款,故称为"官路"。

李鸿章兴办的民用企业,除了北洋官铁路局是官办的以外,其余都采取官督商办的方式。他认为,创办官督商办企业,是为了收回中国经济上的利益。事关重大,有益于国计民生,所以必须由官府扶持并酌借官银以弥补商力的不足。为此,他想方设法为官督商办企业借款缓息。

早在接任两江总督之初,李鸿章便打定主意,力争署期内在金陵创办一两个实业,其中之一就是创立上海机器织布局。当时洋货行销中国,日益兴盛,当中尤以洋布为最。但大清百姓只知洋布纹路细腻、厚薄均匀，却不知是如何织出来的。李鸿章在江南机器制造总局成立以后，从容闳、唐国华等人的口中知道纺织洋布的详情。他决意引进织布的机器，办成一座工厂，打破洋商垄断洋布市场的局面。何况江南茧业最为发达，将工厂建在金陵，收购棉花、茧丝，不但免去许多转运花费，而且还可随用随购，无须大量囤积。

光绪二年（1876年）初，李鸿章派魏纶先具体承办织布事宜。魏纶先前往上海筹议此事，后因经费筹措困难，计划被搁置。

两年后，前四川候补道彭汝琮向李鸿章和南洋通商大臣沈葆桢提出了在上海设立机器织布局的计划，并亲自拜见李鸿章，李鸿章对这一计划十分支持，委派郑观应为会办局务。彭汝琮返回上海后，立即进行建厂的筹备工作。

郑观应会办局务期间，由于和彭汝琮意见不合，对彭汝琮急进独裁的工作方式不满，筹办工作进展缓慢。不久，二人相继离开机器织布局。

光绪六年（1880年）春，机器织布局由翰林院编修戴恒主持，因戴恒不具备实业经验，李鸿章又邀请郑观应入局，与戴恒共同出任总办一职。在他们的努力下，机器织布局的筹建工作有了明显的进展。经过近半年的筹备，同年秋，上海机器织布局正式宣告成立。由于集资顺利，郑观应等立即开始了建厂的工作，并委托美籍工程师丹科购买机器。机器于光绪九年（1883年）运抵上海，其中包括轧花、纺纱、织布各机全套设备。

在上海机器织布局筹建的过程中，上海爆发了一次严重的金融危机，股票价格大跌，上海机器织布局出现严重亏损，始终被局中官僚派排挤的郑观应难以维持，只得离职，上海机器织布局改由龚寿图、龚彝图兄弟接管。但是，龚氏兄弟也难以重振局面，李鸿章又派马建忠主持工作。在马氏经营不善的情况下，上海机器织布局又改由杨宗濂、杨宗瀚兄弟主持。光绪十七年（1891年），上海机器织布局历经波折，终于次年开始投产，年产棉布400万码、棉纱100万磅。

就在上海机器织布局经营顺利,并获得丰厚利润之际,光绪十九年(1893年),上海机器织布局的清花厂突然发生火灾,厂房和机器大部分毁于大火,估计损失不下70余万两白银,上海机器织布局艰难维持数年之久而毁于一旦。李鸿章很不甘心,派盛宣怀前往上海处理善后事宜,并另行筹集资本,在旧址设立新厂。

盛宣怀经过考察,提出了新的建厂方案。李鸿章批准了这一方案,同时将厂名定为华盛机器纺织总厂。经过一段时间的筹备,光绪二十年(1894年),华盛机器纺织总厂开始部分投产。但是,甲午中日战争爆发后,《马关条约》的签订,为外国资本到华投资打开了方便之门。在与外国资本的激烈竞争中,华盛机器纺织总厂连年亏损,无法维持。光绪二十七年(1901年),盛宣怀将该厂改组为商办的集成纺织总厂,实际上成为盛氏的家族产业,作为官督商办企业的华盛机器纺织总厂从此结束。

李鸿章主张开办的近代企业和洋务事业涉及范围十分广泛,其中最有意思的当属他创办西医医院。光绪四年(1878年)冬,他的夫人突发病症,郎中说是中风,因外邪入侵导致半身不遂。不知吃了多少服中药,但病依然不见好转。李鸿章无奈,只得请英国传教士马根济博士来府一试。六天中,马根济采用"手摇电机诊治法",终于挽救了李鸿章夫人的性命。李鸿章从此开始相信西医,由兴趣竟引申出一个想法——能不能在天津建一所西医医院?他开始做天津官僚士绅的工作,甚至安排了一场由马根济操刀的手术表演。当一个比拳头还大的颈部肿瘤被马根济顺利摘除时,在场观看的官绅们都啧啧称奇。在李鸿章的积极倡导下,社会人士募集了6000两白银,加上他亲自捐赠的4000两,共计1万两白银。光绪六年(1880年)11月1日,新建医院正式落成,即后来的马大夫纪念医院。据《天津通志》记载,这是近代中国第一所规模完整的私立西医医院。

从同治十一年(1872年)至光绪二十年(1894年),李鸿章实际操控的民用企业主要有轮船招商局、开平矿务局、漠河金矿、天津电报总局及上海机器织布局,另外与他有联系的还有平泉铜矿、热河土槽子遍山线银铅矿、华盛机器纺织总厂、上海电报总局、中国铁路公司等。民用、运输企业共有27家，其中李鸿章经办的为12家，占近一半；所用经费总额为2960万两白银，李鸿章所办公司占到44.6%。

洋务运动最后虽然失败了，但它使中国迈出了由传统社会向现代社会转变的第一步，中国社会现代化的进程从此真正开始了。中国从此真正看见世界，也开始认清自己。这一点对中国的未来尤为重要。

四、反思旧教育　培养留学生

在洋务派推动洋务运动的同时，西学东渐，西式教育在封闭的大清国内逐步兴起。李鸿章在大力兴办洋务企业的同时，还参与了种种文化教育活动，多方面引进西方的科技文化知识，积极培养适应社会发展需要的近代人才。

同治二年（1863年），应幕僚冯桂芬所请，李鸿章在上海设立了外国语言文学文字学馆，随即改称上海广方言馆，兼聘洋人为教习，主要招收14岁以下、禀赋端庄沉静的幼童，入馆学习外国语言文字，兼习西方人所擅长的测算之学、格物之学、制器尚象之法，以期"一切轮船、火器等技巧，可以逐渐通晓"。该馆学制为三年，培养了中国第一批军工科技人才。

同治六年（1867年），李鸿章又开设了天文算学馆。同治八年（1869年），江南机器制造总局成为近代中国传播科学技术的大本营。李鸿章在里面附设了翻译馆，招收15~20岁的学生入学，除了外语，又增设算学、舆地等学科，学制改为四年。

众所周知，李鸿章是一个历经科举考试严格训练的封建士大夫，他维护以儒学为主体的封建传统文化的中心地位，一心秉承"修身、齐家、治国、平天下"的人生信条。然而，随着时势的推移，尤其是对西方文化逐渐了解和接触，对比中国落后受辱的严酷现实后，李鸿章对八股取士制度从怀疑发展到不满。而在当时，随着近代军事工业和民用工业的举办，李鸿章认识到要把洋务运动推进到"富强相因"的阶段，必须培养懂得西方先进技术的人才。

李鸿章首先对旧科举提出了疑问，并做出部分改良。他试图改变传统私塾教育以"四书五经"选择人才的模式，而将科技、实用知识引入学校，培养专科人才。这些在当时看来离经叛道的观点，自然受到了保守势力的猛烈攻击。但李鸿章并未就此停止呼吁，同治十年（1871年），他在一道奏议中写道："电报、军械等事物，已经极大地改变世界，而国内既无钱也无人可以应对，实在堪忧。"因此，他对借鉴西方的技术与理念更加重视，以至于后来的史料称，李鸿章一旦听说欧美推出了新的武器，必千方百计购入，以备不时之需。

同时，他呼吁凡有海防的省份，均应设立洋学局，选择通晓时务之人主持其事。洋学局内分为格致、测算、舆图、火炮、机器、兵法、炮法、化学、电器学数门，这些都关系到民生日用、军器制作之本。将各种略通一二的人才选收入局，并以博学与精通的洋人作为其师友，按照所学深浅，酌情给予薪水，待到研究得精通明了后，再试以事，或分派船厂炮局，或补充防营员弁，如有成效，再区分文武，照军中保举章程，奏奖升阶，授以滨海沿江实缺，与正途出身无异。由此可见，李鸿章的这一主张，另开洋务进取一格，目的在于通过洋学局培养掌握西方近代自然科学和工程技术的人才，使之"与正途出身无异"而从实际角度建设国家，从而逐步降低对外国的依赖。

李鸿章试图改革八股取士制度，造就"学兼汉宋、道贯中西"的人才，借以改变官僚队伍的成分，改革腐朽的官僚体制。不过，李鸿章的认识和实践是脱节的。甲午中日战争之后，他曾反思说："论者都知道时文试帖没有用，又不敢倡言废科举，总想调停其间，于是艺科算学之说，迭见条陈。"其实，他自己又何尝不是如此呢！他既不敢倡言废科举，更不敢奏请易官制，只好一面设法支持有关开艺科、课西学之请，一面力所能及地扩充西学。

同治十三年（1874年），在李鸿章的倡导下，上海格致书院成立，随即由近代著名化学家徐寿和时任英国驻沪总领事麦华佗改建为格致中学。时人把从西方传进来的光学、电学、化学、地理学等自然科学的知识，统称为"格致之学"，传授格致之学的学堂成为我国近代最早开办的中西合办、最先传授西方自然科学知识、培养科技人才的新型学堂之一。

在东西方教育体系的对比中，李鸿章认为，西方学堂造就人才的方法，条理精严，而东方的就太显呆板，一成不变，刻板的八股文仍旧沿袭数千年前就已成型的儒家视野，在实际作用上是无法与西方教育相比的。

在其后的办学实践中，李鸿章发现，朝廷任官重科甲正途，因此直接影响着学堂学生的来源和质量。他说："除学堂、练船外，实在没有可资造就将才的地方。朝廷似乎不太重视此事，部臣又以一般的功绩而苛求之，世家有志上进者都不肯就学。"他为此忧心忡忡，不得不趋就现实，力图通过为学堂人员争取"与正途并重"或"由科甲进身"来扭转不利局面。

光绪六年（1880年）底，李鸿章奏请在天津设立天津水师学堂，诏准。天津水师学堂仿英国海军教习章程制订条例和计划，是继福建船政学堂后清朝创办的第二所培养海军人才的专门学堂。该学堂筹建伊始，李鸿章力保严复为总教习，聘用英国海军军官担任教练，经费从北洋海防经费内支销，分设驾驶、管轮两科。驾驶科专习管驾轮船，管轮科专习管理轮机。学员兼习英文、舆地、算学、代数、三角、驾驶、测量、推算、力学、化学等，功课与英国海军学校完全一致。

光绪十一年（1885年），清廷决定"以大治水师为主"。李鸿章应诏陈言，指出编练水师必须"选将取才"，建议对学堂人员"定以登进之阶，令学成者与正途并重，严格考核，对贪惰者立予罢斥"。

光绪十三年（1887年），清廷决定对"求才之格""量为推广"。李鸿章随即上疏，为学堂人员力争"由科甲进身"。是年，御史陈绣莹奏请将明习算学人员量予科甲出身。醇亲王奕譞等人认为"试士之例不可轻易变更，而求才之格则可量为推广"，建议各省学政于岁科试时，准生监报考算学，遇乡试之年，考生亲赴总理衙门，"以格物、测算及机器制造、水陆军法、船炮水雷或公法条约、各国史事诸题进行考察",择其明通者录送顺天乡试。如果人数在 20 名以上,于乡试卷面统一加上"算学"字样,与通场士子一起考试,不另出算学题目。试卷比照大省官卷之例,每 20 名于额外取中 1 名,"文理清通即为合格"。但卷数虽多,中试人数不得超过 3 名,以作为限制。至于会试,凡算学中试的举人,"与各该省士子合试,凭文取中"。在他们看来,如此安排,在搜求技术人才之时,仍不改科举取士之法,也算是鼓励人才的途径之一。

奕𬤊等人提出的方针办法,得到了慈禧的批准。李鸿章特地上疏说:"创设学堂,虽然是为了造就将才,但都以算学入手,兼习经史,其中也有文理清通而志向远大者。倘若他日得以由科甲进身,则文武兼备,未尝不可成为抵御外侮、捍卫城池之人选。……除各省士子兼通算学者,由本省学臣考试咨送外,所有天津水师学堂学生及教习人员,届时就近由臣遴选精通文理的人员,开单咨送总理衙门,听候考试录送,一体乡试,以资鼓励并开拓举用人才的途径。如幸而会试得中,仍归学堂及水师陆军调用,以收实效。"李鸿章此议奉旨允准。于是,光绪十四年(1888 年),天津水师学堂教习及学生得以和上海广方言馆肄业生、同文馆学生一起参加顺天乡试。

这次乡试是中国历史上首次实行西学和中学同考,把八股取士的樊篱冲破了一个缺口,成为戊戌维新时期废除八股、改试策论和兴办大中小学堂的前奏。

与开办学堂之事相比,选派幼童出洋留学无疑又是一个惊天动地的教育举措。曾国藩、李鸿章及以容闳为代表的中国先觉的知识分子,共同促成了清朝以来第一次派出留学生赴美学习。在这一创举中,容闳功不可没。

道光二十七年(1847 年),一个叫布朗的美国传教士因身体虚弱,辞去了澳门马礼逊中学校长的职务,准备偕夫人回国。他表示愿意带三五个学生同赴新大陆,接受更完全的教育。当时大多数中国人对"野蛮人居住的地方"感到极其恐怖,但学生中一个名叫容闳的人因想见识中国以外的世界而自愿与其同赴美国。

容闳被布朗带到美国后,道光三十年(1850年)考入耶鲁大学,咸丰五年(1855年)学成回国。在接受西方先进思想和文化的濡染后,容闳"更念中国国民身受无限痛苦",认为要使中国达到文明富强的境界,只有让更多的人接受到文明的教育。

同治七年(1868年),一直追随曾国藩创办洋务的丁日昌升任江苏巡抚。丁日昌曾向曾国藩力荐容闳前往美国采购机器设备,以创建日后著名的江南机器制造总局。容闳得知丁日昌为朝廷命官,立即向他陈述中国应选派学生出国留学。同时,美国卸任驻华公使蒲安臣越权代表清政府与美国政府签订《中美续增条约》,其中第七条内容是:以后中国人若想进入美国大小官学学习各等文艺,须按照对待最优国人民的办法一律照办。它明确为中国学生赴美留学提供了法律依据。容闳提出派遣学生赴美就读的建议后,李鸿章表示大力支持,积极主张向国外派遣留学生,直接学习西方科学技术,此时他把选募学生出洋学习西学、培养人才视为中国自强的根本。

另外,李鸿章接受丁日昌的推荐,委派江南机器制造总局、上海广方言馆总办陈兰彬和容闳办理幼童留学之事。陈、容二人拟定了议选幼童出洋学习条款三则,即出国留学章程,李鸿章认为为时过久、需费亦巨,建议先请试行,每年选送30名,以三年为期。恰好美国公使4月路过天津,李鸿章专门与之晤谈,就拟派幼童出洋学习一事,向该使咨询,对方的反应是"极为适当"。5月底,英国公使威妥玛和李鸿章谈论起派幼童出洋学习之事,甚以为然。在与美英公使先后会谈后,李鸿章对幼童留学一事的态度更加笃定。

6月26日,曾国藩、李鸿章联名致函总理衙门,正式阐明:拟选聪颖幼童送赴西方各国书院,学习军政、船政、步算、制造诸学,精通西人擅长之技后渐图自强。8月18日,曾、李又联衔上奏,请求恩准幼童出洋留学,派人员在上海设局,访选沿海各省幼童,每年的名额为

30 名，四年计 120 名，分年搭船前往外国学习。不久，总理衙门复奏，同意了这一建议。

随后，幼童出洋肄业局在上海设立，陈兰彬、容闳分别为正、副监督（委员），专门负责挑选学生出国。陈兰彬专司汉文和德行等事，容闳专司各学科事宜，财务则由他们共同主持。该局另设汉文教习 2 人，翻译 1 人。同治十一年（1872 年）2 月 27 日，李鸿章单独上折奏请，令陈兰彬、容闳长期驻扎美国，经理一切事宜。清廷同时命候补知府刘翰清总理幼童出洋肄业局事宜，决定头批出洋后即挑选次年的第二批，又挑选第三、第四年各批，与出洋之员呼吸相通。

陈兰彬、容闳与李鸿章磋商后，制定了《挑选幼童前赴泰西肄业章程》，共 12 条。根据这个章程，容闳开始招收第一批学生，因没有满额，容闳便到香港学校中"遴选少年聪颖而于中西文略有根底者数人，以补足数量"。

同治十一年（1872 年）8 月 11 日，第一批 30 名中国幼童从上海出发，踏上了横渡重洋的航路。随后三年，清廷每年都派出数目相同的学生，从同治十一年（1872 年）到同治十三年（1875 年）共派出四批 120 名留学生。挑选的少年年龄在 11～16 岁，每批一般有 1 名教习同行，教导他们传统中国文化课程，每个学生要在国外生活十五年，最后两年到各地游历。李鸿章要求驻美监督鼓励学生特别注意选修采矿和冶金专业。他还认为，适当延长留学期限，是培养中国学生，使他们回国后能胜任上海和北京新式学校的教师工作或在兵工厂、造船厂工作的最好方法。这些赴美幼童大部分品行端正，能够专心西学，表现也堪称优良。美国前总统格兰特将军曾来函告诉李鸿章，说幼童在美颇有进益，如修路、开矿、筑炮台、制机器各艺可期学成。

但是，派幼童出洋留学一事，在当时的时代背景下，阻力非常大。李鸿章考虑到，容闳的"海归"身份不宜首当其冲，翰林出身的陈兰彬或能服众，因此他利用陈兰彬的翰林资格，得旧学派人共事，可以稍微减少阻力。这个破天荒的计划，在十年后还是因遭到保守派、反对派的阻挠而中断。已经在大学就读的近 60 名学生继续完成学业，而还没有进入大学的幼童，除了在中等学校就读外，只能在一些专门学校进修一段时间便返回中国。他们当中头批 21 名均送电报局学传电报，第二、第三批学生由福建船政局、上海机器局留用 23 名，其余 50 名分拨天津水师、机器、鱼雷、水雷、电报、医馆等处学习当差。在这些人中，朱宝奎、周万鹏、袁长坤、程大业、吴焕荣等人，在电线电报方面做出重要贡献；业绩突出的，如黄仲良曾先后担任沪宁、津浦铁路总经理，粤汉铁路副局长。他们对近代中国的实业发展都起到了相当的促进作用。

完成学业者中有 50 多人考入哈佛大学、耶鲁大学、哥伦比亚大学、麻省理工学院等美国著名大学。回国后，许多人卓有成就，其中包括中国第一位自主设计并建造京张铁路的著名铁路工程师詹天佑，民国第一任总理、复旦大学创始人唐绍仪（唐廷枢的侄子），清华大学创始人、第一任校长唐国安（唐廷枢之子），天津轮船招商局总办、著名实业家周寿臣等。

由此可见，派幼童留洋一事，对于后世中国的发展产生了多么深远的影响！

光绪二年（1876 年），李鸿章又派遣淮军中下级军官卞长胜等 7 人，随同洋教习赴德意志学习陆军。第二年年初，李鸿章会同福建船政大臣沈葆桢联衔奏准，选派福建船政局学生 26 名、艺徒 4 名，赴英法两国学习制造、驾驶。同年，第一批赴欧学生出国。在法国学习制造的学生，多分赴各矿厂学习开采及冶炼、冶铸工艺诸法，均得到文凭，学成后还游历了英、法、比、德各国的新式机器船械各厂。赴英学习驾驶的学生，先入格林尼治皇家海军学院，后陆续调入铁甲船学习，历赴地中海、大西洋、非洲、印度洋等处操练排布迎拒等方法；离船后又专请教习补授电气、枪炮、水雷各法，均领有船长文凭。在这批留欧学生中，学习制造出色的有魏瀚、陈兆翱等，学习驾驶出色的有刘步蟾、林泰曾等。光绪十四年（1888 年），鉴于学习制造的学生原定三年学制为期过于仓促，学习不够全面，李鸿章建议改为六年；学习驾驶的学生，每年仅有两个月在大舰船上实习，阅历亦浅，所以他又建议每年改为六个月在船上实习，以增加阅历，但原定三年学制不改。

光绪二十二年（1896年）春，李鸿章被解除职务后到德意志克虏伯炮厂访问。克虏伯热情地接待了公司几十年的大主顾，还专门为他出了一套纪念册。第二天，克虏伯亲自陪李鸿章去看望中国留学生。李鸿章对留学生们说："克虏伯新式大炮最为精微奥妙，操练、演放、修整诸事赶紧苦学，只要用心研究，必得其中奥秘。中国沿海南至琼州，北至营口，具有建置御敌之炮台。我已经老了，不能效力国家，将来伐谋制敌、御侮保国的重任皆落在诸位双肩上！"

根据洋务事业的需要，李鸿章积极主张和大力支持中国留学事业。他与顽固守旧论者不同，能因时而变，根据国家发展的实际需要突破中国传统文化的樊篱；不像顽固守旧者那样冥顽愚昧，面对西方列强的虎视眈眈，说出"以忠信为甲胄，以礼义为干橹"那样愚陋寡闻的话。梁启超曾对他有这样的评价，大概的意思是他不畏劳苦，也不畏谣言，辛苦一生，眼界虽较有远见，但没有破俗之勇。可以说完美概括了李鸿章的所有特点。

接受儒家正统教育的李鸿章，能跳脱固有思想和官场环境的诸多限制，兴国强军，难能可贵。但他终究没有看透清王朝制度上的腐朽，更缺乏与列强针锋相对不后退的勇气，这为他后来的失败埋下伏笔。

第七章 内政外交决策误 舰炮闲置战必败

一、怀揣兴国志 缔造海军梦

李鸿章兴办洋务、兴学育才,都是为了富国强兵,在剿灭太平军和捻军的过程中,他的淮军异军突起,成为清王朝一度倚赖的重要武装力量。然而,内乱虽然平定,但外患堪忧,面对这一形势,他的强军梦越来越清晰:除了这支陆军,还要建立一支强大的海军以抵御外侮。

早在鸦片战争爆发前夕,奉命以钦差大臣前往广东查禁鸦片、旋改任两广总督的林则徐便开始积极筹办广东海防。道光十九年(1839年),林则徐曾向美国商人买进一艘1080吨重的英制商船,将它改成军舰,试图从装备着手,改革旧有水师,筹建海军。道光二十二年(1842年),道光皇帝三次下谕,饬川鄂及沿海各省积极制造大船,并设法向国外购买,同时还奖励"捐资制造"者。但因为种种原因,道光皇帝的这一愿望没有实现。

不久,魏源也提出了设立造船厂、建立海军以加强海防的主张。咸丰五年(1855年)盛夏的一天,北洋山东芝罘岛的海面上,突然冒起一股浓浓的黑烟,黑烟下面是一艘人们从未见过的大船。船的两边有两个巨大的像车轮一样的东西,在隆隆地转动。大船劈波斩浪,速度奇快,上面没有樯帆,却高耸着一根粗圆筒,黑烟正是从圆筒里冒出来的。更让人惊异的是,这艘大船的船头和船尾,各安放了一门锃亮的西洋大炮。这是浙江宁波府的一艘轮船，名叫"宝顺"轮，是宁波商人集资从西洋购买的，专为宁波商船队武装护航之用。这是中国人拥有的第一艘以蒸汽机为动力的舰船，尽管它还不能称为军舰。

咸丰十一年（1861年），恭亲王奕䜣试图筹建新式舰队。他向英国公使普鲁斯提出，希望他能协助购买欧洲造的战舰，并委托海关总税务司的李泰国代为从英国购买船炮，组织舰队，以协助湘、淮军镇压太平军。不料，李泰国擅自将清廷购买的军舰变相组建为以英国皇家海军上校阿思本为舰队司令的"中英舰队"。回到中国后，清廷内外大为震骇。在曾国藩、李鸿章等人的坚决反对下，舰队被解散。从那时开始，李鸿章建立中国海军的愿望更加迫切，决心也更大了。

此后数年间，广东、福建等省也曾分别购买外国舰船，但仅用于巡缉沿海地区，未曾有海军舰队建制。

同治六年（1867年），江苏布政使丁日昌提出设立"三洋水师"的构想，第二年正式向时任两江总督曾国藩及江苏巡抚李鸿章提出《内外洋水师章程》，并附《海洋水师章程别议》，其主要内容是将沿海划为三洋：设北洋提督于大沽口，辖直隶、盛京、大沽各海口；设中洋提督于吴淞口，辖江苏、浙江各海口；设南洋提督于厦门，辖福建、广东各海口。但这一章程被曾国藩压下未报，仅有其少数知交好友如薛福成等人知道。

同治十三年（1874年），日本新兴统治阶级为转移明治维新在日本国内所引起的矛盾，借口琉球船民被台湾本地人杀害，入侵台湾。消息传来，钦差大臣沈葆桢奉命率军乘中国生产的"安澜""伏波"等舰船前往台湾；李鸿章也紧急调集驻扎在徐州的淮军唐定奎部6500人入台，并运去洋炮20门。

不久，沈葆桢奏报，日军虽然只有3000人，但他们船坚炮利、武器精良，官军力不能支；而从船政局调派过去的几艘战船根本不堪一击，无法与之抗衡。不过，清军的到来，仍给日军以震慑，加之日军在台湾水土不服，病亡数量较多。在这种情况下，日本内务卿大久保利通亲自来到北京,和清廷进行谈判。清廷此时正在英俄两国的重压下准备从阿古柏反叛集团手中收回新疆,中法关系也因越南问题有紧张的趋势。西北、西南的严峻形势让清廷顾虑重重,加上英、美、法三国的调停,清廷最终决定对日本的侵略行为妥协。经过谈判,双方签订了《中日北京专约》,清政府承认原是中国属地的琉球由日本"保护",并由中国赔偿日本白银50万两,日本从台湾撤军。日本的强盗行径让整个清廷开始注意到东边这个不起眼的国家以及它的狼子野心。而李鸿章更从这件事中体会到一个没有强大军事后盾的弱国在强权压境时只能忍气吞声。

大久保利通结束北京的谈判后来到天津,李鸿章在会见他时,谈及两国的变革,不禁感慨:"贵国眼明手快,万事运转通畅。而我国,如足下所知,国古而旧弊凝结,改革非易。"日本的狼子野心虽然暂时得到满足,但此事对清廷的震动很大,海防问题再次作为重要议题摆在清朝官员们面前,从而引发了朝廷的海防、塞防之争。

这时,李鸿章授意正在广东老家丁忧的前江苏巡抚丁日昌再向朝廷上奏折,再次提出组建中国海军、加强海防、抵御外患的六条办法。

奏折中还阐述了筹办海防的必要性和紧迫性:当今最具威胁的国家乃是一直为国人所不齿的日本。日本目前虽然也被美国敲开了国门,但大有忍辱负重、卧薪尝胆之势,迟早会成为中国的大敌。门外有狼又有虎,时不时扔一块肉出去的做法,只能让它们暂时不饿,真正解危救困的办法应是习套狼之法、造打虎之器。

同治十三年(1874年)9月29日,朝廷就丁日昌的奏折下谕:总理各国事务衙门奏,海防应该赶快筹划,将应办的重要紧急事项撮要叙述数条,详议一折。沿江沿海防务,经总理各国事务王大臣同时与该将军、督抚等随时筹划,而防备终究不可依恃。亟应实力讲求,同心筹办,坚苦贞定,历久不懈,以缓目前当务之急,以裕国家久远之图。该王大臣所陈练兵、制器、造船、筹饷、用人、持久各条,都是紧要事项。着李鸿章等详细审议,逐条落实具体可行的办法,限于一个月内复奏。

于是，李鸿章于11月2日以洋洋万言的《筹议海防折》，系统地阐述了自己的海防思想，而且还引申到洋务运动及其他问题，请求朝廷准允大举兴办近代化的海军、海防。李鸿章首先分析了中国面临的前所未有的严峻形势，痛陈处理国际关系的根本在于国家的实力：外国侵略者"论势不论理"，推行强权政治，中国想要"以笔舌胜之"，无异于痴人说梦。他又指出了历史时机的紧迫性——正值海防吃紧之际，不特为外人所窃笑，且机会一失，中国永无购铁甲之日，也永无自强日！李鸿章在奏折中还阐述了关于海防的具体实施办法，概括来说主要内容有四方面：一是"海防"重于"塞防"；二是反侵略之战不能意气用事，必须以全局观进行统筹，采取理智务实的态度；三是在西北边境，屯兵耕种，积蓄力量；四是节省的军饷全部用于东南海防。

这个奏折递上去以后，一石激起千层浪，引起朝野内外一场有关海防与塞防的大辩论。

正在西北驻屯，准备带军西征收复新疆的左宗棠首先提出了不同的意见，他认为，现在国家应该实施"东则海防，西则塞防，二者并重"的政策；如果设立三支水师，将导致领导的不统一，三支水师会各自为政；他建议海军应该统一领导。他说："北、东、南三洋须各有铁甲大船两艘"，一处有事，六船联络，作为海上游击之师，而以余船依附之，声势较壮。至于舰船的来源，左宗棠指出，福建船政局与江南机器制造总局所造各船，物价、匠工多由外国招致，所以中国造船的成本是从外国直接购船的数倍，现在急欲成军，从外国订造更为省事方便。

显然，左宗棠此时主张买船，一是为了应急，二是为了省钱，实际上他并不反对发展中国自己的造船业。关于沿海防务，左宗棠分析道：自奉天（今辽宁）至广东沿海，蜿蜒万里，口岸林立，若处处驻以重兵，花费巨大。一旦供给不足，势必大溃，唯有分清轻重缓急，选择其中紧要之处重点设防。因此他根据"京畿为天下根本，长江为财赋腹地"的战略位置强调在这两处设防。

就在争论尚未结束时，19 岁的同治皇帝患疾驾崩。慈禧太后立醇亲王之子载湉继承大统，年号光绪。光绪元年（1875 年）初，两宫皇太后宣布再次垂帘听政。海防之事又被耽搁了一阵。过了几个月，朝廷终于任命沈葆桢和李鸿章为南北洋海防事宜督办。

赫德乘机向李鸿章推销英国的新式快船，即巡洋舰，随后又草拟了一份《试办海军章程》，建议清廷任命他为总海防司，全面负责中国的海防建设。李鸿章虽然看出赫德有借此控制中国海防大权的企图，但碍于总理衙门已原则上表示同意，不便公然反对。但没过多久，他还是明确向总理衙门指出：海关总税务司赫德前议，此间文武幕吏大多不以为然，说他既有利权，又掌兵权，钧署及南、北洋必然为其所牵制，且中国刚开始讲求自强，却又偏偏倚赖一个洋人赫德，恐怕会被东、西洋人所轻视。他强调，即使采纳赫德的意见，对其所拟章程也尚须斟酌修改订正，以免大权旁落，自己反受其害。最后，总理衙门在李鸿章的影响下改变了态度，赫德未能如愿。

光绪元年（1875 年）4 月，李鸿章请赫德代为从英国订造载 38 吨大炮与载 26.5 吨大炮的蚊子船（第二代小炮艇）各 2 艘，于光绪二年（1876 年）、光绪三年（1877 年）先后造成，行驶来华。李鸿章将此 4 舰分别命名为"龙骧""虎威""飞霆""策电"。随后，李鸿章又经赫德代南洋向该厂订购了载 38 吨大炮的蚊子船 4 艘，于光绪五年（1879 年）11 月造成，驶入天津，由沈葆桢分别命名为"镇北""镇南""镇东""镇西"。是年 12 月，沈葆桢病逝，兴办海军的重任落到了李鸿章一个人的肩上。

李鸿章在天津设水师营务处，办理海军事务，以道员马建忠为总办。光绪五年（1879 年）正月，56 岁的李鸿章因督办海防、兴办洋务、办理外交等项成绩卓著，被朝廷破格赏加太子太傅衔，人们对他的称呼也由"李中堂""李爵相""李相国"改为"李傅相"。

光绪六年（1880 年）4 月，李鸿章将北洋水师订购的"龙骧""虎威"等 4 艘旧蚊子船拨给南洋，将南洋水师订购的"镇北""镇南"等

4艘新蚊子船留在北洋。一年后，由英国阿姆斯特丹公司制造的2艘快船也驶抵大沽，分别命名为"超勇""扬威"。

光绪七年（1881年），李鸿章奏请以丁汝昌为北洋水师提督，其时北洋水师已具雏形。从同治十三年（1874年）至光绪十年（1884年），经过十年筹建，清王朝基本建成北洋、南洋和福建、广东四支水师。其中，北洋水师分驻大沽、旅顺、营口、烟台，管辖奉天、直隶、山东海面；南洋水师分驻南京、吴淞、浙江等地，负责东南沿海一带海面；福建水师负责守卫海口与巡守台湾、厦门以及广东、海南一带海域。广东水师主要负责巡视南海海域。

光绪八年（1882年），朝鲜发生"壬午事变"，日本试图趁火打劫，中日两国皆派军舰前往干预。日本海军刚刚建立，实力不如广东水师提督吴长庆与统领水师提督丁汝昌所率领的北洋舰队，因而心存忌惮，没有发生直接交锋，而是强迫朝鲜谈判。当李鸿章加速北洋水师的建设时，日本更感到胆战心惊，他们转变战略目标，把第一敌人从沙俄变成了中国。

这一时期，中俄伊犁交涉多次陷入僵局，俄方扬言将添派多只兵船来华，内有大铁甲2船，吨数甚重，被甲甚厚。李鸿章深知"沙俄此举无非倚仗其所有，以欺我大清之所无，居心叵测"，因而借机向朝廷提出：现在若想整备海防，力图自强，非有铁甲船数艘认真训练，不足以控制远洋，建威于世，以打消敌人的侵略意图。光绪六年（1880年），他通过驻德公使李凤苞代为在德意志伏耳铿造船厂订造了2艘排水量达7300余吨的铁甲舰，后来交付中国被分别命名为"定远""镇远"，同时还在该厂订造了一艘快船，后命名为"济远"。

在四支水师的发展过程中，南洋、福建、广东三支水师发展极其缓慢，在全国竟然没有统一的海军指挥机关，各支水师皆由当地督抚管辖，作战能力很差。李鸿章向总理衙门建议设立"海部"，统管全国海军，但这一急迫的建议并未得到朝廷同意。

清朝海军的自强路可谓崎岖坎坷，就在李鸿章积极组建、壮大北洋水师之时，中法战争爆发，四支水师的建设步伐不得不停顿下来。

法国对越南垂涎已久。同治十二年（1873年）11月，法军百余人侵袭河内。越南国王请求驻扎在中越边境地区的中国黑旗军将领刘永福率军协助抵抗法军侵略。黑旗军在河内城郊大败法军，击毙法军首领，法军被迫退回越南南部。同治十三年（1874年）3月15日，越南在法国侵略者的压迫和讹诈下，在西贡签订了《越法和平同盟条约》，即第二次《西贡条约》，越南向法国开放红河、河内等地，割让永隆等三省，并给予法国在越南北部通商等多种权益。次年5月25日，法国照会清廷，通告该条约内容，意在争取清廷的承认，从而解除中国与越南的藩属关系。清廷复照，对该条约不予承认，中法矛盾进一步加深。

光绪八年（1882年）3月，法国侵略军第二次侵犯越南北部，越南一再要求清廷迅速派军支援。清廷鉴于形势变化，命令云南、广西两省边外防军陆续进驻越境。起初，刘永福率军力挫法军。法军恼羞成怒，竭力扩大战争，刘永福的黑旗军在孤立无援的情况下，与法军大战后撤回中国境内。次年8月，法军迫使越南签订《顺化条约》，取得了对越南的"保护权"，然后将战争矛头直指中国。

中法战争一触即发。侵犯越南北部后，法国政府向清廷提出解决越南问题的方案，即划出一个狭小的中立区使清廷撤出驻越军队，承认法国对整个越南的殖民统治，并要求清廷开放云南的蛮耗为商埠。清廷断然拒绝了法国的无理要求。以左宗棠、曾纪泽、张之洞为代表的主战派，力促朝廷采取抗法方针。

考虑到中越两国的特殊关系及中法交战可能带来的巨大影响，李鸿章主张避免再开战端。朝中清流派立即对李鸿章进行猛烈抨击。慈禧太后拿着翰林院编修梁鼎芬等人的弹劾奏章给李鸿章看，李鸿章见奏章言词犀利且有理有据，内心甚为惶恐，不敢再谈避战求和，被迫做与法国开战的准备。

二、辖北洋水师　享七十大寿

中法战争的爆发，使李鸿章等人奔走十几年而建立的中国海军有机会亲临实战，经受战火的考验。

中法战争始于光绪九年（1883年）12月的山西（今河内下辖的山西市）之战。山西防军主要是黑旗军，同时还有七个营的桂军和滇军。法军攻占山西后，继续向清军进攻。在越南境内，法军兵力增至16 000人，向北宁进犯。其时清军在北宁一带驻军约四十个营，但将帅昏庸、怯懦，士气低落，互不协调，军纪废弛。光绪十年（1884年）3月，法军来攻，连失数城；4月，法军进驻兴化。法国利用军事胜利的形势，对越南和中国展开了进一步的政治胁迫。

清廷得悉前线军事挫败后，以撤换大批疆吏廷臣来掩饰败绩，同时全面改组军机处，恭亲王奕䜣等被黜退，以礼亲王世铎取而代之。贝勒奕劻主持总理各国事务衙门，但实际大权掌握在醇亲王奕譞手中。朝廷授权李鸿章与法国代表进行和谈。

5月，李鸿章与法国代表福禄诺在天津签订了《中法简明条约》，其主要内容是：中国同意法国与越南之间所有已订与未订各条约，一概不加过问，实际上是强迫清政府承认法国对越南的"保护"权；法国约明"应保全助护"中国与越南毗连的边界，中国约明将驻守越南北部国土的各防营即行调回边界；中国同意中越边界开放通商，并在议定有关的商约税则时，使之对法国商务尽力倾斜；该约签订后三个月内，双方再派代表会商详细条款。随后，福禄诺通告李鸿章说，法国已派巴德诺为全权公使来华会商详细条款，及法军接管中国军队在越南北部驻地的接防日期。李鸿章未予回应。

6月23日，法军突然到谅山附近的北黎地区"接防"，要求清军立即退回中国境内，双方发生武装冲突。这次事件史称"北黎冲突"。法国以此为扩大战争的借口，要求清廷命驻越军队火速撤退，并赔偿军费

2.5亿法郎（约合白银3800万两）。清廷虽然认为这是无理勒索，但仍派两江总督曾国荃于7月下旬在上海与法国公使巴德诺谈判，以求解决争端。由于法国狮子大开口，谈判没有结果，法国重新诉诸武力。

法军采取双线作战的战略，一线在越南北部作陆路进攻，另一线则由水路分别攻击台湾基隆和福州马尾的福建海军基地。法国将它在中国和越南的舰队合编为远东舰队，任命孤拔为统帅，分别向福州和基隆进发。8月5日，法舰轰击基隆，强行登陆，督办台湾事务大臣刘铭传统率清军顽强抵抗，法军不得不退回海上，改向马尾进逼。

8月23日，中法马尾海战爆发。法军以停泊在马尾水面的8艘军舰、2艘鱼雷艇向福建水师发起攻击。而新组建的福建水师仅拥有11艘小型军舰，几乎毫无抵抗能力。福建水师仓促应战，顷刻间，11艘战舰或沉或伤，共760余名官兵殉难。而法军仅5人被击毙，另有15人受伤。接着，法舰又炮轰福建船政局，并连日对马尾至海口间的岸防设施大肆破坏，随后驶出闽江口，集结于马祖澳。26日，清廷向法国宣战，中法战争正式爆发。

在海上一线，10月初，法国舰队分头进犯台湾的基隆和淡水，刘铭传鉴于兵力不足，放弃基隆，坚守淡水。法军在基隆登陆后，再犯淡水，一度抵滩上陆，但很快被击退。法军占领基隆一隅，无法深入，于是从10月23日起对台湾实行海上封锁。光绪十一年（1885年）初，法军接连从基隆向台北进攻；法舰队骚扰浙江镇海，中途截击了由上海前去支援福建的5艘中国军舰，其中2艘在浙江石浦被击沉。3月底，法军占领澎湖岛和渔翁岛。此后，法军进攻宁波镇海，遭到扼守招宝山炮台的清军奋勇还击，法军远东舰队司令孤拔的旗舰被击中，孤拔身受重伤，6月11日死于澎湖岛。

在陆地一线，中法仍在中越边境和越南境内发生正面激战。光绪十一年（1885年）法军首先进攻谅山，李鸿章的淮军旧部、广西巡抚潘鼎新不战而退。法军继续进攻镇南关（今广西凭祥市友谊关），协办广西关外军务的老将冯子材受命驻守于此，他在镇南关隘口抢筑了一条横跨东西两岭，高 2.4 米、长 1.5 公里、底宽 3.45 米的长墙，墙外深掘堑壕，构成一个较完整的防御阵地。3 月 23 日，盘踞谅山的法军倾巢出动，扑向镇南关。24 日，法军越墙进犯，冯子材率士卒冲出墙外，与法军面对面进行搏斗，终于将法军击退。清军乘胜追击，连破文渊、谅山。镇南关大捷使清军在中法战争中转败为胜。法军战败的消息传至巴黎，茹费里内阁倒台。

但是，在这场战争开始之前，双方已进行过多次讨价还价的谈判。镇南关大捷之前，李鸿章纵观国内外形势，看到中国海军如此不堪一击，又忌惮沙俄和日本图谋不轨，正如赫德所分析的："中国如果单独对付法国，我认为还可以好好打一阵子，但是一旦中法真正开火，日本就会跟法国合作……形势将极其严峻。"与此同时，沙俄正虎视眈眈企图夺取中国东北和朝鲜，英、德、美等列强也想借此机会谋取更大的利益。因此，他主张见好就收，把镇南关大捷当作寻求妥协的绝好机会，建议清廷立即与法国缔结和约。

就这样，中法战争一胜一败，最终却以清廷割地赔款作为了结。这个处理结果让清政府备感屈辱，也使统治者落于舆论讨伐的中心，尤其是急于巩固权力统治的慈禧及其拥护者更是大受刺激。刚一停战，清廷就郑重发布了大力扩充海军的上谕：自海上战事爆发以来，法国依仗其船坚炮利，横行无忌。我朝筹划防备，也曾经尝试开办船厂，创立水师，无奈造船不坚，制器不备，选将不精，筹费不足。去年法国寻衅，屡次开战，陆路各军屡获大胜，尚能扬我军威；如果水师得力，与陆军互相援应，何至于处处被洋人牵制？今后必吸取这些教训，自应以大力发展水师为主。

随后，清廷正式下谕设立总理海军事务衙门，简称海军衙门。海军由此成为清王朝的正式军种，近代中国的海军海防事业开始步入正轨。光绪帝的生父、醇亲王奕譞亲自出任总理海军大臣，而一直力主大举兴办海军的李鸿章则出任会办海军大臣，具体掌管全国海军海防建设大业。

李鸿章再次得到了大展身手的机会，他又用七八年时间来培养中国的海军。这期间，他致力于海军海防建设的庞大系统工程，使中国的海军海防事业在短短几年内有了引人瞩目的发展。他一面健全海军建制，着重建设北洋水师舰队、南洋水师舰队，并将福建船政局与上海机器制造总局两厂制造的一些轮船调入北洋水师。同时，他在大沽建造船坞；在旅顺口的东、西海岸修筑炮台；在威海卫岸上的要隘建立炮台，在水面建筑铁码头。一时间，威海卫堪称"东海屏藩"。旅顺口和威海卫由此成为北洋水师的重要基地，守卫渤海和天津的安全。

李鸿章还有意识地培养了一大批海军人才。福建船政学堂、天津水师学堂的学生几乎都为他所用。此外，李鸿章还雇用了一批洋人担任技术教官。

光绪十一年（1885 年），由德意志伏尔铿造船厂制造的"定远"号、"镇远"号两艘铁甲舰驶返中国，所聘洋教练也同舰到达，北洋水师实力不断增强，编制、演练走上正规化。光绪十二年（1886 年）8月，从德意志购买的"济远"号、"平远"号及从英国购买的"致远"号和"靖远"号舰等主力舰航归威海卫。

这一年，李鸿章 63 岁。这个年龄对一般人来说，可能是终老南山，但此时李鸿章的事业正如日中天。这年 10 月，在李鸿章的苦心筹划下，海军衙门上奏慈禧太后并获准颁行《北洋水师章程》，标志着北洋水师正式组建成军。这是近代中国海军海防事业发展的辉煌顶点。由于北洋水师的庞大阵容，中国海军作战舰艇的总吨位达到 4 万多吨，一度跃居世界海军大国的行列，在亚洲地区更是首屈一指。北洋水师另附设了北洋军事工业的重要企业——旅顺鱼雷制造所。

光绪十四年（1888 年）12 月 17 日，北洋水师正式成立。总理海军大臣、醇亲王奕譞受慈禧太后和光绪皇帝委托，带着一个 200 多人的巡视团，视察了新组建的北洋水师。当天阳光灿烂、海风轻拂，李鸿章和巡视团以及各国公使，乘坐排水量达 2800 吨的"海晏"号，在北洋水师"定远"号、"镇远"号、"济远"号、"超勇"号等 8 艘军舰的护卫下，威风凛凛地从天津直驶旅顺。

到达旅顺后，醇亲王和李鸿章登上黄金山炮台，居高临下，见远处的军舰如箭一般驰骋在海面上，都感到欢欣鼓舞。他们观看了8艘军舰打靶表演，又观看了鱼雷发射……刹那间，海天之际，轰然一片，水柱冲天。

当看到威武雄壮的北洋水师弹无虚发地击中目标时，醇亲王和李鸿章忍不住舒心地开怀大笑。醇亲王当即赋诗赞颂，李鸿章也作《丙戌四月随醇邸巡海呈教》两首唱和：

雕弓玉节出天阊，士女如山拥绣裳。
照海旌旗摇电影，切云戈槊耀荣光。
伙飞禁旅严千帐，罗拜夷酋列几行。
德协谦尊齐赞颂，力辞黄屋福威扬。

万千气象蜃楼高，忽地齐烟涌六鳌。
慈佛护持看献瑞，仙舟共济敢辞劳。
自怜坚壁心偏苦，却愧屯田诏屡褒。
无限临歧依恋意，漫吟潭水答云璈。

李鸿章实在太高兴了。为创建北洋水师而呕心沥血、费尽心机的李鸿章不失为北洋水师的缔造者；而身为直隶总督兼北洋大臣、会办海军大臣之本职要任，更是使李鸿章理所当然地成为北洋水师的直接统帅，享有节制北洋水师的全权。然而在一片叫好声中，北洋水师几乎从此止步。

三、退让埋祸端　战败失属国

时间很快到了光绪十八年（1892年），按照中国传统，李鸿章要做

70大寿。正月初五是李鸿章的生日。其时李鸿章共有五个身份：太子太傅、文华殿大学士、直隶总督、北洋大臣、会办海军大臣。作为一人之下、万人之上的重臣，李鸿章为了显示自己的伟大功绩，借寿辰在天津直隶总督住所大摆庆贺寿诞。这是清朝历史上少有的一次祝寿庆典。还没进入新年，直隶总督署内就已忙得不亦乐乎。从朝廷到地方，再到民间，不断有寿礼送来，送金银珠宝者、送各种新奇玩意者、送奇珍异宝者、送贺寿诗文者，成团成旅，奋勇争先。

慈禧太后一向喜欢热闹，面对这个笼络权臣的极佳机会，她自然不会放过。慈禧派人送来的大礼非同寻常——赐以"调鼎凝厘"的匾额一块；"栋梁华夏资良辅，带砺河山锡大年"对联一副；"福""寿"字各一方；御笔"益寿"字一幅；御笔蟠桃图一轴，上有"锡以大年"横批和"慈禧皇太后之宝"图章；无量寿佛一尊；貂褂一件；嵌玉如意一柄；蟒袍面一件；大卷江绸十二件。李鸿章大喜过望，感恩不尽，"当即跪迎至署，恭设香案望阙，叩头谢恩"，随即呈上感恩折。光绪皇帝御笔写下联句，连同其他礼品一并赏赐李鸿章。

当时的海军石印书局印制了慈禧御赐祝寿典册一书，首册收有赐寿图、寿筵图等多幅。后五册均为寿言，从皇太后、皇帝、王爷到各方官员都有贺寿言辞。其中，吴汝纶的贺联"文字空千载，声名动四维"精短绝妙；庆亲王的贺联"一德钧衡受兹介福，三朝将相同我太平"四平八稳；张之万的贺联"景武勋名临淮纪律，邺侯相业柱史仙龄"虽为恭维但并不落俗；张之洞的贺联"四裔人传相司马，大年吾见老犹龙"既实在又不失风趣；李鸿章的政敌翁同龢也献上一联，"泰运佐中兴天生以为社稷，元勋侪上寿人望之如神仙"。

无论是诚心赞美之言，还是虚意应酬之辞，都无法改变一个事实：李鸿章老了。人生七十古来稀，未来他还将有怎样的作为呢？如果他急流勇退，就此致仕，他的人生又该是一个怎样的结局？如果说大清国是一座已冰封的雪山，那么，70岁的李鸿章已经走到了雪峰的顶端。

正月初六，也就是李鸿章70岁生日的第二天，他刚满15岁的幼子李经进竟一病不起，撒手人寰。紧接着，没过半年，李鸿章的继室夫人赵小莲去世，年仅53岁。古稀之年的李鸿章在这一年享受了短短几天的喜庆之后，便坠入了痛苦的深渊。据说，慈禧太后为了安慰他，特意将宫中的一名侍女赏赐给他做妾。

但在朝堂政事上，李鸿章没有丝毫的英雄迟暮之感，他老骥伏枥，壮心不已，准备在有生之年把北洋水师乃至正在办理的洋务中未竟之事宜尽快完善，不负朝廷隆恩。

是年，英国青年政客乔治·寇松勋爵来华旅行。他在两年后出版的《远东问题：日本、朝鲜和中国》一书中，记述了会见李鸿章的场景，并称这是自己"毕生最美好的回忆"。寇松近距离观察了李鸿章，看到他："有6英尺多高，身着灰色丝长袍，戴黑丝帽，很有威仪……唇上的大胡子将嘴巴遮住一半，下巴上也留着中国式胡须。头发是正在变白的深灰色。"而当时的大清也日益垂暮，李鸿章要解决的难题正一个个悄然逼进。

四、甲午风云起　战舰覆没悲

常言道，物极必反，乐极生悲。春风得意、位极人臣的李鸿章，很快迎来了个人命运由盛而衰的转折点。

长久以来，朝鲜一直是中国的藩属国，中朝唇齿相依，长期保持着良好的关系。然而，19世纪70年代后期，朝鲜成为东西列强都想争夺的目标，尤其是日本，对朝鲜早已垂涎欲滴。

日本要侵犯朝鲜，必定会与清廷起冲突。同治十年（1871年）中日签订的《中日修好条规》和《中日通商章程》中有约定，对大清国、日本国所属邦土（朝鲜、琉球和台湾等地），各以礼相待，不可稍有侵越，以求永久安全。这一约定使朝鲜、琉球和台湾地区成为中日之争的几枚棋子。

1868年以后，通过明治维新逐步强大起来的日本，渐渐走上军国主义道路，寻求对外扩张。明治政府不仅妄图染指朝鲜，更在中国沿海一带横行无忌，入侵中国的野心越来越明显。

光绪元年（1875年）9月，日本派出一艘小军舰"云扬"号进入朝鲜江华岛附近测量，遭到朝鲜军队驱逐。日本以此作为借口，派出一支军队逼近釜山和江华岛，逼迫朝鲜和日本签订通商条约。按理说，中国对藩属国有关主权问题的大事应该加以干涉，但当日本派森有礼来与清廷交涉朝鲜问题时，李鸿章却以朝鲜有独立主权为由，表示中国不便干涉朝日签约事宜。他的一个基本认识是，大清国外敌太多，自身难保，如果因朝日通商条约问题与日本翻脸，又会多一个离国门最近的敌人。相反，如果中、日、朝各让一步，即可相安无事，日本只要承认朝鲜是中国的藩属国，至于朝日是否通商，无关大局。

但李鸿章低估了日本的野心，包括朝廷中很大一部分官员，也都因日本是弹丸小国而不把它放在眼里。这个时候，李鸿章仍希望日本能够继续遵照《中日修好条规》行事。日本见清廷态度暧昧，便以武力相逼，迫使朝鲜签订了《江华条约》，其中声明："朝鲜国为自主之邦，保有与日本平等之权。"

对此，清廷既没有提出抗议，也未采取反制措施。这实际上是放弃了朝鲜与中国的藩属关系。然而，李鸿章内心还有另一番考量。他在光绪四年（1878年）致函朝鲜大臣李裕元称："往年中国驻日公使何如璋前往日本，我以贵国之事嘱其留意体察，随时调停，不久即接到其来函，称日本近来因沙俄在我大清边疆生事，贪得无厌……前闻日本欲在贵国咸镜道的元山津开口通商，沙俄暗中阻止了日本这一动议……英国请日本介绍通商，沙俄又加以阻止……其目的在于使贵国陷入孤立无援的境地，一旦发难，便可以不受任何牵制。"通过这封信可以明显看出，他把沙俄当成劲敌，希望朝鲜联络日英跟沙俄抗衡，所以，他对日本采取的渐进侵略行径睁一只眼闭一只眼。

光绪五年（1879年），法国步步入侵越南，中俄伊犁问题尚未解决，日本强占琉球，清王朝几乎是四面环敌。朝野极为恐惧，认为日本能吞并琉球，也能吞并朝鲜。丁日昌、刘坤一等均建议朝鲜与各国通商，以牵制日俄。但朝廷慑于列强威吓，不敢明确给朝鲜提示，于是命李鸿章暗中开导。李鸿章便写信给朝鲜大臣李裕元，转达清廷的意思。之后，李鸿章上《妥筹朝鲜武备折》，建议朝鲜学习练兵、制器之法，整军经武。直到光绪七年（1881年）正月，朝鲜国派李容翊到天津谒见李鸿章，称领议政李最应等人已决定与各国通商，并办理武备学习事务。

光绪八年（1882年），朝鲜和美国签订条约。此后不久，英、法、德、意也纷纷与朝鲜签订条约。除美国特派一人作为驻朝公使之外，列强皆任命驻华公使办理与朝鲜的外交事务，这等于仍承认朝鲜是中国的藩属国。对于这一结果，李鸿章很满意。

日本方面对李鸿章的绥靖政策看得很清楚，为了反制，日本开始暗中操作。光绪十年（1884年）12月，朝鲜发生了"甲申政变"。

既是政变，必然与政权斗争有关。光绪八年（1882年）7月，朝鲜刚发生过"壬午兵变"，以大院君为首的极端保守势力驱逐当政的高宗和闵妃而夺权，朝鲜开化党也遭到打击。日本闻讯，马上出动海陆军1400人开向朝鲜，为大院君保驾。而死里逃生的闵妃一派则向大清朝廷求援。慈禧把丁忧中的李鸿章召回，命他全权处理出兵朝鲜事宜。军情紧急，李鸿章立刻派吴长庆率兵3000余人，由金允植充当向导，乘军舰赶往朝鲜平乱。

吴长庆所部被视为宗主国之师，在南阳上岸，在向导的引领下，出兵名正言顺，清军一路畅行无阻，直趋汉城。驻扎在汉城南部郊区的日军，担心中朝联合对付自己，全部退回仁川。

参与兵变的主要是朝鲜汉城卫戍部队，吴长庆雷厉风行地平息了动乱。接下来便着手处理大院君、闵妃两派谁对谁错的问题，这将决定朝鲜到底由谁来当权执政。闵妃抢先上诉状，向清朝代表讲述事情缘由，吴长庆与总兵马建忠、营务处会办袁世凯碰头研究一番后认定：朝鲜的乱局，是大院君一手造成的，应把他拘押到中国（在保定囚禁了三年），再把闵妃护送回汉城，继续与高宗一同执政。这是李鸿章处理朝鲜问题最果决的一次，想要趁火打劫的日本人对此束手无策。

可惜好景不长，清廷和闵妃集团的"蜜月期"很快就结束了。光绪十年（1884年），中法战争爆发，中国自顾不暇。5月，吴长庆奉命率领1500名清兵回国驻防，仅留袁世凯所部驻扎朝鲜，朝鲜朝廷中依靠清廷的事大党守旧派势力因此有所削弱。8月以后，清军福建水师在马尾港遭到法军偷袭，损失惨重，清廷在朝鲜的威望大大降低，原想托庇于清廷保护的高宗和闵妃一派开始动摇。日本乘机挑唆，暗中设计破坏中朝关系，并拉拢开化党人，使之逐渐亲日反清并一起密谋发动政变。经过一系列的准备后，开化党人最终决定在12月4日邮政总局开办之际发动政变。

12月4日这天，朝鲜开化党骨干、邮政局总办洪英植举行宴会款待朝中大臣，准备借此将守旧派大臣一网打尽。日本公使竹添进一郎称病缺席，驻朝清军将领袁世凯察觉气氛有异，也推托不去，只有中方总办朝鲜商务委员陈树棠、守旧派大臣闵泳翊等18人出席。

5日上午，驻朝清军得到更确切的消息，开化党勾结日军发动政变，劫持高宗李熙，准备另立幼主，残杀事大党大臣多人。事情的真相终于公之于众。

这次政变史称"甲申政变"，它的目的有两个：一是使朝鲜脱离中国而独立，二是改革朝鲜内政。开化党暗杀了7名守旧派大臣后，发布了具有资本主义色彩的政纲，因此，这次政变也是朝鲜第一次资产阶级改革的尝试。

6日，在没有得到李鸿章命令的情况下，驻朝清军将领袁世凯率军镇压了这次政变，开化党的"三日天下"仓皇结束，开化党人或被处死，或亡命日本。袁世凯借此举在朝鲜崭露头角，开始受到李鸿章的重视。

"甲申政变"之后，袁世凯向李鸿章建议，应该抓住时机稳稳地控制朝鲜，具体办法是对朝鲜设立"监国"，并派重兵进入朝鲜，然后再与日本谈判。袁世凯强调说：日本并不比中国强大，它敢于如此嚣张是因为知道清廷懦弱，不敢开战。如果我们强硬，日本就不敢造次。但此时李鸿章正陷于中法战争的阴影之中，他和清廷在朝鲜问题上没有及时打击日本的嚣张气焰，而是息事宁人，任由朝鲜与日本签订了《汉城条约》。

李鸿章虽未采纳袁世凯的建议，但并不影响他对袁世凯的重用。袁世凯被封为驻扎朝鲜总理交涉通商事宜大臣，位同三品道员，也是常驻朝鲜的清军统领。

李鸿章对待朝鲜两次政变的态度有所不同，结果也大不相同。

光绪十一年（1885年）2月，日本派出伊藤博文来到中国专门与李鸿章就朝鲜问题进行谈判。在谈判中，李鸿章同意，如果朝鲜发生事变，中日双方如派兵到朝鲜，一定要照会对方政府。这次谈判的结果，一方面是中国允许日本在朝鲜事变时派兵到朝鲜，另一方面是中国失去了只有宗主国才享有的派兵特权。所以说这是李鸿章一次失败的谈判。但日本并未偃旗息鼓而是步步紧逼，又于4月与清廷签订了不平等的《天津会议专条》。

此后，李鸿章对日本一味退让，客观上极大地纵容了日本人的狂妄野心，他们看出清廷的软弱无能和畏惧打仗的弱点，开始阴谋策划对中国发动战争，并为此进行了长达十年的战争准备。

光绪十九年（1893年）春，朝鲜西南地区的全罗道爆发了东学党农民起义。这使得在朝鲜的洋人们寝食不安。各国公使一起来见袁世凯，要求他出面敦促朝鲜政府迅速平息动乱，并说如果局面在一定时限内得不到有效控制，便要请本国派遣军舰，以防不测。袁世凯竭力安抚，请各国使节少安毋躁，静候佳音。同时，他致电李鸿章，请求派军舰增援。于是李鸿章命北洋水师提督丁汝昌派出"靖远"号、"来远"号两舰驶入仁川港，后来又派"济远"号、"经远"号、"平远"号去替换"靖远"号、"来远"号两舰。

谁知局势不但没有好转，反而演变成一场大起义、大动乱。朝鲜高宗李熙任命两湖招讨使洪启薰带8000多人前去镇压,但因朝鲜政治腐败、财政困难,军队粮饷不继,官军毫无斗志,无心替李氏作战,因而屡战屡败。

光绪二十年(1894年)6月1日,朝鲜李氏王朝的发祥地全州城失守,震惊朝鲜。高宗在悲伤、震怒之余,严令洪启薰尽快平息起义,否则严惩不贷。洪启薰知道凭自己手中的微弱兵力,连自身性命都难以保全,更不用说去平息民变了。情急之中,他上疏高宗,建议请求清廷出兵平乱。

高宗于是请袁世凯代为向李鸿章请求派兵。袁世凯原本不肯直接在电文中请求发兵,他知道依据《天津会议专条》,中日双方任何一国派兵去朝鲜,都要知会对方,而且一国出兵朝鲜后,另一国也可以酌遣军队,而这将使朝鲜的局面更加复杂。但闵妃的出面劝说让袁世凯改变了主意,6月2日,李鸿章收到了袁世凯的急电。

日本国内,外务大臣陆奥宗光也收到了驻朝公使杉村睿的急电,报告清廷将出兵朝鲜。陆奥宗光立即召开会议,商讨出兵朝鲜事宜。在朝鲜,杉村睿造访了袁世凯,煽动袁世凯派兵。因为只要清廷一派兵,日本也就可以名正言顺地出兵。

6月4日,李鸿章派"济远"号、"扬威"号两舰急驶仁川港,保护大清国侨民与西方各国的侨民。同时,李鸿章还调遣直隶提督叶志超、太原镇总兵聂士成各率1500人进入朝鲜,驻扎在牙山。根据《天津会议专条》,清廷电令驻日公使汪凤藻照会日本政府清廷出兵事宜。

6月12日,清军3000人在牙山一线登陆完毕。与此同时,从广岛宇品港出发的日军混成步兵旅团第一、第二大队也在仁川登陆。高宗、闵妃见状不禁惊骇,朝鲜国土上如今盘踞了两只相互敌视的野兽,眼下犹如把它们关在一个小笼子里,流血争斗近在眼前。

洪启薰担心"请神容易送神难",若两方真在自己的国土上打起来,受损害的还是自己。他向闵妃献计说,起义军已被瓦解,无须他国出兵援助了。于是,闵妃赶紧照会中日两国撤军。

袁世凯综合分析了局势，也看出日本人别有用心，便立刻发电向李鸿章请示。李鸿章不以为意，没有请示军机处就直接回电同意撤军。但是，当袁世凯与日方谈判，要求同时撤军时，日方却拒绝了。对于日本来说，这是"千载难逢"的与清朝交战的机会，怎么肯轻易撤军呢？

李鸿章之所以不假思索地同意撤军，是因为他希望慈禧太后的60岁寿诞在热闹的鞭炮声中度过，而不想引来一阵枪炮声。但世上的事情，往往是不遂人愿的。日本陆军在海军的协助下，不断向朝鲜增兵，显然他们不是为了对付东学党的起义。6月16日，日本陆军少将大岛义昌率领由广岛第五师团抽调的混成旅团7600人进入仁川。

袁世凯见日本紧锣密鼓地在朝鲜部署兵力，便抓紧准备，以防不测。当时他的驻军加上叶志超、聂士成的援军有五六千人，加上洪启薰的七八千人，合兵一处，对付日军的万余人，即使无法取胜，至少可以打个平手。但因为没有接到李鸿章的作战指令，他一时进退两难。

登陆日军一路无阻，直驱汉城。6月29日，李鸿章又接到袁世凯急电，决定向朝鲜增兵，下令丁汝昌增派"镇远"号、"超勇"号、"广丙"号3艘舰驶往仁川，以壮军威。同时，他仍指示清军不主动寻衅，绝不先放第一枪，又命袁世凯先行回国。

在仁川、牙山一带的江华湾海面，中日各有7艘军舰对峙着。日本方面的意图很明显，对内控制朝鲜王权，对外打击清军，企图一举挑起战争，从中渔利。

7月23日凌晨，日军开始进攻汉城景福宫的迎秋、光化、建春三门。朝鲜宫禁卫队顽强抵抗，但无济于事，高宗、闵妃两人被软禁。当天晚上，日军又冲进云岘宫，把躲在床底下的大院君拖到景福宫，由其充当摄政王，实际上是日本的傀儡。随后，朝鲜傀儡政府发表声明：不承认朝鲜是大清的属国，朝鲜已独立自主，废除与清国签订的一切条约。此外还授权日军从朝鲜领土上驱逐清军。

7月25日，日军在牙山口外（丰岛西南海域）击沉增援的清军舰船并猛攻岸上驻军，叶志超的陆军首战失利，"丰岛之战"爆发。面对此情景，清廷别无选择。8月1日，清廷对日宣战，中日甲午战争全面爆发。

中日宣战后，李鸿章担心日本利用海军优势，截断大清援军的后路，因而一再电令已奉命赶到平壤的北洋防军统领卫汝贵"先定守局，再图进取，稳扎稳打，才能进退自如"。卫汝贵听令在平壤附近驻扎，等待左宝贵、丰升阿、马玉昆的人马到来。

不几天，叶志超、聂士成率领从牙山战役败退下来的清军，与卫汝贵部会合，左宝贵、丰升阿、马玉昆也陆续率部赶到。这样一来，平壤一带的清军就有约1.5万人，若挥师南进，未必不能收复汉城，驱逐日军。但刚被李鸿章任命为朝鲜各路清军主帅的叶志超却按李鸿章"先定守局"的指示坐守平壤，失去先机。

日军控制汉城后，挥师北进，来势凶猛，号称"军阀王国始祖"的山县有朋指挥第一路军急速推进。9月15日晨，日军三面强攻清军据守的平壤，总兵马玉昆率部在大同江一线顽强阻击，多次将日军击退。在日军主攻的玄武门、牡丹台一线，总兵左宝贵身先士卒，登城亲燃大炮轰敌，将士无不奋勇拼杀。西南战场的清军马队向日军实施反突击，迫使日军退回原驻地。上午的战况空前激烈，势均力敌，各有伤亡。但下午局势突变，左、马二将相继战死，玄武门失守。主帅叶志超顿觉慌乱，于傍晚时分率全军撤退，以六天狂奔500里的速度逃回国内。平壤在他逃离后一天便宣告失守。李鸿章接到平壤失陷的电报后，气得把电报狠狠摔到地上，怒气冲冲地说："叶志超！我尽力提拔你，没想到你竟临阵脱逃，太让我太寒心了！"

日军攻下平壤后，并没有就此止步，他们疯狂地直逼鸭绿江。李鸿章早有准备，淮军另一将领宋庆已率3万大军在这一带修了半个多月的工事，但宋庆在军中威望不高，手下的几员大将并不听命。10月24日晚，趁着清军还在梦中，日军先头部队偷渡鸭绿江。次日晨，不等清军做好迎战准备，日军便发动全线总攻，清军仓促应战。26日，丹东失守；又激战三天，鸭绿江防线全线崩溃。

日军兵分两路深入奉天（今辽宁省），南路攻打重镇辽阳，北路由凤凰城（今辽宁丹东市凤城）直扑摩天岭。就在这时，北路日军碰到淮军后起之秀聂士成部的阻击。聂士成对这一带的地形十分熟悉，于是诱敌深入，将北路日军吸引至摩天岭南10公里的连山关，在此伏击了日军主力，给敌以重创，取得中日开战以来的最大胜利，遏阻了日军进兵关内的企图。但这一场胜利不足以扭转整个辽东战局，南路日军早已在辽东花园口登陆。

南路日军因没有遇到清军强有力的阻击，有意直取金州（今辽宁大连市金州区）。11月5日，日军猛攻金州，总兵徐邦道指挥孤军奋战，两次将日军击退。但日军不断增兵，徐邦道求援不得，金州终于失守。随后，日军火速推进，于11月7日不战而下大连湾，逼近旅顺。22日，旅顺失守，日军进城后开始了近代以来对我国民众的第一场惨无人道的大屠杀。而另外几地的战斗仍在继续。

在此形势下，日本东京方面立即派出一支讨伐部队和一名特使，前往朝鲜索取赔款，要求道歉并索资重建日本使馆。

五、朝臣互制掣　战败谁之过

中日甲午之战，陆军败得很惨烈，而与陆战相比，海战之悲壮更是举世震惊。时人以及后人都不禁质疑，为什么一支一度称雄亚洲、排名世界前列的近代化舰队，竟在短短六个月之内，经三次海战就全军覆没？

这要先从日本海军为与清王朝开战进行十年准备的情况说起。日本位于亚洲东部，是一个孤悬于太平洋之中的小小岛国，与中国版图相比，它地狭物稀，历来被视为弹丸之地。而幕府时代的日本与大清国，可谓一对难兄难弟，实行的是一样的封建统治；都采取闭关锁国政策，小农经济、自给自足、不与外国通商，因此自19世纪50年代以来便多灾多难，饱受西方列强的欺侮和凌辱，不可避免地遭到西方列强船坚炮利的威胁、攻击,并被迫对列强开放国门。

但中日有两点不同:一是两国对内对外政策不同。门户开放之后,清廷对洋人处处退让,一次次战败后被迫割地赔款,将国库掏空后再借外债,而对国内的农民起义则残酷镇压,不惜血本;日本则是对外不顾一切地抗争,甚至主动向列强挑战,对内则发动倒幕战争,进行"明治维新",经过蜕变,日本逐步变成了好斗的军国主义国家。二是改革发展的道路不同。清廷在第二次鸦片战争失败后,被迫开展洋务运动,但其出发点是"师夷长技以制夷",目的只有一个,就是继续维护封建统治;而日本"明治维新"的实质是推翻封建统治,引进资本主义发展模式,在这一过程中日本深刻体会到国内市场的狭小和资源的匮乏,生存危机感越来越强烈。在列强恣意进行殖民扩张的强权政治时代,日本选择了掠夺式的资本主义发展道路,即"先强兵后富国",并且形成了全体国民的共识。

大清国"自强、求富"的洋务改良运动与日本"明治维新"几乎同时开始,中日近代海军创立伊始,可以说是站在了同一条起跑线上,大清国还曾一度领先于日本。就在日本海军工厂前身的横须贺制铁所成立的 1865 年,由李鸿章创办的江南机器制造总局也创立于上海,不久便开始造舰船。同治五年(1866 年),日本将筑地的军舰操练所改为讲习所,并派海军士官在"富士山"号军舰上接受法国教官的培训。同年,清廷批准了闽浙总督左宗棠的奏折,在福建马尾设立总理船政事务衙门,并开设造船厂和水师学堂。

光绪十二年(1886 年)7 月,北洋水师刚刚建成,丁汝昌即按李鸿章的要求率领"定远"号、"镇远"号等 6 艘军舰访问日本。当大清国的军舰到达日本长崎港后,日本国民近瞻龙旗飘扬、威风凛凛的巨舰,深受刺激,惊叹、羡慕、愤懑等复杂情绪一齐涌上心头。大清军舰在日本休整期间,一起事件更是深深地激怒了日本国民——由于北洋水师组建不久,士兵纪律松弛,水师官兵在日本与当地警察发生大规模械斗,双方各有死伤。在李鸿章的直接干预下,事态没有进一步扩大。

不久，日本明治天皇发布诏敕，要不惜一切代价建设一支强大的海军。日本国民积极响应，纷纷捐款捐物，明治天皇自己捐银60万两。正是在这样的动力下，几年后日本完成了海军的扩展计划。

光绪十四年（1888年），北洋水师正式成军时，在编军舰25艘，总吨位约5万吨。但是，自此以后直至开战，仅添补自制的"平远"号巡洋舰、大鱼雷艇"福龙"号和运输舰"海镜"号。日本从光绪十六年（1890年）至光绪十九年（1893年）这四年间，平均每年军费预算占财政总开支的29.4%。光绪十五年（1889年）至光绪十七年（1891年），日本先后增添了专为对付北洋水师"定远"号、"镇远"号铁甲舰的"岩岛"号、"松岛"号、"桥立"号3艘海防舰，还向英国订造当时世界上航速最快的巡洋舰"吉野"号、"秋津洲"号、"八重山"号等主力战舰。

光绪十七年（1891年），丁汝昌第二次率"定远"号、"镇远"号等舰访问日本。这一次，经过几年整顿后的北洋水师在军容军纪上有了很大改观，日本《东京朝日新闻》这样描述当时的情形：

> 登上军舰，首先映入眼帘的是舰上的情景：以前来的时候，甲板上放着关羽像，乱七八糟的供香，其味难闻至极。甲板上散乱着吃剩的食物，水兵语言不整，不绝于耳。而今，不整齐的现象已荡然无存；关羽的像已撤去，烧香的味道也无影无踪，军纪大为改观。水兵的体格也一望而知其强壮武勇……

但是，丁汝昌回国后，反倒为北洋水师担忧起来。他从李鸿章那里得知，鉴于北洋水师看起来已成军，以渤海湾为重点的防御体系已初步形成，加之慈禧太后的60大寿庆典、光绪皇帝大婚典礼、黄河河工等巨额开支，清廷的财政异常拮据。是年，户部决定暂停南、北洋水师购买外洋枪炮、船只、机器两年，将预算750万两挪用于兴建颐和园。

丁汝昌不无忧虑地对李鸿章说："今日之北洋水师与日本海军相比，

已无优势可言。下官亲眼看到日本已下水的'三景舰'。"

李鸿章问道:"什么是'三景舰'?"

丁汝昌解释:"它是专门针对北洋水师'定远'号、'镇远'号两舰而建造的。在日本海军中,一方面惧怕'定远'号、'镇远'号这两艘铁甲巨舰的威力,一方面又妄图对抗、压制直至战胜'定远'号、'镇远'号两舰。因此,日本加紧扩充海军,不惜大量发行公债、捐金来筹措海军经费,甚至孩童玩耍时也以打沉'定远'号、'镇远'号二舰为能事!"

李鸿章沉默许久才说:"我大清海防,说起来容易,当真办起来,就不仅仅是海防了。洋人要防,防他借机哄抬船银,暗升借款利钱;满人要防,防他成事不足败事有余,把好端端的一盆水搅浑,让你什么事都办不成;一些汉官也要防,防他不与你真心办事,私留款项,与你打埋伏。现在对日本人也要防,防他们的舰船超过我大清,借用其他势力敲诈勒索。但款项实在有限,所购船只自然也有限。"

"那大人是不是给上头呈道折子,述明海军军费万万不可减?"丁汝昌小心翼翼地提议道。

李鸿章阴沉着脸,无奈地说:"折子是要上的,但能起什么作用却无法预料。呈给太后,最多回应三个字:知道了。若呈给皇上,你也知道太后和皇上的想法完全相左,他不敢轻允,只会把折子转给户部,而翁同龢即使不从中作梗,也会不理不睬。"

此时的李鸿章也开始为北洋水师的前景担忧起来,但他仍相信日本短时间内没有与大清开战的实力和可能。面对国力日渐强盛,正在全力扩军备战的日本,他的认识存在很大的局限性。他仍将主要精力花在与日、俄、英、法等国的外交斡旋上,用它们的在华利益相互牵制,北洋水师只是他从事外交谈判的一个保障而已。

丁汝昌见李鸿章态度犹疑,建议他到渤海湾巡视一番,至少对那里的防御体系有直观的了解。李鸿章觉得可行,便到渤海湾走了一趟,这一去不仅没有发现问题,反而对他花费十多年时间建立起来的防御体系十分满意，尤其是旅顺、威海卫，岸上炮台与舰上巨炮构成的强大火力，使这两个港口固若金汤。听了李鸿章的溢美之词，丁汝昌和几个有见识的管带哭笑不得，如果一支海军舰队要依靠岸炮来保护，这样的舰队还有什么存在的意义？

相反，日本却在为可能发生的战争进行积极的准备。光绪十九年（1893年），负责对华谍报工作的日军参谋次长、陆军中将川上操六亲自带百余名间谍进入朝鲜和中国境内，实地考察预定战区的情况，并组织了以清军为假想敌的军事演习。清军的所有应对方案都在这次演习中被日本人推演并破解。到甲午战争前夕，日本人对清军的总兵力和作战能力已是了如指掌；对朝鲜、中国东北及渤海湾预定战区则绘制了极其详细的军用地图，甚至每一座山丘、每一条道路、每一口水井都标志得清清楚楚。

光绪二十年（1894年）5月，在中日关系趋向剑拔弩张之时，李鸿章再次视察了北洋水师，此时他才发现缺乏过硬的军事素质和严格纪律约束的北洋水师早已是"金玉其外，败絮其中"。近六年来，北洋水师几乎没有对舰炮进行过维护更新，不少地方锈迹斑斑，布满灰尘。好几个管带平时把维修经费用在个人前途的"经营"和享乐上，将舰船保养备战的专用经费中饱私囊，官兵更是大肆参与走私。平日里的演练流于形式，实弹练习只打固定靶位，而且各舰上配置的炮弹不仅数量不足，还有一些不配套……李鸿章难以相信自己曾引以为傲的北洋水师竟堕落至此，但他面对这么多问题却又束手无策。在军费窘困的情况下，他只得命令天津机器局尽其所能地为北洋水师赶制炮弹，做一些战备工作。

7月17日，日本明治天皇睦仁召开了御前会议。参加这次会议的除了内阁总理大臣伊藤博文、外务大臣陆奥宗光外，其他都是军中要员：陆军大臣大山岩，参谋次长、陆军中将川上操六，海军上席参谋、海军军令部长中牟田仓之助，海军少将坪井航三等。他们研究制定了对朝作战方针和对华发动战争预备案。会上还讨论了战术问题：根据日本海军各舰的航速、武器配备重新进行改编,将航速高、配备速射炮多的军舰编在一队,其余军舰编为一队。这样,一旦开战,就可以集中优势兵力,重点打击北洋舰队的主力,尤其是"定远"号和"镇远"号两舰。

7月19日,日本海军统一整编为联合舰队,伊东祐亨中将担任联合舰队司令官。舰队的编队为本队、第一小队、第二小队、第一游击队和第二游击队。对于这场充满多种不确定因素的战争,日本人,包括伊东祐亨在内,心里都没有把握,所以他们特别谨慎。联合舰队是日本海军的全部家当,此时的整体实力略胜于北洋舰队,伊东祐亨心里明白,日军要想不受大的损失而打败北洋舰队几乎是不可能的。但凭借这一点儿家当,如果拼到最后赢了,损失可以让清廷来赔偿;如果败了,日本将坠入无底深渊。所以,他的战略是集中优势兵力突袭北洋舰队,先摧毁那些战斗力较弱的舰只。在登陆朝鲜之初,他的舰队一直在寻找这样的机会,而没有想与北洋舰队进行大规模决战。

此时,日本陆军一边进攻汉城,一边向驻守在牙山的清军发起进攻。李鸿章派记名提督江自康率领近2200人分乘"高升"号、"爱仁"号、"飞鲸"号3艘运输轮船从海路支援牙山,由"济远"号管带方伯谦率领本舰和"济远"号、"广乙"号、"威远"号3舰护航。

最早抵达牙山的"威远"号护卫"爱仁"号、"飞鲸"号2轮于7月23日自牙山返航。25日,"济远"号、"广乙"号2舰自牙山回航,去接应正向牙山驶来的"高升"号和"操江"号。

"济远"舰刚驶进大海不久,就遭到早已在牙山以南群山浦埋伏了两天的日本联合舰队第一游击队"吉野"号、"浪速"号、"秋津洲"号3艘以高航速和高射速为特征的主力舰的截击。7时45分,"吉野"号首先向清军开炮,"丰岛海战"揭开了帷幕。

战斗约持续了一个小时,"济远"号、"广乙"号负伤败退。"广乙"号逃至朝鲜十八岛附近搁浅焚毁;"济远"号则被"吉野"号紧追不舍。由于"济远"号在接战之初就有伤亡,没有任何实战经验的管带方伯谦怯阵，掉头逃跑。但航速不及"吉野"号，8时30分"济远"号悬起白旗。日舰追近后，"济远"号又加挂日本海军旗。水手王国成、李仕茂对管带方伯谦的怯懦做法义愤填膺，用尾炮攻击"吉野"号。

此时，载有第二拨增援朝鲜的清军并悬挂英国国旗的"高升"号轮船和满载军械的"操江"号驶来，日舰立刻分头拦截。"秋津洲"号逼降"操江"号，"高升"号被"浪速"号所截，船上官兵顽强抵抗、宁死不降。"浪速"号舰长东乡平八郎下令将"高升"号击沉，船上清军950人除200余人生还外，其余全部殉难。

在战场形势胶着之际，国内情势同样危急。中日宣战之后，在全国上下一片主战声中，李鸿章的处境甚为孤立和尴尬。因为他一直主张避战，但除了后党极少数人外，几乎没有人支持他。宣战前，他把袁世凯调回天津，以为袁世凯是可用之才，委派他办理前敌营务，但袁世凯并不想从事后勤工作，而且倾向于开战，因而又背着李鸿章在京中托人另谋出路。令李鸿章无法容忍的是，袁世凯竟然求到了自己的政治死敌翁同龢门下。这件看似简单的事情，使朝中两位顶级人物——翁同龢和李鸿章的关系往后更加复杂。尽管袁世凯当时只是个小人物，但李鸿章已预感到他的忘恩负义会给自己带来麻烦，只是没想到事情会来得这么快。

国内"主战""主和"两股政治势力相持不下，清廷一边在与日本打仗，一边自己在窝里争斗。是战是和，朝中莫衷一是，李鸿章根本无法控制局面。而在外作战的北洋水师因实际听命于李鸿章，而李鸿章极力避战，导致陆军连吃败仗，海军屡失战机。

8月10日，日本联合舰队逼近旅顺口、威海卫，光绪皇帝指责北洋水师提督丁汝昌畏惧不前，李鸿章不得不命丁汝昌赴黄海巡航，以平息皇帝的愤怒，缓解舆论的压力，战情已是万分紧急，李鸿章还是极力避战。日本海军则声东击西，经常窜到威海、大连湾、烟台、旅顺等处，"施放空炮，旋即远离"。

8月23日,光绪皇帝判断日舰"难保不乘我之懈,再来猛扑",于是指示丁汝昌将北洋舰队的防御重点从朝鲜海面转移到近海的威海、烟台、旅顺和大连湾等处,扼守"北洋要隘,大沽门户"。这便是李鸿章认为固若金汤的渤海湾防御体系。

北洋水师再未远巡,不出北洋一步,白白丢掉了制海权,也因数次错过战机而为日后战败埋下伏笔。李鸿章在8月29日的奏折中透露:

北洋水师可用舰船,仅"镇远"号、"定远"号铁甲船两艘,但这两舰质重行缓,吃水过深,不能入海叉内港。其次是"济远"号、"经远"号、"来远"号三艘船,有水线甲、弯甲,而行驶速度不快。"致远"号、"靖远"号两舰,以前订造时,号称航速十八节,但因使用年头已久,近来仅保持十五节。其余各船,越旧的航速越慢。海上交战时,能否躲避,以船行的速度为准。速度快的,胜利时易于追逐,失败时也便于隐避;若速度相差悬殊,则胜败立分。而日本的新旧快船,可用的有二十一艘,其中有九艘是在光绪十五年(1889年)后分年购造的,最快的航速达二十三节,慢的也在二十节上下。由于近年来停购船械,自光绪十四年(1888年)后,我朝海军未增一船。而日本人心计颇深,乘我大清无力添购船只之际,逐年增置。因此,倘若与日本在海上交战,胜负实未可知。……今日海军的力量,用来攻打别人则不足,用来自守勉强有余。用兵之道,贵在知己知彼,舍短用长,因此我才小心谨慎地以保船制敌为主,不敢轻易孤注一掷。

了解这一实际情况后,积极主战的光绪皇帝也表示李鸿章的"严防威旅门户,为保船制敌之计"是稳妥之策。

到9月上旬,鉴于平壤之战一触即发,清廷决定增派陆军赴朝。为争取时间,命北洋水师将驻防大连一带的总兵刘盛休所部"铭"军八营4000人,由海道运至中朝边界大东沟登陆,再辗转至平壤。

9月12日,北洋水师主力舰队12艘由威海出发,驶抵大连湾,在这里编队完成后，担任运输船队的护航任务。16 日凌晨，丁汝昌率"定远"号、"镇远"号、"济远"号、"致远"号、"靖远"号、"经远"号、"来远"号、"平远"号、"超勇"号、"扬威"号、"广甲"号、"广丙"号、"镇南"号、"镇中"号 14 舰及"福龙"号、"左队一"号、"右队二"号、"右队三"号 4 艘鱼雷艇从大连出发，护送"铭"军于当日午后即抵大东沟。

就在这一天，叶志超失守平壤。北洋舰队支援落空，本计划于次日清早返航，不料日本的间谍在北洋舰队抵达时就将消息报告给了联合舰队司令部。伊东祐亨分析认为，既然是护航舰队，不一定是北洋水师的主力，护航舰队好不容易出了门户，岂可错失良机？必须速战速决！但日本舰队刚运送第三批援军至仁川，如果要追击，必须派航速最快的游击编队，并在当天下午出发。按间谍提供的北洋舰队的行程和航速推算，或许在鸭绿江口一带能赶上。伊东祐亨当机立断，马上命令联合舰队本队和第一游击编队共 12 艘战舰起航直赴鸭绿江口。日军这 12 艘战舰是"松岛"号、"严岛"号、"桥立"号、"扶桑"号、"千代田"号、"比睿"号、"赤城"号、"西京丸"号、"吉野"号、"高千穗"号、"秋津洲"号、"浪速"号。

17 日这一天阳光明媚，天朗气清，海风轻轻吹拂，海浪微微荡漾。上午 10 时 30 分左右，毫不知情的北洋舰队起锚回航旅顺。当"镇远"号刚刚离港驶向海面时，桅楼上的哨兵发现一支日本舰队自西南驶来。丁汝昌探看后立即命令舰队所有舰船迅速起锚，准备迎战。

几乎同一时间，日本舰队也发现了北洋舰队，发出旗语信号"东北方向发现 3 艘以上敌舰"。直到这时，伊东祐亨仍不知道这就是北洋水师的主力。北洋舰队开始呈"定远"号、"镇远"号 2 舰居前的"并列纵阵"，以 5 节航速向西南方向前进。日军则以第一游击队"吉野"号、"高千穗"号、"秋津洲"号、"浪速"号 4 艘速度最快的巡洋舰为先锋，伊东祐亨自乘旗舰"松岛"号，率领本队"千代田"号、"严岛"号、"桥立"号、"比睿"号、"扶桑"号跟进。12 时 05 分，"西京丸"号、"赤城"号移至本队左侧。丁汝昌见日舰成"单行鱼贯阵"扑来,决定采取主舰居中的"夹缝雁行阵"应战,从战术上来讲这一部署是正确的。丁汝昌发出命令:"各小队须协同行动,始终以舰首向敌,诸舰务必在可能的范围内随同旗舰行动。"但由于旗舰"定远"号速度过快,"济远"号、"广甲"号等舰未能及时跟上,阵形逐渐变为半月形而类似"后翼梯阵"。

伊东祐亨率本队赶上来后,才发现他追击的这支舰队竟是北洋水师主力,不由得大吃一惊!他很快看出北洋舰队编队的破绽,心里稍微镇定下来。

鸭绿江口外海、大鹿岛海域,集中了两国几乎全部主力舰艇。从舰只数量来讲,北洋舰队占优;从作战舰只来讲,日本的联合舰队略优。12时50分,双方舰队相距5300米,北洋舰队旗舰"定远"号首先开炮,一场蒸汽时代规模最大的海战就此打响。

双方先以主炮对射,都未击中目标。12时53分,日本联合舰队旗舰"松岛"号高速主炮发炮还击。"定远"号主桅中弹,信号索具被炮火击毁,在飞桥上督战的丁汝昌身负重伤,旗舰不能挂旗指挥各舰。从这时起,北洋舰队各舰除跟随"定远"号进退之外,已经失去了统一指挥。

在距北洋舰队5000米处,日本联合舰队第一游击队向左转弯,发挥速度优势,快速驶向北洋舰队右翼。这一战术动作,实际上是冒险将舰队暴露于北洋舰队阵前。同时,本队也与北洋舰队主力交相攻击。日舰"比睿"号、"扶桑"号、"赤城"号被北洋舰队截击。"比睿"号、"赤城"号受重创,"赤城"号舰长坂元八郎太当场毙命。13时左右,日本第一游击队炮击北洋舰队右翼"超勇"号、"扬威"号,随后,北洋舰队"超勇"号、"扬威"号起火。

这时,日本第一游击队左转,回救两舰;本队右转,形成夹击阵势。北洋舰队腹背受敌,队形更加混乱。在混战中,"致远"号多处遭到重创,船身倾斜。14时20分,日舰"西京丸"号中弹起火,退出战场。北洋舰队"超勇"号沉没,"扬威"号重伤后驶离战场搁浅。"平远"号炮击命中日旗舰"松岛"号,自身也被"松岛"号击中并引起火灾,暂时退避。15时04分,北洋舰队旗舰"定远"号中弹起火。

日"吉野"号以航速优势冲在最前面,于15时20分与"致远"号正面相遇。管带邓世昌见"吉野"号十分猖狂,在船体起火的情况下毅然下令开足马力,准备用冲角撞击"吉野"号,以求与敌同归于尽。然而该舰不幸被鱼雷击中沉没,邓世昌等250名官兵壮烈牺牲。"经远"号继续迎战"吉野"号,也中弹起火,管带林永升、大副陈策阵亡,随后舰只也被击沉,250余名官兵殉难。

"致远"号沉没后,"济远"号管带方伯谦与"广甲"号管带吴敬荣贪生怕死,临阵脱逃(方伯谦是否临阵脱逃,近年来有不同看法)。"靖远"号、"来远"号因中弹过多,退出战斗,避至大鹿岛附近紧急修补损坏的机器。

至此,北洋舰队已无法保持战斗队形。这时,"定远"号、"镇远"号两舰仍顽强抵抗着日本舰队的围攻,"定远"号中弹多达159发,舰上17人死、38人受伤,前甲板发生大火,左炮台一门主炮被击毁。"镇远"号中弹多达220发,舰上13人死、28人受伤。但两舰因装甲坚厚,并无致命损伤,也未丧失作战能力。全体官兵坚持奋战,重创日旗舰"松岛"号,打死、打伤炮台指挥官、海军大尉志摩清直及以下官兵100多人。遗憾的是,"定远"号、"镇远"号火炮射速太低,弹药也不足,没有发挥更大的威力。

不久,日旗舰"松岛"号瘫痪,"吉野"号也丧失了战斗力,其余日舰也都伤亡惨重,无法再战。16时10分,日本联合舰队旗舰"松岛"号发出了"各舰随意运动"的信号。

随后,"靖远"号、"来远"号抢修完毕,重新投入战斗。"靖远"号帮带刘冠雄见"定远"号旗桅杆断裂,无法升旗指挥,建议"靖远"号管带叶祖珪代悬信旗集队,指挥各舰绕击日舰。17时30分,由林永升管带的"经远"号沉没。伊东祐亨见北洋舰队仍在重新集队,感到形势于己不利，便于 17 时 40 分左右下令撤出战场。

这次黄海海战历时五个多小时，北洋舰队损失"致远"号、"经远"号、"超勇"号、"扬威"号、"广甲"号 5 艘军舰，"来远"号受重伤，死伤官兵 1200 余人；日本联合舰队"松岛"号、"吉野"号、"比睿"号、"赤城"号、"西京丸"号受重创，但没有一艘被击沉，死伤官兵 600 余人。此后，为避免再度与日本交锋，北洋舰队只在旅顺和威海两个军港之间游弋。

11 月上旬，旅顺口军港告急，而北洋舰队却龟缩于威海卫港内。

11 月 14 日，"镇远"号在进入港口时舰底触礁，舰员用木料紧急修护。由于此时清军的船坞所在地旅顺已被日军占领，"镇远"号无法修复出海再战，北洋舰队实力大减。管带林泰曾在"镇远"号触礁后极为忧愤，次日引咎自尽，"镇远"号由原帮带杨用霖接掌。

平壤、黄海大战之后，面对"水陆两军新有挫失"，疯传日军"图犯北京""谋袭沈阳"的严酷现实，李鸿章上疏说：就目前的形势而言，唯有严防渤海以巩固京畿之樊篱，力保沈阳以顾全东北之根本，然后厚集兵力，再图大举，从而光复朝鲜。

此后，清廷基本上依循这个战略计划指导防务，即使日本把军锋指向辽东和山东半岛、力图摧毁北洋水师基地、动摇渤海两翼钥形屏障之后，清廷也没有相应地变动防御重点，仍然坚持重沈阳、京畿而忽视辽东、山东半岛的做法，致使清军兵力部署出现了反常现象：敌锋未及的沈阳、京畿地区大军云集，游离于战场之外，而日军主攻的地区则兵力严重不足，寡不敌众。

光绪二十一年（1895 年）1 月 20 日，日军从山东荣成登陆，向西分南、北两路进攻威海卫。30 日，威海卫南帮炮台失陷，31 日，北炮台守军逃散。日军从陆、海两面夹击港内军舰，北洋水师多艘军舰被击沉击伤。2 月 4 日，日军鱼雷艇偷袭威海卫，以鱼雷击中"定远"号左舷。而后，清军将"定远"号移至刘公岛东部浅滩，当作炮台使用。9 日，陆上的日军占领威海卫附近的清军炮台，以岸炮击伤"定远"号。

10日，管带刘步蟾下令炸毁"定远"号以免资敌。"定远"号沉没后，刘步蟾自杀，实践了生前"苟丧舰，必自裁"的誓言。12日，提督丁汝昌和护理左翼总兵兼署"镇远"号管带杨用霖皆拒降自杀，北洋水师全军覆没。

2月14日，部分洋员与威海卫营务处提调牛昶炳等商议投降事宜，决定由美籍海员浩威起草投降书，以丁汝昌的名义向日军乞降。下午3时30分，在冬日的落寞残阳下，"广丙"号管带程璧光和牛昶炳登上于威海卫港之外耀武扬威的日本海军联合舰队旗舰"松岛"号，签署了《威海降约》，宣布北洋水师正式投降，并将"镇远"号与北洋水师其他残余舰只交给日本海军。

甲午之战摧毁了中华民族持续上千年的自信，世界列强掀起了瓜分中国的高潮。战争的胜利刺激日本的民族自信心空前膨胀，因获得巨额战争赔款，日本国力、军力迅速强盛，并逐渐走上军国主义对外扩张之路。

一败涂地的李鸿章从噩梦中惊醒，发出如此哀叹："我办了一辈子的实务，练兵也好，训练海军也罢，都是纸糊的老虎，何尝能实在放手办理？不过勉强涂饰，虚有其表，不揭破犹可敷衍一时。如一间破屋，由裱糊匠东补西贴，居然成一净室。虽明知为纸片糊裱，然而究竟里面是何等材料？即使有细小风雨，打出几个窟窿，随时补葺，亦可支吾对付。若一定要爽手扯破，又未预备何种修葺材料、何种改造方式，自然真相败露，不可收拾，但裱糊匠又有什么办法能负其责？"李鸿章的这段自饰之辞自此与他形影不离，为历史所记，也为后人争议不已。

清王朝在甲午战争中的失败，原因是多方面的。从大局上讲，清朝统治阶级日益腐败，为维护封建统治而不惜损害国家利益，割地赔款成为其维护统治的一种手段。清廷的内外政策存在根本性错误，对于这一点，久居北京的美国传教士丁韪良在其回忆录中的一段话颇为精彩，他说：

鸦片战争时期，两个国家对外面的世界态度一致。从那时起，确切地说，从1854年（咸丰四年）美国首次与日本签订条约时起，两国的政策便分化了。中国被迫放弃一贯的排外政策，但尽可能地不让步；日本则不待武力逼迫，自动放弃闭关政策。中国抛了锚，无望地固守老地盘，虽冒着在下风岸撞得粉身碎骨的危险亦在所不惜。日本起了锚，勇敢地驶向海洋。主动地奋发向上远远优于被动地保守传统，这一点从甲午战争的结果即可一目了然，胜者跻身世界列强，败者开始分崩离析。

仅就李鸿章本人而言，他作为清廷外交的主持者、淮军和北洋水师的统帅，对甲午战败负有主要责任。梁启超在《李鸿章传》一书中分析了李鸿章的十二条大错：第一，昧于国际公法，误劝朝鲜与外国订约；第二，既许朝鲜订约，即默认其自主，而又出兵干涉其内乱，授日本以口实；第三，日本既调兵，而不察先机，总想依赖他国调停，致误时日；第四，聂士成建议乘日军未集结之际，长驱直捣汉城，李鸿章未采纳；第五，朝鲜事件未起以前，丁汝昌建议以北洋水师先与敌战，李鸿章未采纳，遂使反客为主，敌人坐大而我临危；第六，身为北洋大臣经营海军二十年，却不能一战；第七，叶志超、卫汝贵诸军，素以久练著名，竟是如此脆弱，而且军纪无存，克减口粮、盗掠民妇之事，时有所闻；第八，弹不对枪，药不随械，还说从前管军械局之人皆廉明，谁能信之？第九，平壤之战，军无统帅，犯兵家之大忌；第十，始终坐待敌攻，畏敌如虎；第十一，海军不知用快船快炮；第十二，旅顺天险，交由怯懦者把守，其人闻风先遁。梁启超的这些分析，基本上囊括了李鸿章本人在战争中的失误及应承担的责任。

《威海降约》签订之后不久，李鸿章因为一味媚上避战而导致甲午战争大败被革职留用，由湘军宿将刘坤一接任钦差大臣。

第八章 丧权辱国遭罢黜 特使出访欧美国

一、忍辱求议和 马关续国耻

甲午战败后，虽然清廷处分了李鸿章，但是他留下的"烂摊子"还要有人去收拾。随着威海卫战败、辽阳战败，清廷非常担心北京失守。光绪二十一年（1895年）2月10日，光绪皇帝召见军机大臣翁同龢等，询问军国大计。在堂求和的大臣们相觑无言，而高唱爱国主调的主战派，即帝党，则力主迁都，誓与日本血战到底。光绪皇帝很清楚，血战到底的结果很可能是葬送整个大清江山。言及宗社，光绪皇帝声泪俱下，悲叹道："时事如此，战和皆无可恃。"说完便瘫坐在龙椅上，在场臣工无不神色哀戚。

但悲痛于事无补，要想保住"祖宗社稷"，只能用老办法——议和，割地赔款。谈判是战败后的必然之事。实际上，在甲午海战刚进行三个月时，清廷与日本的谈判就已经开始了。在美国的斡旋下，日本虽然同意和谈，但在谈判地点和谈判代表的级别上百般刁难。清廷派去日本求和的张荫桓、邵友濂受尽冷遇，在凄风苦雨中被驱回国，借口是他们算不上清廷重臣，没有全权。这其实是日本贪得无厌，想用更大的军事胜利逼迫清廷付出更大代价。使臣在外遭受如此冷遇，清廷终于明白，战败议和绝不是一件容易之事。

而这时的慈禧太后求和心切。她的50大寿，被中法战争搅扰得不甚愉快；她60大寿时，又逢日本人寻衅滋事，这让她十分不悦，寿诞虽然过得极富皇家气派，满朝文武争相朝贺，但北洋水师全军覆没，她不由得寝食难安。2月12日，她召见重臣，谈到美国驻华公使田贝转来东京方面的来信时说："日本点名要李鸿章去，那就让他去吧，着开复对他的所有处罚，令马上来京请训。"国弱无屏，大兵压境，她提出再让受贬的老臣李鸿章出使日本求和，因为只有李鸿章才是日本人理想中"素具威望"的"全权大臣"。

醇亲王奕譞向太后进言："现在皇上对李鸿章怒气未消，让他去议和恐怕与皇上的意见不符。"慈禧一脸愠色，冷言道："皇上体弱有病不能临朝，我自可与皇上面商，你们既然向我请旨，此事我可做一半主张！"醇亲王立马噤声。素来倚信李鸿章的慈禧太后此次也坚信李鸿章是最适合的人选。于是，一道谕旨迅速发往天津："着李鸿章即刻入京候见！"

接到谕旨的李鸿章心怀忐忑，但丝毫不敢怠慢，匆匆入京。

慈禧见李鸿章这么快就赶来了，悬着的心放下了一半。尽管李鸿章入京前已做好为自己犯下的大错担责的准备，但仍没想到太后命他作为全权大臣赴日本谈判，还赏还了他的双眼翎顶、黄马褂，开复革留处分。

日本事先已经通过美国公使田贝向清廷提出了议和的先决条件：清廷除支付军事赔偿金，承认朝鲜完全独立外，须割让土地。李鸿章认为割让土地给日本，"北则碍俄，南则碍英法"，利益攸关，英、法、俄等国都有可能进行干涉，因此，他在京城连日拜会各国驻华公使，再次请求列强出面调解，共同"劝"日本放弃割地要求。但他到处碰壁，遭到英美两国拒绝，美国公使田贝也要他彻底抛弃求列强干涉的念头，尽快与日本议和。沙俄的态度更明确，如日本要求清廷割让海岛台湾，沙俄无异议，但反对日本割取大陆任何土地。李鸿章一无所获，只得向日本求和。为了逃避割地的罪责，他表面上声称不赞成割地，但又强调不割地无法求和，委婉地向朝廷表示，只有明确授予他割让土地的全权，才能赴日。

事关重大，无人敢做主。慈禧太后适时犯了肝气，专心调养，命令朝中一切都由光绪皇帝做主。割不割地，御前会议陷入无休止的争议中。而日本兵锋步步紧逼，3月初，在辽南战场的淮军逐渐抵挡不住日军的进攻，纷纷南撤，战局继续恶化。

3月上旬，清军在辽东全面溃败，李鸿章与日本谈判的唯一筹码——北洋水师和淮军都战败了，他的使命比他想象的更艰难。鉴于"都城之危，即在指顾"，最后光绪皇帝与诸大臣以"宗社为重，边徼为轻，利害相悬"自慰，授李鸿章商让土地之权。于是，李鸿章带着无奈、屈辱和悲愤，踏上了日本国土。

光绪二十一年（1895年）3月19日，李鸿章带着李经方、参赞二品顶戴记名海关道罗丰禄、美国顾问等官员组成的代表团，在蒙蒙迷雾中到达日本本州西南端的港口马关（今下关市）。第二天，李鸿章便在马关春帆楼与日本全权代表伊藤博文、陆奥宗光进行首次谈判。此时春帆楼装修一新，从正厅到二楼的楼梯铺上了华丽的地毯，足见日本对此次谈判的得意亢奋。不言而喻，各方在谈判中的地位反映着战场上的形势。双方互换全权文凭后，李鸿章宣读了拟请停战的备忘录，提出"从谈判议和开始，拟请两国水陆各军即行一律停战"。伊藤博文、陆奥宗光摆出战胜者的骄横姿态，采取军事要挟和外交讹诈的两手策略，力图从中国攫取最大权益以满足其贪欲。李鸿章鉴于"战败而后议和，而且都城危急，形势万分紧急，非寻常交际可比"，处处委曲求全，谨慎退让。李鸿章深知擅自答允日本的无理要求，将给自己带来杀身之祸。因此，他战战兢兢，对谈判中涉及的重大问题无不随时电奏，候旨遵行。

伊藤博文讥讽中国使臣，表现极为无礼。他揶揄李鸿章道："想当年，中堂大人何等威风，谈不成就要打，如今真的打了，结果怎样呢？我曾经给过大人一句忠告，希望贵国迅速改革内政，否则我国必定后来居上。如今十年过去，我的话应验了吧？"

在春帆楼的会议桌上，日方代表一直表现得颐指气使，飞扬跋扈。

日本提出的条件是：第一，日本军队应占守大沽、天津、山海关，且将该处的城池堡垒、清军武器及军需物资交与日本；第二，天津、山海关之间的铁路当由日本国军务官管理；第三，停战期限内日本军队的军需军费，应由清廷支补。如答应以上各款，则停战日期、停战期限及日中两国军兵驻守划界并其余详细条款，应即行议商。李鸿章听完日方复文后，连呼："过苛，过苛！"

李鸿章要求停战，是为了防止日军进攻京畿；而伊藤博文如此凌逼，意在迫使清廷放弃战争，施加对清廷的军事压力。李鸿章致电总理衙门，指出日本"要挟过甚，难于允行"。光绪皇帝获悉后，令奕䜣等与各国公使面商，而各使"均以先索取和议条款为要"；同时表示停战期间清廷可支补日本军费，其余条款万难允许。

3月24日，第三轮谈判开始，伊藤博文依然强硬、蛮横。在提到台湾问题时，他说："我国军队现往攻台湾，不知台湾的民情如何？"

李鸿章反问道："贵大臣说到台湾，想必要攻占，不愿停战大概就是为了这个吧？"接着他打出国际干涉牌，"但英国将不甘心，必然出面干涉"。

实际上，英国与日本已经达成某些方面的默契，因此，伊藤博文不阴不阳地说："贵国如将台湾送给别国，别国必将笑纳。"

李鸿章据理力争："台湾已立一行省，不能送给他国。二十年前，贵国大臣大久保利通以台湾生番杀害日商动兵，后赴都议和，过津相会晤时说，我们两国比邻，此事如两个孩子相斗，转瞬即和，且相好更甚于前。当时两国几乎开战，我力主和局，切不可因之起衅。"

蓄意占台的伊藤博文听得不耐烦了，竟然说："我总理各种政务，实在繁忙。"言下之意敦促李鸿章尽快同意日方意见。李鸿章被迫搁置停战之议，而索取媾和条款。伊藤博文答应第二天面交。至此，停战谈判与议和谈判都毫无进展。

当天下午4时，中日第三次谈判结束后，满怀心事的李鸿章步出春帆楼，乘轿返回驿馆。就在他的轿子快到达驿馆时，人群中突然蹿出一名日本男子,在左右未及反应之时,对着李鸿章头部开枪。李鸿章左颊中弹,血流不止,染红了官服,当场昏厥过去。随员和侍从们将满身是血的李鸿章火速送到行馆,西医立即展开急救,李鸿章渐渐苏醒过来,他发现自己除了一只未受伤的眼睛露在外面,头面上的其他部位已全部包上了白色的纱布。李鸿章置身行伍多年,看惯了刀光剑影、血染袍袖,因此,面对此事表现得异常镇静,他嘱咐随员将换下来的血衣保存好,不要洗掉血迹。面对斑斑血迹,73岁的李鸿章不禁长叹:"此血可以报国矣。"李鸿章的伤口在左眼下1寸的位置,所幸子弹虽然留在了他的体内,但并没有伤到眼睛。

行刺事件发生后,马关警方很快抓到了凶手。经审讯,行凶者是日本浪人小山丰太郎,日本右翼团体"神刀馆"的成员。他行刺的原因是不希望中日停战,更不愿意看到中日议和,一心希望战争继续进行下去。

李鸿章在和谈进行期间,在日本被当地凶徒枪击的消息传开后,日本举国震惊,世界舆论为之哗然,发出一片谴责日本和同情大清国的声音。日本政府很是不安。深夜,伊藤博文和陆奥宗光连夜商议对策,认为:"若李鸿章以负伤为借口,中途归国,对日本的行为痛加非难,巧诱欧美各国,要求它们再度从中周旋,至少不难博得欧洲二三列强的同情。值此关键时刻,如引来欧洲列强的干涉,我国对大清国的要求亦不得不大为让步。"他们急切地商讨采取什么手段化解这场外交危机。按出事当夜的决定,日本极力安抚李鸿章;天皇降旨表示要严惩凶手,并特派御医前往诊治。伊藤博文、陆奥宗光亲临榻前慰问,并自动宣布除台湾、澎湖地区外立即停战,企图借此稳住清廷,避免列强干涉。

同样在深夜,刚刚苏醒过来的李鸿章忍着伤痛,一字一句地授意随员给日本发照会,其中写道:"本日下午,本大臣自会议处所归途,忽遇意外可悼之事,致使面订明日上午10点钟的会议无法亲自到场,十分抱歉!是以特此知会贵大臣:明日会议将由本大臣委派李经方前去面见贵大臣,希望将已承允诺出示大日本国拟结和局要款之概要,交由李经方带回。"

日本政府几经权衡，终于答应拟定停战协议。3月30日，两国使臣签订了《中日停战协定》。

李鸿章虽然看出自己受伤后日本"上下礼仪周到，不过是敷衍外界而已"，可悲的是，他本人和清廷都没有利用这次事件压制日本、争取外援的想法和行动，仍然把索取媾和条款放在首位。李鸿章认为，能够停战已经是很大的成功，所以，在得到陆奥宗光关于停战的通知后，他露出十分高兴的神情，而对条款的内容也就不再进一步争论了。也许他在暗自庆幸自己"因祸得福"，完全没有想到缔结停战协定，只是日本设下的一个陷阱。

伊藤博文对李鸿章的合作态度既高兴又吃惊，没想到让日本提心吊胆的外交危机就这么轻易地变成虚惊一场，他不禁觉得李鸿章"可爱"起来了。

停战协定签订后，接下来的议和协议又遇到了难题。日本抛出的议和条款，仍跟最初提出的条件一样苛刻。李鸿章虽然早就知道日本贪得无厌，但还未料到其贪婪到如此程度。

他原以为以自己70多岁残年之躯的鲜血可以挽回大清的损失，现在他终于明白，自己的伤渐渐痊愈，血迹已干，日本又毫不掩饰地开始讹诈了。

面对日本要求割让辽东半岛、台湾及其附属各岛屿、澎湖列岛，并赔款军费3亿两白银的漫天要价，李鸿章实在难以接受。清廷接报日本和约内容后，急电密告英、俄、法三国公使，希望借助列强阻止日本。而清廷内部就让地一事，再次发生争执，意见相持不下。有人力主台湾不可弃，有人主张弃台保奉天南部，最终弃台派占了上风。清廷在左右为难中，电告李鸿章："极尽驳论而不能得，不得退避不言。"电报中只提及谈判立场，但对割地无明确指示。

李鸿章只好接受美国顾问科士达的建议，拟定答复的说帖，以赔费太多、让地太广、通商新章与两国订约不符等语，委婉地"开导"、驳斥。伤残老迈的李鸿章在病榻上力疾从公，与随员们逐条研究，经过四天的研究与字斟句酌，捧出洋洋数千言的说帖，于4月5日交到伊藤博文和陆奥宗光手里。此刻李鸿章感到十分无助和绝望，他电告总理衙门，说日方的目的仍在于让地、赔款两条能够有结果。如果想要议和速成，赔款恐须超过1万万两。

4月10日，中日全权大臣在春帆楼举行第五次谈判。日本政府考虑到西方国家的在华利益，为缓和矛盾，对和约底稿稍作改动。伊藤博文拿出准备好的改定条款节略，对李鸿章说："今日之事，但有'允'与'不允'两句话而已。"面对日方强硬的态度，李鸿章仍就赔款和让地两项进行辩解，但被日方断然否决。伊藤博文扬言："若再商改约款，故意迟延，即照停战款内和议决裂此约中止办法。"日方以战争再起施行外交讹诈。

4月12日，光绪皇帝指示李鸿章再与伊藤博文磋磨，争取减少赔款，"允其割让台湾一半土地""牛庄营口在所必争""倘若事情已无商量余地，应由该大臣一面电联，一面即与之定约"。13日，李鸿章连复三电，一面进行威吓，说日本已派兵赴大连湾，"若议不合，必至决裂"，进攻京畿；一面断言割让台湾一半土地给对方，也必定不允，恐怕没有回旋余地，日本"愈逼愈紧，无可再商，是否应该即照伊藤博文前所改订条款定约，以免耽误大局"。14日，光绪皇帝万般无奈，指示李鸿章："原本希望争得一分有一分之益，如毫无商量余地，即遵前旨与之定约。"

4月15日，第六次谈判仍在春帆楼进行。相同的地点，相同的人员，不一样的只是中日使臣的心境。日方志得意满，中方垂头丧气。李鸿章费尽唇舌，恳求日方做出让步。但日方深知清廷一贯认为京师与皇家宗社攸关，必会不惜血本保住京师，维持大清统治，因此强硬到底。

直到这时，李鸿章还在等待外援。但盛宣怀电告他说："这段时间分别询问各国公使，都说没有出力相助之议。"外援无着，又不敢倾举国之力与日军决一死战，除了在卖国条约上签字，已别无他途。李鸿章被逼无奈，只能出卖民族利益，屈膝求和。

4月17日，中日两国全权代表在马关春帆楼正式签订和约，史称《马关条约》，共十一款，并附有《另约》和《议订专条》。主要内容为：一、中国承认朝鲜完全无缺之独立自主；二、中国割让台湾全岛及附属岛屿、辽东半岛及奉天省所属岛屿、澎湖列岛给日本；三、赔偿日本军费库平银2万万两；四、开放沙市、重庆、苏州、杭州为通商口岸，日船可沿内河驶入上述各口，日本政府可在各口岸设立领事馆；五、日本臣民在中国通商口岸根据自我意愿设立工厂，输入机器，只交所订进口税，日本在华制造的一切物品免征各项杂税，所有日货均可设栈寄存；六、为保证切实执行所订条款，允许日军暂驻山东威海卫。此外，在《另约》中规定了驻守威海卫的日军数目、活动范围以及与中国官署分别管理的权限等项。《议订专条》规定了该约各种文本的效力等项。签订条约时，李鸿章对伊藤博文说："如此苛刻的条款，签押又必受骂，怎么办？"伊藤博文答曰："任他们胡说，如此重任，他们也担当不起，中国唯中堂一人能担此任。"

光绪二十一年（1895年）4月18日，李鸿章带着《马关条约》草约和脸上的纱布，以及懊恼沮丧的心情自马关起程返国。船抵大沽，他派人星夜进京，向总理衙门呈送约本。他到天津后称病不出。4月20日，他奏报谈判经过，一面为自己开脱罪责，说"当此事机棘手之际，骄悍不屈地据理力争""既不免毁伤风烛残年之躯，又不能稍微收敛强敌的贪心"；一面劝导朝廷发愤图强，认为敌人气焰正盛，得到大清巨额赔款及沿海富庶之区，如虎添翼，后患无穷，"深盼皇上振作于上，群臣百官齐心协力，尽早变法求才，自强克敌，此乃天下莫大的荣幸"。

《马关条约》的签订，让李鸿章看到自己一味媚上避战而战败的恶果，他也因此被朝廷内外斥为卖国的"汉奸"。朝廷斥责他办事不力，官员说他丧权辱国，民间传说他接受了日本人的贿赂。更有人公开宣称，要不惜一切杀掉他，以雪中华之奇耻大辱。

两年之后,李鸿章的忠实幕僚吴汝纶赴日本考察教育,他来到签订《马关条约》的春帆楼上,看到当年李鸿章谈判时坐的椅子比别人矮了一截,不由得悲从中来。同行的日本人请他留下墨宝,吴汝纶写了四个字:"伤心之地。"

被中华民族视为耻辱的《马关条约》,是继咸丰十年(1860年)中英、中法《北京条约》以后外国侵略者强加在清王朝身上的最丧权辱国的不平等条约。它使日本得到了从未有过的巨大的实际利益,并借此进一步发展国力,走上资本主义强国之路。

二、中俄签密约 神州纷割地

战败后的大清国像一头倒下的狮子,面临着被群狼分而食之的危险。沙俄和英国久观鹬蚌之争,坐待收获渔翁之利,面对复杂的国际局势,清廷仍是一筹莫展。那些满腹经纶的朝中"清流",此时除了对李鸿章口诛笔伐之外,也拿不出半点治国自强的良策了。

在经历甲午战争的惨痛失败后,清廷中改练新军的呼声渐高,而袁世凯凭借自己曾经帮朝鲜练过新军的经验,试图抓住这个机会,实现自己以西法练兵的计划。他为此上下奔走,向权贵们"推销"他的练兵计划,并最终获得成功,被授予直隶按察使的职务,但并未到任而是专职练兵。

李鸿章的日本之行并不光彩,为了暂避风头,他躲到京城贤良寺静养。清廷仅保留了他文华殿大学士的头衔。在清净庄严的环境中,他不禁沉思,这辈子就这样画上句号已经够了,虽然对不起国民,但却对得起朝廷,也算报了慈禧太后的知遇之恩。但树欲静而风不止,每日前来奏报、托请的人依然不少。他从这些人口中了解时局,想着自己的淮军,对袁世凯的所作所为十分不屑。

光绪二十二年(1896年)春末的一天,李鸿章回到天津,袁世凯主动前来汇报练兵事宜,说初步的计划已经部署好,聘请了德意志教习，不日内便可签订合同，正式展开训练。出乎众人意料的是，一向颇有风度的李鸿章这次没等袁世凯说完便勃然变色，举起手中的手杖，砰砰敲打着地面，厉声道："嘻！小孩子懂得什么练兵！又订的什么合同！我治兵数十年，现在尚不敢说有什么把握。兵是这么容易练的吗？你雇几个洋人，扛上几杆洋枪，喊几个洋口令，便算是西式军队了吗？"

时年37岁的袁世凯，遭此斥责之后，面红耳赤，又不敢反驳。周围的幕僚们从来没见过李鸿章发那么大的火，大家都低着头，既不敢看李鸿章，也不好意思看袁世凯，场面十分尴尬。在感叹世态炎凉之余，李鸿章积蓄已久的怨气终于倾泻而出。

为了缓和气氛，督操营务处会办王士珍说："不知傅相有没有听说，德意志的克虏伯炮厂生产出更先进的大炮，大炮射击演放之前，可用电动机械起吊并装填炮弹，而且炮架前增设了先进的'液压'系统，炮身的360度转动和炮口的上下调整更为灵活。"李鸿章看了王士珍一眼，脸上逐渐露出兴奋之色。当他得知王士珍是天津兵站的教官时，便与这个年轻人讨论起怎么使用大炮来。

回京后，李鸿章左思右想，认为当前若能远离政治旋涡，不失为一种自救。于是叩请皇帝、太后恩准他亲赴德意志访问克虏伯炮厂，顺便探望在德意志埃森城求学的最后一批留学生。

慈禧太后见到李鸿章的奏请，心想，时逢俄国沙皇尼古拉二世的加冕典礼，正愁没有合适的人前去恭贺，既然李鸿章主动请求出国，不如做个顺水人情，让李鸿章作为特使去参加沙皇典礼，然后顺道去埃森。当然，他这个特使不只参加典礼仪式，还担负着另一项特殊使命——与沙俄签订一个密约。

甲午中日之战和《马关条约》签订之后，清廷对日本的主流认识慢慢变成"联俄抗日"。因为沙俄在清廷最艰难的时候跳出来帮忙，要回了辽东半岛。另外，清廷也想利用沙俄牵制日本。在众多议论中，两江总督刘坤一说得更简明：威胁大清的国家以日本为最，日本企图占领东北的野心积蓄已久，而沙俄会同法德发起三国还辽成功，清廷上下均视沙俄为救星，包括翁同龢、张之洞在内的主战派均倾向于联俄。清廷的外交政策也由"以夷制夷"转向"结强援"。君臣都想到利用俄国沙皇尼古拉二世举行加冕大典的机会，因为到时各国都会派出专人祝贺，中国可以趁机与德、英、美等国拉近关系，尤其要与沙俄洽谈中俄联合的问题。

沙皇尼古拉二世准备在光绪二十二年（1896年）5月举行加冕典礼，在此之前，清廷已拟定一个人选，即加布政使职衔的王之春为特使前往致贺。但俄方认为他"位卑言轻，非列国信用人物，不足以担当俄皇加冕重典的使节"，俄方还说，"辽东事件，沙俄帮了中国很大忙，不可不确定报偿条件"，而日本必然谋图报复，"中国欲保全疆土，不可不与沙俄协同防御，故须授李鸿章全权才能协定一切"。

如今李鸿章不请自来，对慈禧太后来说简直是求之不得。其实，俄方的意图从一开始就是想借李鸿章参加典礼的机会，暗中进行外交谈判。由此可见，李鸿章虽然没有了实权，但他在外交上二十几年的人际关系，与许多重大外交事件牵缠紧密，使外国人视他为清廷外交的第一人选。因为对洋人来说，李鸿章及清廷直接操控者慈禧太后的影响力远超过光绪皇帝。

李鸿章本来只想到欧洲游历一番，以增长见闻，没想到竟被委派了这么大一件差事，他心里五味杂陈，既想为清廷竭力做事，又怕重蹈马关的覆辙。除此之外，他的家人也十分担忧，毕竟他已经70多岁高龄，加上身体虚弱，就如风中残烛，遇到稍劲疾的风就有熄灭的危险。光绪二十二年（1896年）2月28日慈禧召见李鸿章时，由于谈话时间过长，一直跪着回话的李鸿章告退时竟然站不起来了，最后由两个太监把他扶了出去，但是一出宫门他就晕了过去，两个小时后才苏醒过来。所以，李鸿章在向慈禧表示意向时说"并非爱惜身体，只是担心有辱使命"，足可看出他为清廷鞠躬尽瘁的决心。

初夏，李鸿章离京南下，几日后抵沪。他对前来迎接他的朋友说：

"万里长途，七旬老翁，归时能否相见，实不可知。"英、法、德诸国公使纷纷邀请他前去访问，以便渔利。但沙俄担心李鸿章首先出访法德有损中俄交涉，便让沙俄驻华公使喀西尼出面，与李鸿章商定路线：乘法国船只从上海出发，穿越红海和苏伊士运河，在埃及塞得港换乘沙俄船只，由地中海进入黑海，到达沙俄港口城市敖德萨，然后乘车前往圣彼得堡。

3月18日，李鸿章在喀西尼的安排下，由德璀琳、穆意索、赫政、杜维德等人陪同，乘坐法国邮船"爱纳斯脱西蒙"号从上海出发，开始了他的环球访问。李鸿章办了数十年洋务，学习西方先进的军事和工业，但现在真要去西方实地考察，他反而有些惶恐不安。

为了照顾他，他的两个儿子李经方和李经述也随同访问。李经方负责协理事务，李经述负责照料李鸿章的起居。此外还有兵部主事于式枚、各国洋顾问，以及一名英国医生。他们从上海出发后，经过东海、南海、马六甲海峡，横渡印度洋，穿过红海和苏伊士运河，到达埃及的塞得港。沙皇派遣乌赫托姆斯基公爵专程前往塞得港迎候，之后，李鸿章一行再换乘沙俄轮船，由地中海前往黑海。

经过一个多月的航行，李鸿章一行终于到达沙俄圣彼得堡。沙皇为李鸿章举行了盛大的欢迎仪式，沙俄陆军元帅亲举大清国黄龙大旗，与沙俄外交大臣一路引领，李鸿章登上沙皇本人乘坐的车辆前往下榻处，两旁有数万市民夹道欢迎。沙俄给李鸿章的接待规格之高、礼仪之完备，可谓史无前例。

沙皇之所以让李鸿章先赴圣彼得堡而不前往莫斯科，是为了在举行加冕典礼之前进行相关的国事谈判。李鸿章来到住处——巨商巴劳辅的豪华私邸时，发现从饮食到室内陈设，"无一不是中国物"；巴劳辅的"起居言语，又无一不似中国人"。他不由得放松下来，几乎忘了自己身在异国。

随后，沙皇指派财政大臣维特在这里与李鸿章进行了首次谈判。事前有人告诫维特说：与中国官员谈判首先是不要着急，因为一着急他们就会以为是没有风度，任何事都要干得从容不迫，一切都要遵从中国的各种礼仪。所以，这次谈判前后进行了很长时间。

5月4日，李鸿章乘专列到达莫斯科。沙皇命大臣以五马驾金朝车将李鸿章迎入行宫接见。入宫后，李鸿章不失礼节，从容不迫表明自己代大清国出使的身份并送上礼物，致辞晋颂。沙皇回致答辞，接着双方畅怀叙谈，十分融洽。之后，李鸿章出席了加冕大典。

沙皇的加冕典礼盛大隆重，英国报纸称"为各国累年所罕遇"，因为他欲显荣光于全世界。不过，乐极生悲，在颁赏民众的集会上，世界近代史上最早的一次因人群拥挤而造成的惨祸发生了。由于搭建的彩棚忽然塌倒，众人在慌乱逃生时，踩踏致死4000多人，酿成一大惨剧。据当时多家报纸的记载，此次灾祸共造成4500~4800人死亡，3000多人重伤，受轻伤的有好几万人。

这一事件顿时震动了整个莫斯科。在这个特殊日子发生如此惊天惨案，当事者和沙皇朝臣们胆战心惊、手足无措，担心事态继续恶化下去。人们猜想，很可能沙皇要下令取消一切庆祝活动，皇室人员将马上离开这座正被哭声笼罩的不幸城市，接下来调查责任人、逮捕肇事者也在所难免。

久涉官场的李鸿章在异国遇到这种事，难免要评议一番。维特的《回忆录》中有一段很有趣的描述：

李鸿章及其随从一行驱车抵达……他走进亭子，我赶快迎上去，还没来得及寒暄，他就通过翻译问我："听说刚刚发生了一起大惨祸，伤亡了一两千人，此事当真？"我有些不悦，他怎么这么冒昧，刚上来就说这么不愉快的事，于是就回答说："是的，确有其事，发生了这么不幸的事情。"

李鸿章露出很关切的神色，接着向我提出一个问题："请问，难道你们还要将这不幸事件的全部经过详细禀报皇上吗？"我一时不明白他的意思，随口答道："是的，已经向皇上禀报过了。"他面带遗憾的表情,连连摇头说:"你们这里的官员在这些问题上太没有经验了,这样的事怎能照实禀报呢?皇上一旦动怒怎么办?……我当直隶总督的时候,我统辖的一个省份有次发生鼠疫,一下死了好几万人,我们却经常呈奏皇上,那里一切都顺遂。有一次他甚至问起我有没有发生过什么瘟疫疾病,我照旧回答说:'没有任何瘟疫,老百姓都安居乐业,称道皇上圣明着呢。'他听了很是喜欢。"

……………

这位看似威严,实际很和善的中国老人又做解释般地向我开导:"皇上嘛,就是皇上,干吗一定要让他知道那么多细节?我们干吗非要用国家死去好几万人的坏消息无故给他增添烦恼呢?"

李鸿章一边向维特介绍经验,一边劝慰此次惨案的责任人、首席典礼官冯德·帕连和其他沙俄朝臣说:"区区小事,一定放宽心些。"仅此一事,李鸿章就赢得了沙俄诸位大臣的好感。维特评价李鸿章不仅是一个"卓越的政治家,当时位居中国朝廷的最高职务",而且"善体人情,乐于为人出谋划策"。

李鸿章虽然赢得了不少沙俄大臣的好感,但维特对李鸿章本人的印象并不太好。他后来评论:从中国文明的角度看,他是高度文明的,但从我们欧洲的观点看,他没有接受什么教育,也并不文明。

李鸿章爱抽烟、吐痰,维特对此十分反感,他曾在回忆录中狠狠地"直笔"了李鸿章这个恶习:"用过茶点,我问李鸿章是否想吸烟。他于是喊了一声,颇有点像马的嘶叫声。两个中国人立刻从隔壁屋子里跑来,一个拿着水烟袋,另一个拿着烟草,开始吸烟的仪式。李鸿章静坐着吞云吐雾,他的侍者们很肃敬地替他点烟,端着烟袋,从他的口里拿出来,又放回去。很显然,李鸿章是想用这种隆重的排场使我对他的尊严有一个深刻的印象。不过在我这方面,我也使他相信，我对所有这些排场丝毫没有在意。"

李鸿章在沙俄待了一月有余，谈判也进行了很多次。沙俄人无可奈何地尽量配合李鸿章的慢节奏，并始终热情款待他。一个月后，李鸿章拜谒加冕后的沙皇，虽然只是入宫小坐，沙皇依然让人摆出盛筵款待。桌上的山珍海味都是按东方特色特制的，皇帝、皇后接见他时"情谊尤为融洽"；到李鸿章告辞出来时，宫外的銮仪卫兵排列肃立。如此优待，无人能出其右。

沙俄之所以给李鸿章如此高的礼遇，主要是想通过他代表清廷签订密约，以便在华攫取前所未有的巨大权益。而李鸿章代表的清廷，则想通过密约，实现它"联俄拒日"的幻想。

《中俄密约》中协商的条款及内容如下：

第一，日本如侵占沙俄亚洲东方土地，或中国土地，或朝鲜土地，即牵碍此约，应立即照约办理。如有此事，两国约明，应将所有水陆各军届时所能调遣者尽行派出，互相援助。至于军火粮食，也应尽力互相接济。

第二，中俄两国既约定协力御敌，非由两国公商，一国不能独自与敌方议立和约。

第三，开战时如遇紧要之事，中国所有口岸均准沙俄兵船驶入。如有所需，地方官应尽力协助。

第四，今沙俄为将来转运俄兵御敌并接济军火粮食，以期妥速起见，中国国家允于黑龙江、吉林地方接连铁路以达海参崴。唯此项接造铁路之事，不得以此为借口侵占中国土地，亦不得有碍大清国皇帝应有权利。其事可由中国国家交华俄银行承办经理。至于合同条款，由中国驻俄使臣与银行就近商订。

第五，沙俄于第一款御敌时，可用第四款所开之铁路运兵、运粮、运军械。平常无事，沙俄亦可经此铁路运过境的兵粮。除因转运暂停外，不得借他故停留。

从条款中可看出沙俄对中国国土及其他利益的觊觎。很明显，沙俄对李鸿章一行的盛情款待是别有用心的,尽管表面上看去,两国是为了共同拒日,但在沙俄认为对它不利的重要事情上,是绝不让步的。

维特在回忆录中,认为"以李鸿章的智力和常识来判断",他算是自己一生接触的政治家中"很卓越的一个"。李鸿章明里"客客气气"地应付场面,秘密会谈中尽管也未摆出剑拔弩张的架势,但在有些利害问题上也进行过争执,并且随时用特殊密码电报与军机处联系,请示最高决策层的意见。但最后在重要问题上到底未能依照清廷的意见来定。俄方自始至终控制着谈判局面,甚至玩弄偷梁换柱的把戏:在签字前一刻,俄方发现条约文本中有一处他们原拟删去但因疏漏而没有删去的字句,竟借故到午餐时间临时休会,暗中让秘书重抄条约文本,神不知鬼不觉地换到下午的会议上供签字用。

协议中的条款经过争议、讨价还价和相互妥协后确定下来,其中个别条款正如维特所说,沙俄做了手脚,但协议还是于5月18日正式签订了,这就是所谓的《中俄密约》。其核心内容是:中俄两国针对日本的军事威胁结成互相援助的军事联盟;沙俄在中国东北地区铺设铁路与沙俄横穿西伯利亚的远东铁路接轨。通过这一密约,沙俄侵略势力在中国东北地区得以更有保障地深入和扩大。出于对各自利益的保护,密约签订后,中俄双方对外界都守口如瓶,讳莫如深。

李鸿章自以为签订《中俄密约》是做了一件卫国保民的好事。后来,他向外交家、著名诗人黄遵宪不无得意地说:"此约可保二十年无事,总可得也!"但他万万没想到自己的谈判对手是一群唯利是图、背信弃义的虎狼之辈。随后发生的事即证明,李鸿章被沙俄蒙骗了。当时新加冕的尼古拉二世正急欲在远东扩张俄国势力,"被一种夺取远东土地的贪欲迷住了心窍"。在这一真实企图的背后,沙俄怎可能对大清轻易施以援手?

"弱国无外交"这一残酷的历史教训,在《中俄密约》的议订和后续问题上,再一次得到无情的印证。这其实是李鸿章的外交失策。对此,黄遵宪在李鸿章去世后写的挽诗中对此有精辟论断,其中第三首诗曰：

> 毕相伊侯久比肩，外交内政各操权。
> 抚心国有兴亡感，量力天能左右旋。
> 赤县神州纷割地，黑风罗刹任飘船。
> 老来失计亲豺虎，却道支持二十年。

黄遵宪在这首诗的自注中提到，李鸿章出使沙俄时，对在上海送行的他说："联络西洋，牵制东洋，是此行要策。"如今看来，当时李鸿章自以为得计，但被历史结局证明恰是"失计"。

三、中欧礼遇隆　其意甚欣然

出席完沙皇加冕礼，并和沙俄签订了不可为外人知道的《中俄密约》后，李鸿章决定顺道访问欧洲列国，亲自到国人羡慕的西方世界一探究竟。

按行程安排，李鸿章于光绪二十二年（1896年）6月13日乘火车前往德意志进行访问。因有沙俄的前例，德意志政府在接待上也不甘落后，款迎之礼十分恭敬。李鸿章在德意志首都柏林的下榻点，被安置在最豪华的恺撒大旅馆，那里不但饮食丰盛、用具华美，而且旅馆工作人员事先通过熟悉李鸿章之人，询悉其平时嗜好，一概投其所好，就连他常吸的雪茄烟、常听的画眉鸟，也陈列几案、鸟笼悬挂。可见，德意志为了迎接李鸿章的到来下了一番功夫。

在旅馆的会客厅里，德意志人还将他的照片与德意志著名"铁血宰相"俾斯麦的照片放在一起，当地报纸称他为"东方的俾斯麦"，李鸿章对这样的称呼很高兴，他一直很崇拜俾斯麦，能与其相提并论自觉不胜荣幸。

与德皇威廉二世的会面完全是礼节性的。李鸿章递国书后致辞，对签订《马关条约》后德意志参与干涉还辽表示"铭记在心,至今不忘",希望"中德之交,传诸子孙,永远没有尽头"。李鸿章得意忘形,公开场合难免讲错话。为了特别强调与德意志关系的密切,他竟说"中德之友谊,比起其他有约之国,更为融洽",这种有厚此薄彼之嫌的外交辞令,明显欠妥,当时西方国家的报纸因此而笑话他"未免言辞失当"。德皇致辞中除了称李鸿章"大清国头等大使"的职衔外,还特别加缀了"大才能、大名望、大老臣"的荣称。此话显见奉迎,却使李鸿章感到"心中欣悦,不可言喻",他也祝愿"中德两国,同有日长炎炎之势,共享升平之福"。

让李鸿章真正自感得意、大开眼界的是皇家招待会后,让他坐在虎皮椅上检阅德皇"御林军",即皇家卫队。他观其阵容、操法,由衷艳羡,情不自禁地对德皇感叹:"如果鄙人能有此军十营,今生足矣!"

接下来,李鸿章与外交大臣马沙尔进行了会谈。出人意料的是,李鸿章提出要求欲拜会俾斯麦,这让德皇和马沙尔都颇感不快,但又无可奈何。

德意志帝国前首相俾斯麦是世界级风云人物,以"铁血宰相"著称于世,他年长李鸿章8岁,当时已是82岁高龄。他从1862年(同治元年)至1890年(光绪十六年)一直担任普鲁士首相,在这二十八年的执政生涯中,他主张通过王朝战争统一德意志,发动了一系列对内对外战争,极力维护贵族地主和大资产阶级利益,实行强权统治,从而使德意志一跃成为仅次于英国和沙俄的"世界老三"。1890年(光绪十六年),由于年轻气盛的德皇威廉二世与他政见不和,在许多问题上都有分歧,逐渐意识到兔死狗烹道理的俾斯麦主动辞职,离开了政治中心柏林。

在离汉堡20多公里的小城奥姆勒,有一座名叫福里德里斯鲁的庄园,漂亮的花园住宅掩映在绿树之中,四周幽静无比,俾斯麦就住在这里。德意志政府在庄园附近为他专门铺设了一条直通柏林的私用铁道。6月27日,李鸿章坐着火车来拜会俾斯麦。

当李鸿章和他的随从抵达时，俾斯麦在私邸大门口以最高礼遇恭候迎接。俾斯麦穿着威廉一世皇帝赠送给他的军礼服，佩着军刀，制服上挂着黑鹰星章和铁十字勋章。两人拥抱后，长时间坐在会客厅里借助翻译谈话，互敬赞辞。

李鸿章与俾斯麦都在军中多年，同时，李鸿章有在日本谈判时遭日本浪人暗杀的经历，子弹至今留在他的左颧骨内；俾斯麦也曾在街市遭人枪击，他的警卫光荣献身，而他却勇敢地将歹徒的手枪踢飞……李鸿章倾慕俾斯麦，俾斯麦也素闻李鸿章其人。当李鸿章说到自己的枪伤时，俾斯麦向他介绍："去年下半年，我国科学家伦琴发明了'照骨术'（即X射线）。它能清楚地看见人的骨骼和内脏，您不妨去看一下，说不定能把您面部的子弹取出来！"

李鸿章对俾斯麦的关心非常感激，不加掩饰地表达了内心对俾斯麦的崇敬，大意是：久闻您的大名和伟大功绩，今天有幸见到您，看到您的风采，更觉您的伟大。

俾斯麦回复道："我也很高兴能招待一个建立伟大功勋的总督。"李鸿章谦虚地表示："不能与阁下相比，您的贡献有世界意义。"

到了吃饭的时候，俾斯麦不让李鸿章的随从搀扶李，而是亲自扶着他的手臂走到饭厅。80多岁的俾斯麦挺起胸脯，两眼炯炯有神，丝毫不见龙钟老态。

李鸿章说："三十多年前普鲁士战胜奥地利，就仰望您的大名，无缘相见，如今总算如愿以偿。"俾斯麦设法忽略这种恭维，说："我已大不如前，我已经老了。"李鸿章立即关心地询问俾斯麦的健康，身体哪里不舒服，平日做些什么等，俾斯麦笑着回答："什么都不做，不愿再找气受。我目前无事一身轻，只是一介村夫，喜欢到森林和田野里散步，不再过问政事。"

李鸿章又借题与俾斯麦推心置腹地谈执政问题，谈中国变革。他说："我这次很高兴来到您这里，有个问题想向您请教。"

"请问是什么问题？"

"怎样才能在中国进行变革？"

"在这里我不能断言。"

李鸿章说："在我们那里，官府、国家都在给改革制造困难、制造障碍，我不知道该怎么办。"

俾斯麦回答说："反朝廷是不行的。如果皇帝完全站在您这边，有很多事情您可以放手去做。如果不是这样，那您就无能为力。任何臣子都很难反抗统治者的意愿。"

李鸿章问："如果皇帝一直受别人影响，接受他人的意见，那我该怎么办？每天都有一些麻烦，让做臣子的左右为难。"

俾斯麦忽然用法文说："跟我们这里一样。"接着他又用德语说："在我当首相的时候，也经常遇到这种情况，有的时候来自女人方面……"

李鸿章听了翻译官的翻译后，笑了笑说："但您有坚强的性格，难道不能平和地化解这些矛盾吗？"

"对于贵妇们，我一向是很有礼貌的。怎样把上面的旨意贯彻到下面，而让下面服从呢？军队决定一切，只要有军队服从，其他事情迎刃而解。"俾斯麦继续解释说，"兵不在多，哪怕只有5万人，但一定要精。"

李鸿章接着说："我们有很多人，但是缺少受过训练的部队。现在我终于看到了德意志的优秀部队。即使以后我不在任上，我仍将在能力范围之内根据阁下的建议对军队施加影响。我们需要聘用德意志军官，以德意志军队为榜样来训练我们的军队。"

俾斯麦说："练兵之法，更有进者。一国立定一军，不必分驻全国，但要选择扼要之处，群聚屯扎，关键在于你是否能把部队掌握在自己手中，自如地调动他们，使他们很快地从一地到另一地。"

李鸿章亲自带兵打仗十数年，后改良军备、组建海军等，本以为经过一番努力，军队已实现自强，但甲午战败却证明清军仍是"弱不可支"，像"纸糊的老虎"，想从德意志的精兵经验中寻求秘诀，最终也不得要领。这并不是说德意志的经验不可借鉴，而是两国国情有巨大的差别。

最后，李鸿章再次问出心中最想获得答案的问题："为大臣者，要为国家有所尽力，而大清朝廷与己不合，群掣其肘，于此而难行厥志，是什么道理？原因何在？"

他问得如此直截了当，俾斯麦有切身的感受，虽有难言之隐，但也直言相告："首在得君，得君既专，有什么事不能做呢？"

俾斯麦的话令李鸿章颇以为然："这和我在贤良寺与幕僚们说的话一样啊！"只是他何尝不想"得君既专"，不然，一个70多岁的老人为何要涉万里波涛、遍访欧洲？想到此，他觉得自己就像遇到了一生难得的知音。

在拜访俾斯麦的第二天，李鸿章在德意志官员的陪同下，去柏林医院接受了X射线检查。该院院长亲自为李鸿章拍片，说李鸿章左眼之下确实有一颗子弹，而且形状清晰。李鸿章问能不能将这颗子弹取出来，院长说："做这种手术的技术，我们已完全具备，但考虑到您的年龄，我们认为不适合做这种手术。"李鸿章认为这台仪器十分神奇，离开时，他表示希望德意志能出售一台这样的仪器给大清。院长说："为了中德人民的友谊，我们愿意无偿奉送一台。"就这样，李鸿章不仅成了中国历史上第一个接受X射线检查的人，还成为把X射线设备技术引入中国的人。

至拜访结束，李鸿章与俾斯麦都表现得依依不舍。记者们忙为他们留影，主人则取出满是名贤翰墨的簿册，请贵宾留言。李鸿章欣然命笔："仆闻王（指俾斯麦）盛名三十余年，不过如空谷应声；今日得以一睹真容，直如剑气珠光，不敢逼视。"俾斯麦也客气一番，宾主再次相互揖让，极为恭敬。李鸿章最后说："我希望能来祝贺您90岁生日。"

告辞之时，两位政治家互相凝视不语。火车徐徐开动，俾斯麦挺直胸膛，右手举到帽檐，行军礼。而李鸿章站在火车上，两手握在胸前，频频摆动，用一种虔诚的姿势与俾斯麦告别。俾斯麦一直注视着李鸿章，直到火车远去。

李鸿章此次到德意志的最大心愿是观看克虏伯炮厂的新式大炮，因此，他带着回国之后能"得君"的希望，想要考察德意志的克虏伯炮厂。就在他即将起程时，不幸偶感伤寒，只得在恺撒大旅馆休息了两天。敏感的记者见德意志政府以规格极高的礼遇对待他，非常感兴趣。许多人想探访李鸿章访德来意，想知道中俄密约是否确有其事，于是纷纷前往李鸿章下榻处请求一见。

记者问道："中外盛传中俄之间有密约，请问李中堂，此事确否？"

李鸿章答道："访俄亦同访德，况且世界各国均有使节前往参与盛典，中俄并无单方订定密约之事。外界传言我曾在中俄密约上签字，此乃错误的报道。"

记者问："听说贵国欲增加关税，此事可否证实？"

李鸿章答："敝国为了清偿外债，确实有此计划，而且敝国拟借新的外债，即以此增加关税为质押品，亦可保证外债的偿还。而目前接洽，尚无头绪。"

对于记者的提问，李鸿章来者不拒，坦然相告，他思路清晰，回答得谨慎而周密，滴水不漏。

7月2日，李鸿章及随员一起参观了克虏伯炮厂。通过参观，他了解到，该厂成立之初，所有雇工不过百余人，而今却拥有近10万名工人，不禁深叹其"规模之宏大，制造之精良"。他发现克虏伯炮厂生产的新型大炮确实配有"液压"升降系统和电动填弹装置，不由得叹息自己不能在这里取一点火种，以改变大清国的落后面貌。

李鸿章还参观了德意志的来复枪厂。该厂拥有员工6000多人，机器4000台，规模令人惊叹。该厂有美国的大炮专家，专门为德意志生产和制作最精良的大炮。厂内还有各种灵便的手枪，李鸿章见后称赞不已。德意志人看到李鸿章由内而外的羡慕和惊喜神态，趁机劝他替清廷多买武器，李鸿章说："现在本大臣没有向贵厂商购买的权力，回国后当再商议向贵厂购买利器。"

应炮厂主人之邀，当晚李鸿章坐着轮椅来到埃森弗里茨·克虏伯的胡格尔别墅，在招待宴会上，李鸿章成为座上宾。他借着酒兴，请克虏伯向德皇威廉二世传话，期望德意志不要派遣军队到胶东半岛，克虏伯听从顾问劝告，说不便到德皇那里插手中国外交事务。李鸿章很愤怒，在克虏伯的山庄发表演说，批评德意志政府及德意志工业界的不作为，令克虏伯很难堪。不过，他虽然对李鸿章针对德意志工业及德意志政府的"不友好"言论非常恼火，但是，他也能理解一个落后而遭欺凌的民族的痛苦和悲愤。面对这位对祖国忠心耿耿的老人，品味其人格，克虏伯反而更加敬重他。

克虏伯明白，此次德意志之行是李鸿章的第一次也将是最后一次。他越来越理解李鸿章的良苦用心。李鸿章不仅是其家族军火销售的大客户，更是他钦佩的中国朋友。临别时，他送给李鸿章两大本中国驻德各任大使与克虏伯家族交往的私人影集。他说："因为您对我们家族的情缘，山庄别墅成了我们两国交往的情感之地。不管您是大臣还是平民，您永远是我们家族最珍贵的朋友。"

李鸿章的埃森之行显然也帮助克虏伯家族实现了提升大炮销售量的愿望。不久，清廷从其手中订购了82门新型大炮。

随后，李鸿章率随从分别参观了波罗的海沿岸、基尔等地的造船厂和军港。他还特意去了伏尔铿厂，因为当年让日本人忌惮的"定远"号和"镇远"号两舰正是这里制造的。该厂依然生产世界上最先进的战舰，而李鸿章恐怕永远没有机会重新购买他心中的"定远"号和"镇远"号了。

李鸿章访德期间，受到了德意志商界的青睐，因为他曾是德意志军火的大主顾，德意志商界幻想通过他进一步开拓中国市场。因而，商会宴请，工厂参观，各种款待邀请，李鸿章都一一应承下来，始终表现得平易近人。不过，他已没有订购军火的权力，只是叮嘱德意志商界"不要平白无故地花费以至于空叹失望"。而德意志商界只知道李鸿章是大清国手握重权的"散财童子"，很多事情他都有决策权和影响力，但殊不知他只是慈禧太后手中的一颗棋子。

7月4日，李鸿章一行转往荷兰，于第二天到达荷兰首都海牙，在这里他同样受到了热烈欢迎。荷兰女王亲自派出王宫的马车队前去迎接，并安排李鸿章入住海牙海边最豪华的库尔豪斯大酒店。晚上，李鸿章应邀出席荷兰政府为他举行的宴会和歌舞晚会，他品尝着西方风味佳肴，欣赏着"珠喉玉貌，举世无双"的美女歌舞，飘然欲仙，即席赋诗《荷兰夜宴》，表达自己的喜悦和感激之情：

出入承明四十年，忽来海外地行仙。
华筵盛会娱丝竹，千岁灯花喜报传。

也许是因为在荷兰没有朝命在身，李鸿章精神比较放松，心旷神怡之际，便赋诗盛赞海滨风景和歌舞之美。王太后还赠送他"金狮子大十字宝星"一座，其随员也都得宝星赐赏，皆大欢喜。短暂停留后，李鸿章一行告辞前往他国。

7月8日，李鸿章来到比利时首都布鲁塞尔，见到了比利时国王利奥彼德二世。比利时当时的军火工业很发达，李鸿章专门参观了兵工厂，看到各式武器，觉得"美不胜收""喜其犀利神速，罕与伦比，因而赞不绝口"。

比利时素以出产优质钢铁和军火而闻名。该国当时与中国的贸易虽不火热，但对李鸿章一行的接待也丝毫没有怠慢，甚至别出心裁，与其他几国比有过之而无不及。李鸿章进出布鲁塞尔时，总是由国家文武大员夹道迎送，军队在一边升旗鸣炮。仅为李鸿章一人准备的馆舍，就达21间，其中装饰之华丽、器具之精良，简直就像在琼台瑶阁。在比利时王宫举行的国宴上，王室人员原本有禁止吸烟的规矩，但是听说李鸿章有饭后吸烟的习惯，就破例在宴会上撒了一些烟卷，给在场人士分享，以这样的办法来照顾李鸿章饭后吸烟的习惯，使他不至于因一个人抽烟而尴尬。

五天后，李鸿章一行到达法国，时值法兰西共和国国庆前夕，他在爱丽舍宫见到了总统弗朗索瓦·菲利·福尔，双方"互庆升平，同跻隆盛"。接着，李鸿章与外交部部长汉诺多就中国提高海关关税举行会谈。法国之行让李鸿章看到了"世界艺术之都"的魅力。在巴黎的十三天里，他参加了一系列活动，走访报社、学校、博物院、工厂、矿山，观看了来复枪和钢炮实弹射击表演；还由一名懂汉语的法国部长全程陪同，泛舟塞纳河，夜赏烟花。当美丽的巴黎夜景和耀眼的礼花映入眼中时，李鸿章顿觉心旷神怡，"意甚欣然"。

四、誓以己所知　补一国之缺

光绪二十二年（1896年）8月2日，在圆满结束了对法国的访问后，李鸿章开始了对英国为期二十天的访问。如果说李鸿章在荷、比、法三国是没有任务的礼节性访问的话，那么，他去英国有何公干呢？

英国作为拥有世界上最强大海军的"日不落帝国"，李鸿章很早就心驰神往。8月3日，李鸿章一行乘轮船抵达英国首都伦敦。船刚靠岸，他环视四周，发现英国并没有像其他国家那样为他的到来特意安排盛大的欢迎仪式，甚至也没有仪仗队及英国政府的绅士们，只有赫德之弟赫政、前东方海军提督脱来西、驻汕头英领事师古德前来迎接。他不免失落。

8月4日上午，李鸿章与英国首相兼外交大臣索尔兹伯里进行了密谈，双方从两国的经贸合作谈到外交政策。谈及增加关税问题时，李鸿章对英国首相不愿增加关税表示不满。他说："只知贵国谦让日本，而不曾听说日本政府厚报贵国。今贵国不肯以待日本之道来对待敝国，又唯知英国人歧视东土，而任华人徒生感叹却无可奈何。"李鸿章滔滔不绝的辩论，虽然打动了英国首相，但增加关税直接涉及英国切身的经济利益，因而最终未能解决。

在英国，李鸿章的一项重要政治任务就是增加进口关税，即从值百抽五提高为值百抽十。在与英国首相初次接触时,英国首相以增加关税势必影响在华广大商人的利益为借口,坚决拒绝了该提议。多年的外交经验告诉李鸿章,与傲慢的英国人打交道绝不是一件轻松的事。开放口岸的税收大权掌握在外国人手里,清廷想提高进口商品税率,还得征求相关国家同意。针对这种越发不公平的现象,李鸿章希望能借助媒体舆论和金融界的呼吁。

8月5日,李鸿章前往白金汉宫晋见维多利亚女王。当天早上,广场上围拢了许多驻足的看客,英国皇家骑兵卫队换班后,李鸿章在皇家骑兵的护送下,出现在伦敦街头。一路上,英国市民夹道欢迎,脱帽欢呼,争相一睹这位"东方伟人"的风采,这使刚进英国时遭受冷遇的李鸿章心态稍微平和了些。

在英王宫正殿之上,李鸿章昂首肃立,仰视78岁的维多利亚女王。只见她身穿一袭黑色衣裙,坐在漆金的靠背椅上,头披白纱,左肩系白罗带,下悬一只金盒,高贵而神秘。李鸿章呈递国书后,手执颂词,读道:"今日使臣得以一睹玉容,更蒙以礼接待,实属三生有幸。唯愿两国之交,永远真诚和睦。"英国女王随后致答词:"卿跋涉长途,远行我国,朕对卿之到来甚感喜悦。卿言中英和睦,正合朕意。"双方互致问候后,英国女王又给予了他极高的荣誉,赠予他维多利亚头等大十字勋章,使他成为首个获此殊荣的外国人。觐见女王之后,英国太子妃还亲自为李鸿章摄影,使李鸿章感到莫大的荣幸。

临分别时,英国女王请李鸿章在纪念册上留下墨宝,其题为"晋谒君王于奥崎澎行宫",上书:"适行之客,如海上之鸥,浮过大洋,足迹遍于东南西北,但见终岁常青之松柏中,有路两条,车轮瞬息飞去。"李鸿章的随员罗禄丰将这段话翻译给女王,附注数语,最后引用杜甫《秋兴》中的诗句:"西望瑶池降王母,东来紫气满函关。"上联隐喻女王,下联隐喻李鸿章,两相兼顾,天衣无缝。

为便于出入,英方接待人员特地安排李鸿章下榻在伦敦市中央的原考登侯的故邸。在英国的二十天,英国各大媒体对李鸿章的访问进行了详细报道。在接待的礼节上，部分舆论反对对李鸿章过分隆重。"吾愿此后诸国闻华大臣西来之报，一切供张酬应，去虚伪而崇真实，务平允而戒高庞。"《泰晤士报》则认为：应当像款待良朋那样，礼从优异。但不可像俄德二国那样阿谀献媚，贻笑他人；对方也不应该以破格之尊荣，责怪抱怨于我。

对于英国，李鸿章并不陌生，在数十年前的鸦片战争中，英国用大炮叩开了中国大门的仇恨，他自然无法忘怀。此次他作为大清特使，面对这个结有宿怨的国家，心中充满了矛盾，而此时英国人在描绘李鸿章时，多少也流露出诋毁之意。

住于议院贵绅的私宅，处在东方专制帝国的李鸿章，非常想了解作为西方民主制度象征的议院。他刚刚结识的议院议员古侍郎带他进入了下院议政厅，特意为他增设了一个专座，请他观看诸议员议事之仪。可惜当日的议员很少，李鸿章坐听了半小时，感到"无甚可观"，便又来到上院。一个贵绅迎候于门外，李鸿章走进去，看到议院正中设有君主御座，便走近细看。平日里座椅用白色绸布盖在上面，现在特地取下，让李鸿章仔细审视一番，满足了他的好奇心。

之后，向来怀有"纬武以经文"志愿的李鸿章，为了不错过英国皇家海军演习的机会，乘专轮来到港口城市朴次茅斯。停泊在港口的"维多利亚"号大战舰以鸣炮19响来欢迎尊贵的客人，训练有素的英国海军给李鸿章留下了深刻的印象。李鸿章抵英之日，演习已经结束，各舰陆续散归防地。但停泊在朴次茅斯军港的军舰还有大小74艘，它们"分列两行，如山之立"。李鸿章乘坐御舟，驶入舰队，绕行两周，惊叹各舰"行列整肃，军容雄盛"。他恍如置身梦中，怎么会有这么多"大铁甲船"同时停泊在一个军港呢？他感慨万端，自语道："我在北洋竭尽心思，縻尽财力，俨然自成一军。而今思之，何止小巫见大巫之比？"想起自己苦心经营的北洋水师，这一平生最令他骄傲的政治资本在甲午一役中全军覆没，年迈的李鸿章不禁黯然神伤。

随后，李鸿章来到造船厂参观，面对各式各样的舰船，他很快忘却了伤感，表现出极大的兴趣，同时也激发了他重整中国海军的雄心壮志。李鸿章还先后参观了枪炮厂、钢铁厂、电报局、银行等。英国先进的科学技术和机械化生产，使他感叹不已："天下不可端倪之物，尽在英伦！"李鸿章不仅对英国先进的军事工业赞不绝口，还虚心求教，给英国的工程技术人员留下了深刻印象。

李鸿章侧重考察英国"物质文明"，某些英国人因此非议他未免逐末而忘本。当然，这并不等于说，李鸿章无视英国政教。他曾欣喜地表示：对于欧洲政教，自己过去只是心知其意而未能目睹，这次"则见所见而归，远胜于闻所闻而来"。他从英国等欧洲各国的现实中引申出一个重要结论："当今之世，善教发为善政，其显著而又巨大的效验，正是这样啊！"

李鸿章的访问，也受到了英国工商界的关注和欢迎，汇丰银行、国家银行、邮政总局和商务总局纷纷设宴款待李鸿章。伦敦汇丰银行在水晶宫举行盛大的招待会，出席作陪者多达300人，耗资6000英镑（合银3万余两）。宴后，在宴厅旁的御园，李鸿章首次欣赏了五彩缤纷的喷泉，他流连忘返，高度赞扬了西方人的智慧。随后，烟火公司经理还独具匠心地用烟火打出"李中堂福寿无疆"七个大字，让李鸿章感动万分。

伦敦商业总局、伦敦中国商会、电报公司都先后盛宴款待李鸿章。英国商人们豪掷千金地示好，意在通过李鸿章开拓中国市场。他们希望李鸿章返国后，能重新成为京师群臣百官的领袖，继续执行妥协退让、"通商兴国"的政策，为英国在华活动"解羁释缚"。在英国国家银行，李鸿章咨询了诸多问题，如人员工资的发放、借贷利息等；在邮政总局，报务员现场演示了发报机的使用。商务总局总办对李鸿章的到访也做了细致周到的准备，总局门外高悬中国黄龙旗帜，盛赞中国悠久的文明，声称"中堂游历各国而至敝国，关系到中国与西方的商务振兴，影响深远"。而享受厚遇的李鸿章也保证"在世一日……必竭力以劝中国，必使工艺商业有进无退"。

8月15日，李鸿章来到闻名世界的格林尼治天文台，同时受到海底电缆公司总办的宴请。宴会前，总办将两条长1尺的英美大洋电缆线赠予李鸿章。在他随后的电报公司之行中，发报人员当场将68字的电报发至上海轮船招商局，二十五分钟后即收到盛宣怀的回复电报。李鸿章不禁感慨电报的神速。电报公司经理为了答谢李鸿章对英国电报业的信任，盛赞他对于修路、开矿等巨大工程的经办与支持，表达中英能够在电报领域精诚合作的希望。

8月16日，李鸿章离开伦敦，前往外省参观。为了确保其安全，英国政府特地调拨了一辆专用火车，并备有四辆客车开道。李鸿章首站前往哈华墩，拜访四次出任英国首相的格莱斯顿。两位老人一见如故，就中英间的贸易关系进行了亲切交谈。格莱斯顿高度赞扬中国对英贸易的低关税制度，并希望两国能够进一步加强商贸往来。李鸿章则批评了"各国以重税寓制人之道，当然不能说是良法"。会谈结束后，格莱斯顿挑选了几本珍藏的书籍赠予李鸿章。事后，格莱斯顿在接受记者采访时，盛赞了李鸿章的风采，"不啻铭肌镂骨，使人不能忘怀"。

随后，李鸿章由威尔士经英吉利来到"山水之佳甲于全国"的苏格兰，观看了英国铁路自报警号。在巴罗参观钢厂、钢轨厂和造船厂时，李鸿章对英国的实学风气尤为赞赏，认为清廷"应当借重英国的实学，无论造船开炉，皆有门径可寻"。

8月18日，李鸿章来到苏格兰格拉斯哥，在游览铸造铁甲局和车机局时，他不耻下问，对其生产成本和利润都详加询问，体现了一位老者孜孜不倦的求学精神。同时，李鸿章还诚挚邀请英国专家能够来华效力。面对天下第一桥"福赐桥"，李鸿章对该桥上通轮车、下通轮船的设计惊叹不已，并希望在中国的渤海也能架设这样一座大桥。

8月20日，李鸿章造访了英国蒸汽机车的发明者乔治·史蒂文森的故乡纽卡斯尔，盛赞这位发明家的开创之功。随后，他在该城的爱思活镇参观了近2万人的工厂，这是他迄今为止见过的英国最大规模的工厂。该工厂包括礼拜堂、学校、藏书楼、保险公司和医院等，他对如此周到的配套设施,不禁发出由衷的赞叹。

一连数日,李鸿章真切地感受到了中西方的差距,恨不能把英国各地看个遍,广开眼界。他目睹、考察了英国的物质文明,受到极大的震动。在中国商会宴会这个非外交场合,他不自觉地坦露心声:

对于欧洲政教,本大臣耳熟能详,只因重洋远隔,道路远阻,一直都是心知其意而未能亲见;今日见所见而归,远胜于闻所闻而来。……本大臣曾听贵国贤臣说,"世界各国的关系,莫过于太平无事",这话说得太对了!中国人希望天下太平,也远胜于盼望诸福降临。所以农工商人虽然不同,但希望中外和好的意愿是一致的;当然,也有很多人泥古不化而不知天下事,并且不肯从长远考虑,预筹日后的诸多利益。本大臣现在来到欧洲,但见人人皆有力图上进之心,恰与华人相反,像这样的情形,欲举以绳我华人。吁嗟乎!……拿玻璃冷盏去探试热汤,岂有不碎裂的呢?所以华人要效仿西法,正如寒极而春至,必须迁延忍耐,逐渐加温。

西方的文化与制度,在这次游历的过程中无声地向李鸿章的思维、见解、认知等方面渗入,使他对中国政体变革的看法也发生了些许变化。

李鸿章在外参观了七天,22日回到伦敦。英国各界人士得知李鸿章即将离开英国,纷纷要求登门造访,并以电报、书信、名片的形式向他表达敬意。在离英告别辞中,李鸿章高度赞扬了英国的风土人情,"贵国之聪明才智、天财地宝、物力人才,向来十分心仪,今日得以亲眼一见,且见其日积月累,高不可攀。于此而不能刻骨铭心以载之东归者"。同时也希望自己"回华之日,再握大权。……以一人之所知,补一国之所缺,本分如此,责无旁贷"。李鸿章表示,只要在世一天就当竭力为国谋求富强,并希望回国后能够重握大权。

五、喜获千金杖　随性美国行

光绪二十二年（1896年）8月22日，李鸿章一行搭乘英国"圣路易斯"号豪华洋轮横渡大西洋，前往美国访问。

8月28日9时，当"圣路易斯"号驶近纽约港，从威武整齐的舰队前经过时，舰队鸣放19响礼炮，一旁的迎宾彩船上，人群发出山呼海啸般的欢呼声。大银行家摩根的私人汽艇也在欢迎行列，主桅挂满彩带。码头上人山人海，欢声雷动。在美方检疫官进行例行检查之后，东道国的代表——身穿礼服、肩挂绶带的美国东部陆军司令卢杰将军，率领部下登舰迎接中国贵宾。陪同卢杰将军登舰的是他的两位助手，乔治·大卫陆军少校和希尔斯舰长，以及大清驻美公使杨儒、美国助理国务卿诺克赫尔。纽约港到处挂起了大清国旗，万人空巷，李鸿章受到"史无前例的礼遇"。在国内被视为"卖国贼"的李鸿章，因为对欧美列强妥协而使列强大获其利，故而深受各国欢迎，在国际上塑造了开明、高大的"中国外交第一人"的形象。

李鸿章一行有随员18位、仆人22人，共有300件行李。另有金轿1顶、珍贵奇鸟8笼，其中包括2只活泼可爱、会说英语的奇种鹦鹉，还有云南特产的长尾金鸡。行李中，除了衣物、日用品外，尚有酒、茶，以及大量天山瓦罐泥封口的雪水，专供李鸿章烧茶饮用。其余则是宫廷特制的桂花皮蛋等，千奇百怪，应有尽有。这样的排场及道具，激起了人们对异域国度的好奇心，让美国人看得目瞪口呆。

年迈的李鸿章穿着黄马褂还有深蓝色的织锦软绸外套，脚穿白色布底鞋，显得更高了。卢杰将军笑容可掬地说："我受美国总统的派遣，来此迎接阁下到来，并带您访问这个自由的国家。欢迎您的来访。"担任翻译的罗丰禄重复着欢迎的话语，李鸿章欠身表示感谢。

行毕外交礼仪后，李鸿章登上金顶马车，自港口前往华尔道夫旅舍的总统套房。大街两旁挤满了欢迎的人群。《纽约时报》称有50万纽约人在第五大道和中央公园等处,夹道欢迎和观看李鸿章乘坐的四轮马车。李鸿章内心颇为得意。当晚,美国总统格罗弗·克利夫兰在前国务卿惠特尼的私人住宅举行宴会,欢迎李鸿章的到来。

李鸿章对这个年轻的国度充满了好奇,尤其对美国的两党制表现出极大兴趣。他接下来的几天都是拜会活动,包括拜会美国总统递交国书、参观西点军校、会晤宗教领袖,并召开新闻记者会。

结束所有拜会活动后,李鸿章在华尔道夫旅舍设宴,回请美国各界人士。宴会场面之浩大,布置之精巧,菜肴之丰盛,令美国人大开眼界,啧啧称奇。此宴完全依照大清国宴的程序,每席花费不少于1000美金。菜单的顺序依中国传统的"天干地支"排列,菜名尤绝,如福如东海鱼(红烧鱼)、寿比南山掌(烧鹅掌)、嫦娥饼(甜点)、貂蝉如意汤、贵妃鸡等。其影响所及,至今世界各国的中菜馆,有的仍沿袭其名。

这些礼节性的拜访、宴请、参观自不必多言,但其中有两次格外值得一提:一是拜访美国前总统尤里西斯·格兰特的遗孀,验证了"诚信之人的诺言胜于条约"这一真理;二是接受《纽约时报》等媒体的采访,回答了中西教育、言论自由以及美国的排华法案等问题。

8月31日,李鸿章等人拜谒了美国第十八任总统尤里西斯·格兰特将军的陵寝。《纽约时报》对这次拜谒活动进行了详细描述:

当尊贵的清国宾客进入将军安息地时,场面非常感人。李在用铆钉铆成的铁制灵柩上敬送了月桂花圈,以表达他对将军的敬意。这位贵宾的举动非常令人感动,他很虔诚地站直身体,用极其悲伤的声音低吟道:"别了!"他的思绪回到17年前与将军亲切会晤的场面,当时他们相谈融洽,因为他与将军一样都曾为了拯救祖国而久经沙场。

他的这一告别仪式使他的随从人员和美方陪同人员始料不及,然而这却是饱含敬意的最真诚的悼词和最意味深长的告别:"别了,我的兄弟!"

结束这天的国务活动后,这位清国使臣造访了格兰特的寓所,在那里他见到了这位卓越将军的遗孀,这是他到美后第一次带有社交性质的活动。

专程从乔治湖赶来的格兰特夫人见到李总督后非常高兴。他向她充分表达了问候之情,离别时还留下了纪念品,并接受了夫人回赠的珍贵礼物。

李鸿章最早认识格兰特是在任直隶总督的时候。当时,格兰特刚刚离任不久,带着夫人进行环球访问。遍游欧洲后,格兰特夫妇从香港乘船先后到达广州、上海。

光绪五年(1879年)5月,格兰特从上海来到天津。李鸿章对其仰慕已久,十分郑重地在北洋节署设宴为格兰特夫妇接风洗尘。

初次见面,格兰特仔细打量了李鸿章一番,笑着说:"难怪人们称总督先生为'云中之鹤',今日一见,果然是国中伟人。"

李鸿章笑说:"总统阁下是说敝人身子骨大吗?"

格兰特听了翻译后,接着说:"此话有两层含义,一是说总督先生丰姿伟岸,二是说总督先生政绩斐然。若以当今世界名流作比,即使与德意志'铁血宰相'俾斯麦相比,您也毫不逊色,完全可以称为'东方俾斯麦'!"

格兰特的这番赞美,很快拉近了二人之间的距离。堂堂美国前总统对一个中国总督竟不吝赞美之词,这让李鸿章心里舒坦极了,但为表谦逊,他连连说:"不敢当,不敢当!"

格兰特接着说:"总督先生不要过谦,其实我们都是伟人,因为我们都曾打败过叛军,拯救了国家。"格兰特在美国南北战争中打败了南军;李鸿章则打败了太平军及捻军。格兰特以军人出身这个相同点找到他们之间的共同话题,使李鸿章兴趣盎然。于是,他们开始聊军队的建设问题。

"总统先生,您认为中国有建立海军的必要吗?"李鸿章当时正忙着筹建北洋水师，所以先就这一方面向格兰特请教。

格兰特很肯定地回答："很有必要。俄国的彼得大帝曾经说过，'任何君主，如果只有陆军，他就只有一只手，加上海军，他才是双臂齐全'。对于一个拥有漫长海岸线的国家来说，建立一支强大的海军是至关重要的！"

李鸿章深以为然，接着又问道："总统先生，您认为建立中国海军该从何处入手？"

"当然是先研究海战理论，包括战略战役理论。"毕业于西点军校的格兰特说。

李鸿章一愣，不知格兰特所指海战理论究竟为何物，他对此不懂也不感兴趣。或许这海战理论的确很重要，只是眼下清朝廷时间紧、任务重，已经不能按部就班地由理论到实践去发展了。他不好否认格兰特的说法，便问："那海战理论与舰船比起来，哪一个更重要？"

格兰特笑了笑，说："二者缺一不可。我刚才的意思是说，设立海军，需要有海战理论基础作为指导，然后在理论指导下去配置相应的设施装备。"

李鸿章点点头，接着说："海战理论需要长期的总结积累，非一朝一夕可成。而大清国急需一支装备精良的海军来应对眼下的局势，怕是只能先从装备开始了。本人比较看重巨舰大炮，不知阁下是怎样的看法？"

格兰特立刻明白了李鸿章的意思，于是撇开理论只谈装备问题："自从1849年法国建成世界上第一艘使用螺旋桨推进的铁甲舰'拿破仑'号以来，造铁甲巨舰就成为一种趋势。"

"那贵国现在的造船业发展如何？相比英、俄、德，居于怎样的地位？"

"仅就舰船而言，美国海军在内战中，对海战的贡献有两点：一是北军设计师埃里克森把主炮设计为可以旋转的炮台，而不是固定不动的，这样就扩大了射界，减少炮击的死角；二是发明了'大卫'号、

"亨利"号潜艇，它们是世界上最早用于实战并发挥作用的潜艇。"

"潜艇？这是什么战舰？"李鸿章疑惑地问。

"哦，总督先生，您所看到的舰船都是浮在水面上行驶的，是吗？"

李鸿章点点头。

"而潜艇则是躲在水底下行驶的。"

"什么？阁下是说船可以像鱼那样隐藏在水底下行驶吗？"李鸿章更加疑惑不解了。

"对，要不怎么叫潜艇呢？"

"那潜艇里能装载士兵吗？一旦海水灌入，里面的人怎么脱险？还有，潜艇能配大炮吗？在水里，怎么开炮攻击敌人？"李鸿章提出了一连串问题。

格兰特被眼前这位充满好奇心的中国官员打动了，他简明地回道："潜艇的舱门是密封的，水进不去，里面有专门供应空气的设备，人可以呼吸；潜艇上面没有大炮，主要是在水下发射鱼雷攻击敌人。一艘数千吨的大军舰，只要打中其要害，一两颗鱼雷就能将它炸沉。"

李鸿章听得目瞪口呆，叹道："世上竟有此等利器！不知总统阁下是否愿伸出援手，帮敝国买几艘这样的潜艇。"

格兰特哈哈大笑起来，过了好一会儿才说："总督先生建立中国海军迫不及待的心情可以理解。可是，这潜艇整个美利坚也只有2艘，目前尚属国家最高机密。不过，新式潜艇正在研制之中，一旦试验成功，投入使用和对外开放后，我们定然不会忘记我们东方的好朋友。"

接着，他们又对美、英、法、德几国的舰船和大炮进行比较评述，还就日本侵占琉球岛问题等进行了交谈。格兰特最后说："中国大害在一'弱'字，国家好比人的身体，身体一弱则百病来侵，一强则外邪不入。"他建议李鸿章和清廷"仿日本之例而效法西法"。

谈话气氛轻松友好，给双方都留下了深刻的印象。谈话结束后，他们一起合影留念。

格兰特夫妇在天津逗留了一段时间，临别时，李鸿章赠送给他们景泰蓝和苏州丝绸。格兰特了解中国人礼尚往来的习俗，也想回赠礼物给李鸿章，便询问他的喜好。李鸿章一眼看中了格兰特的手杖，他拿过来，摩挲了好一会儿，嘴里不禁啧啧赞叹："真是好东西啊，手杖竟做得这般精致！"

此情此景，格兰特自然知道李鸿章的心思，他真诚地说："总督先生如此喜欢，我本当赠送给您，但这手杖是我卸任时，全国工商界名流为了做纪念，特意打造出来送给我的，代表国民公意。现在实不方便私自将它送给别人，所以请总督先生给我一点时间，待我回到美国后，征求了国民的意见，如果大家同意让我把手杖赠送给您，我一定把它邮寄奉上。"

李鸿章听了大为快意："如此，我先行谢过了！不过，中国有句俗话叫'君子不夺人所好'，既然您的手杖有这层意义，我怎忍心接受？"

格兰特十分认真地说："总督先生，这不叫'夺人所好'，这是我自愿送给您的。"

格兰特夫妇回国后，李鸿章就与他们失去了联系，手杖的事情更是无从谈起。

李鸿章这次出访美国，本想专程去拜望格兰特夫妇，没想到格兰特已经去世多年，仅他的夫人健在。李鸿章难得有一海外知己，于是提出要拜谒格兰特将军的陵寝，然后去拜访格兰特夫人。

格兰特夫人听说远客来访，非常高兴，与工商领袖百余人设盛宴款待李鸿章。散席后，格兰特夫人向出席者讲述了先夫格兰特与李鸿章的交往和友谊，然后拿出一只长锦盒放到桌上，大声说道："这是先夫卸任时获赠做纪念的手杖，先夫后来曾带着此杖游历中国。当时李先生盛情款待，并与先夫结为好友，李先生十分喜爱先夫的手杖。先夫说此杖是诸君公送，未便即时转赠，欲回国征求诸君同意后，再行邮寄。不料先夫回国后很快去世，生前他曾将此事托付于我，嘱我务必完成此事。今天适逢李先生远道而来，我敬承先夫遗嘱，请命于诸君，是否赞同此事，以了先夫遗愿。"

李鸿章连忙摆手，笑着说："夫人，此事过去多年，就不要再提啦！"

可是，宾客们听了纷纷鼓掌，表示同意并交口称赞。于是，格兰特夫人便当众将这根手杖赠送给李鸿章。李鸿章没想到格兰特如此守信，实在是受宠若惊。据说这根手杖价值非凡，杖首镶有一颗拇指大的巨钻，旁边还有一圈小钻石，璀璨晶莹，极为耀眼精致。

9月2日上午，李鸿章在其下榻的华尔道夫旅舍举行记者招待会，向美国新闻界介绍他对美国的观感，并回答记者提问。会上他充分展现了作为大国重臣不卑不亢的姿态。他痛斥美国的排华法案，认为"排华法案是世界上最不公平的法案"，呼吁报纸应该揭露真相、实话实说，展现了一位卓越的外交家敏锐的国权意识和现代意识。《纽约时报》这样评价这次采访："回答问题时，他的态度非常坦诚、谦虚。"

9月3日，李鸿章会见了美国基督教教会领袖，就美国来华传教士的活动和"孔子之道与耶稣之道的异同"等问题交换了意见。

离开纽约后，李鸿章来到费城，在那里参观了美国独立厅、自由钟。费城市政府听说中国人喜欢坐轿，在李鸿章参观工厂和名胜古迹时就没有安排马车，而是专门找来一顶豪华的轿子供李鸿章使用。

紧接着，李鸿章从费城前往华盛顿，参观了美国国会和国立图书馆。

在国立图书馆，李鸿章遭遇的一件事让他对中美文化差异有了直接体会。众所周知，李鸿章烟瘾很大，参观至半，他突然命身边服侍人员装烟，不想馆内工作人员不让他在图书馆内抽烟，多次沟通后，美方人员依旧坚持。李鸿章为美方人员的"死脑筋"惹怒，要知道，在国内他当着慈禧太后的面都敢抽烟。憋了一肚子气出门后，他将一口痰吐在图书馆大门前。两个值班的工作人员立刻将他拦住，责令他擦干净。贵为清廷大学士的李鸿章怎可能屈尊去干这种事？他示意随从去擦，但值班的工作人员不同意，最后以罚款了结。

9月5日，李鸿章一行离开华盛顿前往加拿大。李鸿章不放弃任何一个为在美华人争取移民权利的机会，有意避开美国西部，而选择加拿大作为自己回国路线的第一站。

但这条路线要途经日本换乘轮船。日本人得知李鸿章要从日本经过后，特意做了精心的准备。与世界各国相比，恐怕日本人最清楚李鸿章在清廷的地位。他们知道这位国相有权先办事，然后再向皇帝或皇太后请示。为此，日本人为李鸿章准备了环境清幽、布置华贵的行馆，准备以上宾之礼款待李鸿章。但日本是李鸿章的伤心之地，自签订《马关条约》后，他就发誓此生不再踏上日本的土地。

李鸿章一行来到日本海面后需要换乘他船，一艘小艇来接他换乘另一条船。李鸿章得知这条小艇是日本人所派后，执意不上。随行人员只好在2艘大船之间架起"天桥"，任凭风急浪高，70多岁的李鸿章颤巍巍地坚持从这艘大船走向另一艘大船，实现了他"终身不再履日之地"的诺言。

李鸿章这次出访欧美，从3月18日离开上海，到10月3日抵达天津，期间，他游历四大洲，横渡三大洋，水陆行程达9万多里，遍访欧美8个国家。这对于一个74岁高龄的老人来说实属不易，这在清代历史上也是首例。可以说，李鸿章是清廷重臣中第一个进行环球访问的官员。

第九章　秋风宝剑孤臣泪　落日旌旗吊国难

一、弱国无外交　咒骂无绝期

结束对欧美的访问后，李鸿章于光绪二十二年（1896年）10月下旬返回京城。第二天，他满怀希望地觐见了光绪皇帝，将带回的国书、勋章等物一并呈递上去。然后，他又去颐和园觐见慈禧太后。他向慈禧太后汇报了与各国首脑的会晤、西洋诸国的风土人情以及各国的新奇器物，慈禧太后听得津津有味，尤其对他签订的《中俄密约》很满意，她说："今后，倭人欺我时，算是有了外力依靠。"之后她又嘱咐李鸿章好好保重身体，继续为国效力。李鸿章历陈各国之强盛及中国之贫弱，恳请皇太后尽快制定根本之计，设法自强。慈禧太后颔首微笑不语。

李鸿章从颐和园出来，边走边回忆慈禧召见自己时的一举一动和所有言语，确定自己应对无虞后他不禁想，太后念在老朽这趟出国没有功劳也有苦劳的分上，即使不给加官晋爵，至少也该开复原职吧！如果自己继续留在直隶总督、北洋大臣的位置上，对沙俄、德意志做出的承诺就多了些保障。他回到贤良寺，静静地等待朝廷谕旨。

看似"静等"，实际上李鸿章心里焦躁万分。他无法冷静思考当前国内的政局，也无法判断和估量这次出访欧美的作用和意义。但有一点他心里很清楚，他之所以受到各国超规格的接待，是因为他们把他当作

"散财童子",希望清廷能带给他们更大的回报。比如德意志,甲午战争爆发后,英俄等国为保护各自利益在中日之间合纵连横而煞费苦心,德意志却作壁上观,向中日两国大肆推销军火。当时的德意志外长在外交晚宴上就公开表示:"欧洲国家能从东方人相互间的战争里获得的唯一利益,就是向他们出售军火。"战争期间,日本和大清的采购团在柏林频繁出现,这与英国因宣布中立而向中日两国禁售武器形成鲜明的对比,令英国军火商们羡慕不已。德意志舆论则几乎一边倒地支持"东方普鲁士"日本,不仅认为这是文明进步与愚昧落后的战争,更是一个新兴国家对一个老大帝国的挑战。而战后,德意志又一反常态,对中国倍加关注,与法国一道积极参与了由沙俄牵头的对日压制活动,逼迫日本将辽东半岛归还中国,一举改变在清廷心目中的形象,成为所谓"中国人民的朋友"。干涉还辽的法、德、俄三国,难道是出于维护和平的公义和对中国的同情吗?显然它们另有所图。

李鸿章这次出访欧美,并没有肩负采购军火的使命,不仅令德意志军火商们备感失望,就是对德意志备加嘲讽的英国军火商们也大失所望。而失望过后,这些军火商以及他们背后的国家又将有何举措呢?

李鸿章深知,从某种意义上讲,大清国已经没有绝对封闭的国防。西方势力不但在文化上霸凌中国,更重要的是,它们有蚕食中国的野心,其手段是"一国生事,多国构煽",列强的"友好"和"野心"就像一个铜钱的两面难以分离,清廷对此必须保持警惕。这也是他感到焦躁难安的原因。

李鸿章本想趁出访欧美之机,借助洋人的声援重掌大权,还督直隶,重温"坐镇北洋,遥执朝政"的旧梦。欧美列强也热切希望清廷对李鸿章能够"优加信任,重界大权",使之东山再起。然而,清廷内部的实情远比他们预想的更复杂,尽管甲午战争结束一年有余,但清廷内的党争还在继续。付出惨痛代价换来的统治权,仍被慈禧后党、光绪帝党争来夺去。帝党通过甲午战争削弱了后党所依赖的军事力量,帝党最终选择王文韶接替李鸿章担任直隶总督兼北洋大臣,除考虑政治资历及王文韶与帝党清流的密切渊源之外，实际上也是帝、后两党各让一步的结果。帝党更期望凭借刘坤一以钦差大臣督师山海关的机会，一举全盘接收北洋的政、军二权。在翁同龢主导下，拟定了以淮、湘、毅三军各裁弱并强，并由聂士成、魏光焘、宋庆分别为总统领，驻津沽、山海关、锦州的计划。按这一计划，淮系的控制力减弱，实际上，这一计划是将二十五年来淮系单独控制的北洋国防武装一分为三，各成一路。淮系裁汰后只留津沽一部三十营，交聂士成统辖，实际上已经形成新的格局。同时，帝党还趁机占据了朝廷的几个枢要部门。从军机处、总理衙门、督办军务处到直隶总督、北洋大臣及数省的封疆大吏，都是帝党一系。

在这样的背景下，李鸿章终于等来朝廷谕旨："着李鸿章在总理衙门大臣上行走。"李鸿章接旨后，心灰意冷，这回恐怕要彻底告老了。

在官场浸润多年的他，太了解总理衙门这个机构的职权和性质了。总理衙门官员分三类五等，一类是享有一定决策权者，包括总理各国事务的亲王、郡王、贝勒；二类是主事者，即总理衙门大臣，以军机大臣兼任；三类是助理、参谋及办事者，即总理衙门大臣上行走、总理大臣上学习行走、办事员。总理衙门大臣上行走属于第三类，没有实权，仅仅是个"伴食宰相"而已。李鸿章以74岁高龄，踏涉诡谲莫测的欧美波涛，回国后却仅换来总理衙门大臣上行走的任命，他怎能不备感失落？

慈禧虽然还想重用李鸿章，但此时后党正在向帝党反击，为避免授人口实，此时还不能让这个戴罪之人回到关键岗位上去，否则后党就是自讨苦吃。慈禧不但跋扈而且精明，其政治手腕一向强硬有力，她知道必须依靠新人才能发挥更大的力量，这个人就是总理衙门大臣、兵部尚书荣禄。由于甲午战事已经过去，督办军务处的功能渐渐被帝党轻视，慈禧便借由荣禄统摄兵部与督办处，逐步落实主导以北洋为基础，进行国防武装改造的计划。此项计划更为荣禄掌控兵部打下了一个良好的基础，完全出乎帝党的意料。

后党借掌握军事重建主导权,进而接收北洋垮台后淮系所释放的庞大资源,一举取得举足轻重的北洋要缺,从而为后党获得了极其雄厚的政治资本,使慈禧太后再度重回主政道路。而帝党原本志在必得且寄予厚望的北洋军权又完全落入后党手中,这成为帝、后党争最终决胜的关键。

光绪皇帝没想到北洋新建陆军能东山再起,而且荣禄还不断从帝党中拉拢人,并于光绪二十三年(1897年)奏请设立武备特科,于各省设立武备学堂。如此,新建陆军成为朝廷倚重的主要武装力量。

李鸿章此时才反思自己,当初把袁世凯天津小站练兵责为小孩过家家是多么不合时宜,他的老淮系基本上已被新建陆军取代。每每想到这些,他不免心中郁闷。一天,李鸿章来到圆明园,想起诗文大家王闿运的《圆明园词》,"废宇倾基君好看,艰危始识中兴难",看到眼前残破的"废宇倾基",看到园中最大的"福海"湖,乃是管园大臣文丰自杀之所,心情更为压抑。他在残垣断壁前沉思良久,直到夜幕降临才打道回府。

他不知道,现在的圆明园已经不是以往的废园,而成了一块禁地。光绪皇帝正在主持圆明园的修复,每隔数日必亲临督视,所以随意入内者必受到惩罚。没几天,就有一道诏令传来:李鸿章擅入圆明园游览,"殊于体制不合,着交部议处,部议革职,但念及李鸿章万里远归,未暇详询,出于好奇,贸然入游,法无可恕,情有可原,得旨加恩改为罚俸一年,不得抵销"。

李鸿章心痛不已,自己戎马一生,没想到朝廷竟因一个无心之过如此薄情对待。刚回国时,他欣喜而得意地对人说:"我办外洋交涉数十年,不敢说外人如何仰望,但各国朝野都知道中国有我这么一个人。他们有的愿意与我见见面,谈一谈,也是普通无奇的事情。我在各国还有许多老朋友,以往都主持过国政,在办事和私交方面,我与他们很投合,现在他们大多已退居山林了,我顺路拜访,也是一件快乐的事情。"归国后,他感到自己在甲午战败之后失去的面子已经争回来了,同时又有"保中国二十年平安无事"的"资本"。但此番朝廷的举动让他的心情迅速遭到一阵霜打：洋人的热情和朝廷的冷漠，使他似乎生活在两个世界中，这完全出乎他的意料。

不过，他也深知政敌翁同龢等人仍对过往之事耿耿于怀，不能掉以轻心，应该采取韬光养晦之计。李鸿章的亲信吴汝纶也劝他稍微收敛锋芒，遇事虚与委蛇，以免受到不怀好意、含沙射影者的伤害。面对纷乱的世事，他再度安居在贤良寺里，做着"伴食宰相"。

李鸿章在北京没有庭院，借住在贤良寺里倒也清净。贤良寺位于东华门外冰盏胡同，是由雍正时怡贤亲王宅院改建而成，建筑宏壮，地极幽敞，闲院飞花，不但环境优雅，而且邻近禁城，封疆大吏入觐者多在此下榻。

李鸿章从"坐镇北洋，遥执朝政"，到被投闲置散，犹如从万山之巅跌入谷底，他的心情怎么能够平静呢？清静的环境与焦灼的内心形成了巨大反差，使他感到世态炎凉，忧谗畏讥，苦闷无聊。

所幸晚年的李鸿章十分注重养生保健，他的生活很有规律，一般每天六七点钟起床，吃些早点后，他就开始批阅公文，办理每日无关宏旨的公务。闲暇时他与几个幕僚一起，枯坐庭院，谈古论今；有兴致时则随意看书和练字。他常常翻阅《资治通鉴》和《庄子》，前者意在从历代治乱兴亡中取得借鉴，后者企图从道家经典中追求"天地与我并生，万物与我为一"的精神超脱，以期安时处顺，逍遥自得，从失势的苦闷空虚中解脱出来。

当然，李鸿章也不是浑浑噩噩地虚耗时光，他对朝中各派人物都看得很清楚，对他们之间权势此消彼长的趋势也分析得很透彻。置身事外，反而让他更清醒。此时，光绪皇帝已经失去军权，朝中危机四伏。而且，列强由于在甲午战争后一直没有获得更大的好处，已经渐次显露出其狰狞的真面目，随时准备把魔爪伸过来。

光绪二十三年（1897年）11月，德国因为怀疑中俄之间有密约，批评清廷厚此薄彼、厚俄薄德，当了侵华的"急先锋"。随后，德国借口传教士在山东被害,出动大军强占了胶州湾。梁启超认为,这是德国因为"面子"被驳而进行的报复。其时,干涉还辽的三国中,沙俄早已在北方得到了好处,法国也在南方划定了势力范围,只有德意志在向清廷索取福建金门岛时,遭到清廷严词拒绝,失了"面子"。明眼人一望便知,这只是狼要吃羊的借口。

沙俄见德国占领了胶州湾,即借口英国舰队在旅顺巡逻,对沙俄不利,竟然完全不顾《中俄密约》订立后,两国有攻守相助的义务,反而强迫清廷租借旅顺、大连及关东区域;同时还花言巧语地游说清廷说租借旅顺、大连,是为了向各国显示"中俄联盟之证"。清廷信以为真,竟允许沙俄军舰停泊在旅顺港,并随时接济俄船在旅顺所需应用物资。就在清廷轻信"中俄友谊"的同时,沙俄与德国狼狈为奸,积极支持德国永久租借胶州湾的要求,胁迫清廷满足德国的愿望;德国为"报答"沙俄的支持,则承认东北、新疆等地是沙俄的势力范围。它们之间的肮脏交易完全不受协议的制约,也无须清廷同意,此时的大清国俨然他人刀俎下的"鱼肉"。

在沙俄的逼迫下,清廷终于向德国屈服,派总理衙门大臣翁同龢、李鸿章与德国签订了《胶澳租借条约》。与此同时,沙俄正式向清廷提出租借旅顺、大连,并修筑东三省铁路支线到黄海海岸的要求。光绪二十四年(1898年)3月16日,沙俄竟向清廷发出"最后通牒",并以十日内不签字画押,沙俄不能"顾全联盟邦交"相恐吓。清廷又派李鸿章和张荫桓与沙俄谈判,并订立了《中俄旅大租地条约》及后来的《中俄续订旅大租地条约》。

德国侵占中国领土的目的达到了,以亲善面孔"仗义执言"逼日本退还辽东的沙俄,也从日本手中收回了旅顺、大连及关东要地,沙俄的阴谋得逞了。

这时,英国也不甘落后,借口保持均势,向清廷要求租借威海卫为海军基地。清廷无奈,又派李鸿章与英国交涉。李鸿章与英国公使反复辩难,把英国公使辩得哑口无言。但最后,这位英国绅士以极难堪的态度对李鸿章说:"中堂不必用这些理由与我辩论。阁下如能以你的辩才使沙俄交还旅顺、大连,则英国绝不要求租借威海卫;否则,威海卫非租借给英国不可。"这回轮到颇具辩才的李鸿章哑口无言,不得不签订了中英《订租威海卫专条》。

当时的情形真实而沉重地证明了弱国无外交,李鸿章身为被朝廷旁置的"伴食宰相",被迫在一个个不平等条约上签字。此后,法国乘机强占广州湾,英国再次援引"均势"之说,要求租九龙以为抵制,不久又提出拓展香港界址。面对纷至沓来的无穷要索,清廷毫无抗拒之力。面对列强的侵凌,李鸿章和总理衙门大臣一样,只能愤然作色,他的太平梦转瞬就被击得粉碎,他对大清国的前途更加忧心忡忡。亲裁大政的光绪皇帝深恨李鸿章联俄误国,招致此等被瓜分之大祸,他再次把一腔怒火倾泻在李鸿章身上,降旨免去李鸿章在总理各国事务衙门大臣上行走。这下,李鸿章只能空守着一个文华殿大学士的头衔,萧闲孤寂地寄居于贤良寺。

甲午战争后,人们对李鸿章的咒骂声此起彼伏,由于《中俄密约》的泄露及随后列强瓜分中国狂潮的到来,举世痛骂的声浪再度掀起,李鸿章再度被架到口诛笔伐的火堆上炙烤。几乎每一个不平等条约上面都有李鸿章的名字,所以,当时有人指责李鸿章拙劣的以夷制夷外交手段,未能及早洞察沙俄的奸险嘴脸,反而为其外表的"诚信"所欺,以致误中其圈套。本想以狼拒虎,实则引狼入室。更有人指出,签订《中俄密约》是李鸿章贪图沙俄的贿赂不计后果的卖国行为。甚至有人列举具体数字,说沙俄一次付给李鸿章300万卢布;旅顺、大连租地谈判时,李鸿章又得到沙俄的50万卢布贿赂,张荫桓得到25万卢布。

李鸿章痛苦地听着这些诟骂、指责,没有做任何辩解。因为在与德国签订《胶澳租借条约》后,他马上认识到:"与德国的条约刚刚签订,沙俄这边又闹起事来,群雄环伺,几乎没有尽头。时人都说应该争取美国的支持。中国所需,自应取材于此。至于根本之计,尤在变法自强。……曾子有言:祸与福都是自己找来的,依靠别人总是异常艰难。"

这个认识，可以当作他出访八国的小结。自己不强壮，任何人都靠不住。

其实，李鸿章在"求人"的同时就一直主张"自强"。他在英国考察期间，有感于英国先进的立国政教，在一次讲演中疾呼："五洲列国，变法者兴，因循者殆。"他认为不论大清引哪一个国家为援，都不是"根本之计"，除非变法自强。

李鸿章虽然闲居寂静的贤良寺，对责骂声充耳不闻，但他对朝廷、坊间的观点了然于胸。然而心中过多挂碍于国于己终究无益，他更想明确未来的大清将走向何处，他何时才能重新得到朝廷的重用。"未预机要""杜门却扫"，这是李鸿章对自己退出总理衙门、仕途受挫之后政治境况的扼要概括，蕴含着无限沧桑、凄凉、哀怨的情思。

二、情牵新变法　无奈当看客

李鸿章坐"冷板凳"后，变法自强之心始终不灭。正因为如此，一向反对变革的慈禧太后不愿意再起用他；光绪皇帝虽然积极主张变革，但他始终认为李鸿章是后党骨干，加上他签订了多则丧权辱国的条约，在帝党看来，不追究已经是对他格外开恩了。何况，光绪皇帝支持变法的出发点是想重新从太后手中夺回治国理政的大权。

李鸿章深知，不论自己将来的前途如何，国家的发展方向就是变法自强。但是，不管帝、后两党哪方支持变法、哪方反对变法，他只能充当看客了。

此时，国内要求变法的呼声很高。早在《马关条约》签订后，国内为反对李鸿章的"卖国"举动，发动"公车上书"。此后，带有反封建性质的资产阶级逐渐兴起。随着俄、法、德、英等列强在中国大地上嚣张肆虐的行径被识破，神州大地上兴起了资产阶级维新运动，这就是中国近代史上的"戊戌变法"，又称"百日维新"。

光绪二十四年（1898年）1月24日，光绪皇帝请总理衙门先传问康有为。户部尚书翁同龢、军机大臣荣禄、礼部尚书廖寿恒、户部左侍郎张荫桓及文华殿大学士李鸿章，在总理衙门西花厅约见了康有为，询问有关变法事宜。荣禄以满族大员的身份首先发表意见，说："祖宗之法不可变。"

康有为答："因时制宜，诚非得已。"

廖寿恒问："宜如何变法？"

康有为答："宜变法律，官制为先。"

李鸿章接着追问："如果吏、户、礼、兵、刑、工六部都撤掉，那么旧的规章制度是否也要撤？"

康有为回答："现在世界列国并立，而我大清通行的法律和官制仍沿袭旧制，中国之所以弱，就在于此。若想直追欧美，最好都能撤去，即使一时间无法完全撤掉，也应当考虑斟酌修改。"

翁同龢对康有为的变法主张早有了解，所以没有提问，只谈了如何筹措经费。

李鸿章对变法的问题很慎重，不轻易表露自己的看法。光绪皇帝了解情况后，极赞赏康有为，加快了清朝变法的脚步。李鸿章尽管不公开表态，但还是暗地里支持康、梁维新派。

随后，中国的知识界精英如容闳、黄遵宪、严复等辈开始大力宣扬西方政治制度和科学文化，为这次变法的施行推波助澜。光绪皇帝锐意改革，加上翁同龢等大臣力促变法，康有为等人屡次上书献策，变法迅速进入试行阶段。

康有为替御史杨深秀拟写《请定国是而明赏罚折》，继而代翰林院侍读学士徐致靖起草《请明定国是疏》。杨、徐两折上奏后，光绪皇帝即恭请慈禧太后慈览，请求变法。慈禧太后在对日战败后，并非不想民富国强，只是不敢放手让光绪皇帝去变法。她览折后，便召庆亲王奕劻和荣禄等宠臣策谋，得知二人也不大相信光绪皇帝能变法新政，于是说："只要不是任性乱为，事情可由皇帝去办，等办不出模样再说。"之后，奕劻与荣禄将慈禧太后的旨意告诉光绪皇帝，说："皇上想要办事,太后不阻拦。"光绪帝闻此言,大喜过望,即令翁同龢代拟变法谕旨,立意变法。

光绪二十四年(1898年)6月11日,光绪皇帝颁布《定国是诏》,旨要为:

数年以来,王公大臣、封疆大吏和各级官员中的大多数人,都积极讲求实务,主张变法自强。……只是风气尚未大开,论说莫衷一是,或借口老成忧国,认为老规矩必须墨守,新法必当抛弃,争辩不休,空谈无益……朕认为国家的重大政策不确定下来,则号令不行,至于其弊端,必然导致门户纷争,水火不容,徒然重蹈宋、明积习,于时政毫无裨益……以后中外大小诸臣,自王公以至士人百姓,都应努力向上,发愤自强,以圣贤义理之学作为根本,又须博采西学中切于时务者,实力讲求,以救空洞浅薄、迂腐荒谬之弊。

…… ……

这是光绪皇帝颁布的改革纲领。不论是光绪的"中体西用",抑或康有为的"尊君权",都与李鸿章的主张一致或相近,这自然使他感到欣慰,并表示支持。早在光绪二十一年(1895年)8月,在康有为的鼓动下,帝党官僚在北京成立推动"维新变法"的强学会时,李鸿章就自愿捐金2000两入会。当时他还担心后党知道此事后记恨他,却不料强学会拒绝接纳他的捐金,理由是他"虽身存而名已丧"。

拥护变法的李鸿章一开始就遭到排斥,这使他受到不小的打击。后来,他得知强学会主要由帝党、维新派和后洋务派组成,主事者内有翁同龢,外有张之洞,"名士会者千计",因此,他最终选择做一个冷眼的旁观者。

虽然要富国必须自强,但是在特殊的社会背景下,变法可谓吉凶难卜。因为帝后不睦,支持维新的光绪帝徒有皇帝虚名,而大权则掌握在以慈禧为首的守旧派手中。李鸿章对英国传教士李提摩太说:"现在政权在守旧派手中，所以稍明新学的官僚得格外小心，不敢倡言新法，即便有新主张、新政见，也做不成什么事。"长期浮沉宦海的经验，使李鸿章深感变法自强的艰难和卷入帝后、新旧之争的危险，因而格外谨慎，只对维新派暗中提供力所能及的帮助。

6月16日，光绪皇帝召见康有为，命其在总理衙门章京上行走。康有为退朝途中遇到李鸿章，李鸿章有意保护，悄悄将荣禄参劾康有为、军机大臣刚毅反对授官康有为之事告诉他，意在要康留神。还有一次，荣禄到颐和园谒见慈禧太后，正好李鸿章因事向太后谢恩，故一同被召入。荣禄在太后面前告发康有为非法乱制，皇上如果听从，必将有大害；同时他劝李鸿章对太后直陈变法的害处。李鸿章则以叩头宣称"太后圣明"搪塞支应，后又将此事密告康有为。不久，李鸿章听说康有为提出的"废八股"遭到许多读书人反对，甚至有人扬言要刺杀康有为，为此李鸿章专门派人前往康有为住处，叮嘱他"养壮士，住深室，简出游以避之"；康有为奉命出京，李鸿章又"遣人慰行"，加以保护。京师大学堂成立后，李鸿章还特意把康有为推荐给协办大学士孙家鼐，建议请康有为担任教习，由丁韪良担任西学教习。虽然此议未成，但对京师大学堂的创办、发展起过重要作用的西学教习丁韪良后来对人说："戊戌举办的各种新政，唯设立大学堂一事，李鸿章认为最为重要，赞助甚力。"

但是，因为没有实权，无论李鸿章支持还是反对，对变法的影响都不是很大，也没有其他作为。相反，翁同龢、张之洞等权臣成为激进分子。

慈禧太后早对翁同龢心有不满，于是逼迫光绪皇帝将他开缺。当天光绪帝在颐和园召见康有为、张元济，仍表示："今日诚非变法不可。"康有为见光绪皇帝变法意志坚定，进而详述变革条陈。光绪皇帝一面听，一面点头赞许说："正是这样，你条理甚详。"

之后，康有为代山东道监察御史宋伯鲁上呈《请废八股折》。光绪皇帝览折后，即令军机处拟旨照行，军机大臣刚毅劝阻道："此乃祖制，不可轻废,请下部议。"

光绪帝申斥道:"部臣据旧例以议新政,唯有驳之而已。朕意已决,还议什么?"

刚毅仍劝谏说: "此事重大,行之数百年,不可遽废,请皇上三思。"

但是,光绪帝还是不顾群臣反对,颁下废八股诏书。顿时,朝议汹汹。而坊间有直隶士人甚至到处打听康有为寓处,欲聚众殴打康有为,以平息众怒。康有为之弟康广仁和梁启超等人听到这一消息,都劝他暂避,但康有为不以为意,一笑了之。光绪帝闻讯,一怒之下开缺礼部六堂官。而裁汰各衙门冗员的圣旨颁布后,朝中更是草木皆兵,人心惶惶。

尔后,康有为再上折请开制度局。这涉及更改官制,激起的反对声更为强烈,有关大臣借故拖延不办。光绪帝大为恼火,当堂要大臣表态。李鸿章遵旨与其他大学士上了一道奏折,这是他对"新政"的唯一折片,而且是与他人联名上奏。

由于变法牵涉各种政治利益的调整,尤其是对高层政治权力的再分配,所有强有力的旧政治利益享有者,以留恋至高权力的慈禧太后为首,都对之极力反对。至此,帝、后斗争进入白热化阶段。李鸿章不表态显然在回避巨大的政治风险。

光绪帝刚刚开缺礼部六堂官,又立马诏令筹设制度局,使朝中大臣之间的关系变得极为紧张、复杂。这时,甘肃藩司岑春煊等人再奏请裁汰京中各府、司、寺等衙门及各省滥设的局所,同时裁汰冗员。光绪皇帝本来早就为各省裁汰冗员事迭经谕令,但迄今为止没有一省核实遵办。这次得奏后,他立马准奏,并于8月30日下诏裁撤詹事府、通政司、光禄寺、大理寺等衙门及湖北、广东、云南三省巡抚和各地冗官。接着,他又严令大学士、六部及各省督抚将应裁文武各缺和局中冗员一律裁撤干净。

慈禧太后眼见光绪皇帝把后党的一班人马裁撤挤出权力中心,换上自己的维新派官员,她立刻采取了反制措施。

光绪二十四年(1898年)9月18日晚,谭嗣同在康有为等人的嘱托下,到报房胡同的法华寺面见袁世凯,请他杀掉荣禄,并派两支军队入京,一支围颐和园太后住所,一支入宫。袁世凯因不明局势,不敢擅动,只是虚词应对。他心里盘算,北洋有宋庆、董福祥、聂士成各军四五万人,淮练各军又有七十多营,京内旗兵亦不下数万,他的新军仅有7000人,出兵最多不过6000人,如何能办得了此事?更严重的是,新军的粮械子弹均在天津营内,存者极少,起兵勤王根本毫无胜算。尽管谭嗣同言之凿凿,声言奉光绪帝的密旨,袁世凯觉得难以置信,但也不敢完全不信。

就在谭嗣同夜访袁世凯的同时,慈禧太后在颐和园收到御史杨崇伊通过庆亲王奕劻呈上的《吁恳皇太后即日训政折》。他在折中罗织维新派罪名,特别提到来华观光的日本前首相伊藤博文很可能留京参政的传闻,这引起了慈禧的高度关注。

此时,京师闲散衙门被裁撤了十余处,以致失职失业者近万人,士人惊恐,抵触情绪陡增。慈禧决定借此推动"训政"。

而光绪皇帝对慈禧太后方面的动向一无所知。9月20日早朝,光绪帝首先接到御史杨深秀的奏折,建议他引进人才,比如聘请英国牧师李提摩太、东瀛名相伊藤博文为顾问官。奏折还提出要与英、美、日三国"合邦",也就是建立四国同盟。这份奏折由康有为起草,维新派精确计算了时间,特意赶在中午伊藤博文面圣之前将奏折交到光绪皇帝手里。但光绪皇帝对该折仅下旨"存",并于当日呈送慈禧太后。

杨深秀此折实际上证实了杨崇伊"一旦任用伊藤,则祖宗所传天下,无异于拱手让人"的警告。慈禧太后阅后,终于下定决心临朝训政,此举说明光绪皇帝将不再有单独执政的机会。

慈禧于9月21日早朝开始第三次训政,"在便殿办事"。御史宋伯鲁不明就里,按维新派的预定计划,呈上康有为起草的另一份奏折,更明确要求四国"合邦",共管"兵政、税则及一切外交等事",并提议以李鸿章、康有为、李提摩太、伊藤博文共同商议、促成此事。慈禧大怒,当即将宋伯鲁革职,永不叙用。接着,慈禧直接下令步军统领衙门,缉拿康有为、康广仁等人,罪名是"结党营私,莠言乱政",史称"戊戌政变"。

直到这时,慈禧还不知道谭嗣同曾以光绪皇帝的名义请袁世凯起兵之事。袁世凯于9月20日乘坐11时40分的火车出京,于当天下午3时到达天津。随即,他去拜见荣禄,但并未提及此事。次日上午,政变已经发动,荣禄过府探看袁世凯,袁世凯见形势不妙将谭嗣同怂恿他起兵的事坦白。于是,慈禧于9月24日下旨:"张荫桓、徐致靖、杨深秀、杨锐、林旭、谭嗣同、刘光第,均着先行革职,交步军统领衙门拿解刑部审讯。"

9月28日,"戊戌六君子"谭嗣同、康广仁、林旭、杨深秀、杨锐、刘光第被处决,其罪状中有一条为"包藏祸心,图谋不轨,前日竟有纠约乱党,谋围颐和园,劫制皇太后及皇帝之事"。康有为和梁启超因事先得到消息,逃往海外。

变法不过百日,维新派被镇压,光绪皇帝被囚禁,变法的成果除保留京师大学堂外,一切付诸东流。

值此严峻时刻,李鸿章暗中保护了一些维新人士,如张元济因参与维新被革职,他不但派人前去慰问,而且委托盛宣怀在上海安排张元济的工作。

由于李鸿章的许多思想与维新派相近,所以有人上弹劾奏章告他是维新派。慈禧太后向他出示这些奏章,并对他说:"有人说你是康党。"李鸿章回答:"老臣没有参与废旧立新之事。但是,现今的六部确实已是尾大不掉,于治国无益。如果旧法可以使国家富强,何以落到今日的地步?如果主张维新变法者就是康党,那老臣难避嫌疑,只能自认康党。"慈禧听后只能默然。

李鸿章之所以如此回答慈禧,因为他深知慈禧最关心的并不是"法"变不变,而是她的权力是否受到挑战;她注重的首先不是臣下对

"变法"的观点,而是其是否参与帝党夺权的实际政治活动。所以,他一开始就强调自己没有参与废旧立新之事,表明不参与宫廷政争,不参与朝廷的"家务事"。

就在政变发生几天之后,李鸿章奉慈禧之命,宴请日本前首相伊藤博文及随行重臣。席间,李鸿章说如果康、梁逃往日本,应将其引渡回国,但被日方以按国际法规定政治犯不能引渡为由拒绝。康有为曾向光绪皇帝称颂来华活动的伊藤博文"为亚洲异才,请厚待之,留备顾问",伊藤博文却私下对李鸿章说:"治理弱国如同修缮破烂的房子,而几个喜欢闹事看热闹的人,却拿着重锤、巨索大拆大建,结果当然会压垮房子。"李鸿章深以为然,点头称是。

李鸿章与伊藤博文一致认为维新派缺乏阅历,操之过急,失于急激,后果堪虑。后来,李鸿章更明确地把维新派的失败归咎于"变法太急,用人不当"。

三、巡黄河无果 "友帮"起祸端

就在帝、后两党以变法为幌子进行权力斗争时,中国广大民众仍在遭受洋人的欺压与盘剥,他们的仇外心理和感情愈发强烈,一场新的风暴正在酝酿。

国内匪寇四起,李鸿章已得到不少消息,他在贤良寺中默默地等待时机,期待东山再起,重振当年雄风。慈禧太后训政后,提拔了一批在"戊戌政变"中起过关键作用的人,如荣禄、刚毅、袁世凯等人,但李鸿章仍受冷落。直到光绪二十四年(1898年)11月,慈禧才发下一道懿旨,令李鸿章为勘河大臣,会同山东河道总督任道镕、山东巡抚张汝梅实地勘测山东黄河工程。

李鸿章见旨后哭笑不得。太后总算要起用他了,但万没想到竟是这样一个苦差事。他揣测这是慈禧对他的变相惩罚,让一位年近八旬的老翁冒着风雪天寒,勘察积弊已深的河道工程。懿旨中虽然冠冕堂皇地说

"倚重",实则怀有"挫辱"之意。李鸿章心中愤愤不平,决定拒绝慈禧的这一安排。第二天,他回奏朝廷:河工"积弊已深,即使设法筹办,恐怕也没有什么把握",加之"年近八十,精力颓衰",难以胜任。

慈禧见李鸿章一反常态地闹起脾气来,心中思虑是否对自己训政不满。于是她又下严旨,命他不得推托延误。吴汝纶看出了其中奥义,他对李鸿章的幼子李经迈说:"甲午之战后国人对老师的骂声还没有停息,'戊戌政变'中老师又态度暧昧,太后即使有心让老师官复原职也会顾虑重重,外派治河也许是太后的试探。况且,朝廷视河事为重大政事,非我师莫属,消除朝廷顾虑,在此一举。"

早年被老师曾国藩戏称为"拼命做官"的李鸿章觉得吴汝纶言之有理,于是"持节巡行黄河河道",决定以老命一搏,向朝廷展示自己"穷当益坚,老当益壮"的气概。

11月30日,李鸿章带着熟悉河务的周馥、比利时水利工程师卢法尔、于式枚、孙宝琦、袁大化等随员,出京赴鲁,先往山东德州。12月11日,李鸿章一行抵达济南。

一路走来,李鸿章发现治河之事已是当务之急。黄河自咸丰五年(1855年)在铜瓦厢(今河南兰考西北)改道以后,多次决口,洪水泛滥,有时"水高数十丈,壁立而行,瞬息千里""农舍漂没""浮尸蔽水",凄惨的景象触目惊心。地处黄河最下游的山东,灾害尤甚。

其实,早在同治十二年(1873年)李鸿章担任直隶总督时,就曾对黄河无道、洪水四溢等问题提出过不同观点:黄河已成悬河,多处河床高出地面,决口多为"漫决",洪水加上雨水,大面积滞淤,没有疏通的渠道。比如铜瓦厢决口宽达10余里,水深流急,落差在两三丈开外。如果想让黄河恢复故道,必须挖一条3丈多深的引河。

李鸿章认为,让黄河走大清河河道,应该是最安全的流路。他将调查情况向朝廷汇报:"查黄河北岸张秋以上至开州(今河南濮阳市)境内200余里,有古金堤可以依恃;张秋以下至利津海口800余里,岸高水深,应由山东抚臣随时将原有民埝(由民力所构筑的堤)加倍保护。

南岸自安山下抵利津，多依傍泰山，可谓天然屏障。"他略有担心的是"安山以上至曹州府（今山东菏泽市）境内200余里，地势较低，为古时候的巨野泽，即宋代800里之梁山泊，自宋元明以至清朝，凡黄河决口入大清河，无不经由此处注入曹州、单州（今山东单县）、巨野、金乡各邑，甚至吞湖泊并运河，漫溢数十州县，波及徐淮，为害巨大。其侯家林决口虽然堆筑坚固，但上下100余里的民埝，高则丈余，低仅数尺，绝对无法长久维持。此处若有一失，则西南的运道水库又会被冲淤，农舍民田更遭到毁灭，祸患无穷，而且黄河分流势缓，北行入海之道，也可能会渐行淤浅。请饬山东抚臣，于秋季河水泛滥之后，将侯家林上下民埝仿照官堤加高加厚，若能接筑至曹州西南，更为久远之计"。此外，他还提到"这六七十里中，大水常漫的不过二三十里，水流湍急的不过三五里，任其游波荡漾，宽缓水势以渐趋下游，宽半里深数丈的大清河，则缓急得以节制宣泄，不至于逼激冲突另寻他路。其堤内民田，仍可随时根据洪水之远近、地势之高低，抢种米禾，必不至于颗粒无收，似于民生也无大碍"。

而针对救灾，李鸿章认为可漕运改海运，山东就不愁没盐吃，他说："山东位于海口的盐场，虽然受黄河淤积而产盐不多，经抚臣竭力经营，从胶莱运盐，适时接济，引地（指定给请引行盐的盐商的专卖区）倒是不愁没有盐吃，只是盘剥过多，价格稍贵。黄河在山东虽不能说无害，但地方官若救偏补弊，设法维持，尚不至于引起大的祸患。"

朝廷也认为李鸿章提出的办法不错，于是下旨给当时的山东巡抚："着丁宝桢酌量形势，将张秋、利津一带民埝加倍坚固，侯家林决口于秋汛后加高增厚。"

然而，自大清开国以来，历次黄河决口宽不过三四百丈，尚且屡堵屡溃，连续数年难以堵复，现在要将10里多宽的口门堵住，如何能让它保持坚固？而且，兰考以下的淮徐故道已有灾民移居其间，村落渐多，那里是一望无际的低洼田野，想让地下3丈多深的黄河水回到地上3丈开外，简直难于登天，不仅要耗费大量人力，还需筹措巨资。

大清前中期，黄河河务自河南以下河段划分为南河（江苏段）与东河（河南、山东段），分置河督负责日常修守，地方督抚负责协办。但铜瓦厢改道后情况发生了根本变化。河道从山东大清河入海，口门以下旧河道于是断流，南河及东河半数机构闲置。当时，清廷正深陷镇压太平天国起义的战争之中，为筹措军费，很快将闲置的河政机构裁撤，而将亟待治理的新河道抛给当地官府。由于既没机构，又不拨经费，地方督抚着实不愿承担此事，但因辖区所受灾难极为深重，又不得不担负起这一重担，从而造成了黄河治理地方化。在治水的过程中，地方官绅不仅是组织者，还是资金的主要筹措者，常使司道各库入不敷出，无可挹注。地方各自为战，虽有利于一地，但由于缺乏统筹治理，下游比决口的地方受灾更为严重，黄河淤垫越发增高。因此，丁宝桢治理河道困难重重，虽有成效，但未能解决根本问题。

这次，李鸿章要亲自来办理这件事，他对摆在面前的困难早有所估计。站在济南黄河大堤上，他被眼前的情景震惊了：怒吼的黄河水冲垮了高出河面2米的黄河大堤，急速向岸边涌去，溢满河水的村庄成了一座孤岛，到处可见漂浮的尸体，到处可闻灾民的哭声。混浊的河水无情地冲击着他的心房。

李鸿章开始与卢法尔、周馥等商议从何处入手治理这洪水泛滥的黄河。有过西方治河经验的卢法尔向李鸿章提出这样的建议：黄河下游受病太久，应以测绘全河形势为先，以算学为本，研究河由何处而生，水由何处而减，从而探寻根治之法。这就是说要从全局出发，通盘考虑。李鸿章接受了卢法尔的建议。

于是，随员吴廷斌、于式枚、孙宝琦、袁大化等人率领绘图学生，开始分赴黄河上下游及海口各段逐段测量。李鸿章也亲率卢法尔、周馥会同任道镕赴入海口一带屡勘。

"三九"严寒之际，黄河下游飘着片片雪花，年近八十的李鸿章辗转于风雪之中，鼻子冻得通红，平时威仪的山羊胡子上挂满白色的冰霜，脚冻得发木。他一面急于拿出一个有效的治河方案奉献给朝廷，一面在心里无奈感叹:"年垂八十,时值严冬,风雪长途,实在是万不得已。"而对于自己一辈子忠心耿耿效力的朝廷,他也感到强烈的不满和失望,有用时,他是满朝上下称颂的股肱之臣;无用时,朝廷则弃之如敝屣,多年的苦劳统统归零,让人如何不心伤?

光绪二十五年(1899年)2月间,各地分段测量的测绘图和数据都汇集到李鸿章这里,他在入海口一带复勘各河工后,汇总了各种意见奏报朝廷。其中提到"应当先办的事情有三件:一是测量全河形势,对于河身宽窄浅深、堤岸高低厚薄,以及大水小水的浅深,均详细记录下来。二是测量河图须细微详尽,无所遗漏。三是分段派人查勘水性,较量水力,记载水志,考求沙数,并随时查验水力若干、停沙若干,凡对水性、沙性有所疑义的,必须详细记录,以资参考"。同时,他还指出:"应按照永定河的治理方法,沿河设立电线,按段通电,随时随事报告全河官弁,水患才可预先补救,此事刻不容缓。"

3月21日,李鸿章与任道镕联衔向朝廷上《勘筹山东黄河会议大治办法折》,陈述了履勘情况和治理意见,提出十条根治办法。之后,他又担心黄河大治需时较长、用费甚巨,难于落实,因而续奏《筹议山东黄河救急治标办法折》,提出先培修堤岸、购地迁民、疏通入海口等应急治标措施,并代陈卢法尔所拟救急和治本之策。

由于通盘治理黄河耗费实在太大,李鸿章花费大量心血得来的治本之策只能变为一纸空文,最后被束之高阁。李鸿章回京复命后,依然住在贤良寺"养闲经国",郁郁寡欢。

就在李鸿章情绪低落之时,又传来一个噩耗:他的大哥李瀚章病逝了。他为此悲号无泪,伤心至极,对友人说:"忽闻家兄之丧,天伦之哀,况在晚暮,深秋警节,更加伤怀。"他甚至觉得自己的一生也已经走到了尽头。

御史杨崇伊对李鸿章很敬佩,又沾亲带故,不忍他就此被朝廷冷落下去,因此一有机会就在荣禄面前替李鸿章说情。当时的荣禄可谓大清第一权臣,内调中枢、授军机大臣、晋文渊阁大学士,管理兵部事务,节制北洋海陆各军，统近畿武卫五军。杨崇伊对他说："您身兼多个要职，忙都忙不过来，而李学士却闲居寺院，现在各地匪患又起，京畿和地方都要您来操心，恐怕忧劳过度，伤损身体啊，何不让李学士帮您分担点杂事呢？他曾任北洋，军中仍有大多数是他的旧部，值此紧要关头，似乎呼应更灵。若李学士回来，您只需待在京城，专力保护太后，这不是更好吗？"

荣禄听说要让李鸿章回来分他的权，不由得一肚子不高兴，但他转念一想，又觉得有几分道理。现在南方匪患严重，山东等地出现了"反清复明"的义和团，他们既反朝廷，又反洋人传教士，声势很大。若不及时剿灭平息，祸患起来可比太平天国的长毛子更严重。荣禄不想独自担当剿匪的重责，于是向慈禧提出建议，选几人保护京畿，再选几人去地方剿匪。

慈禧与端郡王载漪、大学士刚毅、军机大臣荣禄等人商议合适人选。当时慈禧正在策动"废帝立储"，遭到朝中不少大臣和各国驻华使节的反对，于是，她令荣禄把京畿一带的军队全都换成自己的心腹，以防不测：以裕禄为直隶总督、北洋大臣，统率北洋新陆军五路军，并自统中军万人驻守京城；将聂士成、董福祥、袁世凯、宋庆所部改为武卫军前后左右四军，随时策应京畿；端郡王载漪出掌京师神机营。撤换纵容义和团的山东巡抚毓贤，以袁世凯署理山东巡抚，率领新陆军"武卫右军"前往济南；同时，在北五省都安插后党。而这一系列驻防、人事调动都与李鸿章毫无关系，他被排除在外了。

这时，两江总督刘坤一与湖广总督张之洞等南方大臣都反对这一布局，而各国驻外使节又纷纷发表声明，反对慈禧"废帝立储"。

因涉及对外关系，慈禧终于又想到被冷落的李鸿章。在她看来，跟洋人打交道，没人能代替李鸿章。但她贵为太后，不能先迈出这步，便派荣禄去跟李鸿章谈。谈话的核心有两点：一是慈禧太后废帝，洋人想要干预此事，让李鸿章与洋人谈判，察明洋人究竟是什么态度。这一点也是第二点的前提。二是如果洋人同意废帝，那么清廷对反洋人的义和团就以剿为主；反之，对义和团则以抚为主。

　　李鸿章对荣禄的夜访一点也不惊讶，因为他已从其他人那里探知慈禧太后面临的难题。荣禄直截了当地告诉李鸿章："太后将行大事，天子当易，但亡命者肆意鼓吹，恐友邦为其所迷惑，早知道公熟习外国情况，烦请探询他们的意向。"

　　李鸿章一边静听一边思考。他虽人在贤良寺，但对于外面的形势可谓心知肚明，洋人现在明知自己已经失势，以这样在野老朽的身份去打探消息，洋人会把他们的真实想法说出来吗？他想到自己已经年近八十，在太后那里恐怕只有这点利用价值了，不管是为自己谋后路，还是替太后办差事，都需要一个有分量的官职，哪怕只是临时的。想到这里，李鸿章趁机向荣禄提出："此乃内政，先询人，有失国体，如果一定要询，当授我以总理衙门大臣，协办北洋军务。"荣禄听了，觉得李鸿章要求事关重大，不敢贸然答应，只说回去与太后商议再定，要他先做好与英、法、德、日、俄五国会谈的准备。

　　荣禄汇报后，慈禧一口否决。冥冥之中，她已经感到京畿危机四伏，如果让李鸿章这样一个立场不坚定的人来拱卫京畿，无论如何都难以服众。而且他跟洋人走得越近就越危险，假如他跟洋人合伙要挟朝廷，形势必然失控。北洋新陆军虽说是新组建的军队，但将帅还是李鸿章的淮军老班底，现在用京畿安危来试探李鸿章的忠诚是一件过于冒险的事。当然，慈禧心里也清楚，李鸿章之所以曾经备受洋人敬仰，是因为他拥有大清国"一人之下、万人之上"的权柄，如今大权被收回，即使他与洋人的关系再好，恐怕也只是表面上的应和、敷衍。

　　慈禧考虑良久，最后终于想出一个两全其美之策。11月24日，慈禧以皇帝的名义颁发圣旨，任命李鸿章为商务大臣，离京前往各通商口岸考察商务。这一任命，对李鸿章来说，释放出一个重要的信息——解冻开始了。李鸿章立刻回禀，奉命将于年前先对天津的商务进行考察，春节之后再到烟台、青岛、上海等开放口岸的第一线考察。

　　外国驻华使节闻风觉知跟李鸿章做生意的机会又来了，纷纷前来祝贺。李鸿章借机向他们提出废立问题，各国使节都表示："理无干涉，唯国书系致光绪帝，今易帝位，是否继续承认，尚须请示本国。"虽然洋人的答复模棱两可，但总算有了缓冲的余地。

就在李鸿章还未成行之际，朝廷又于12月19日改授李鸿章署理两广总督，接替告归的谭钟麟。原来，法国在得到广州湾（今广东湛江）这个"势力范围"后，开始圈地划界，频繁与当地百姓发生冲突。遂溪的民众甚至在官员的带动下，武装起来与法军开战，局面相当混乱。所以，朝廷让李鸿章先去"救火"，看好南大门。12月23日，《纽约时报》记者将写好的一篇报道发回美国总部，这篇报道的题目是"李鸿章掌权"，副标题则是"在太后恩典下出任两广总督"。

李鸿章在坐了四年"冷板凳"后，虽然未能重温"坐镇北洋，遥执朝政"的旧梦，但两广总督一职也是与直隶总督相差无几的封疆大吏，因此他的心情很激动。经过短短十多天的准备，他于光绪二十六年（1900年）1月怀着"一息尚存，不敢不勉"的壮心，"着三眼花翎，精神饱满，极其喜悦"地登舟南下，当月18日到达广州，两天后正式接篆视事。

李鸿章准备在新的任职地做出点成绩来，一是向朝廷展示他还有办事的能力，二是让洋人知道他依然受朝廷重视。但是，李鸿章到达新任所就像进了一只"内饰刺刀的笼子"，不仅要面对法国这样咄咄逼人的外敌，还要对付北京的政敌，更要对付两广境内众多猖獗的"暴匪"。

广东自开埠以来，地方黑道横行，他们目无法纪，与官府相互勾结，互为保障。西江上不断发生的劫掠谋杀外籍人士的案件，给了一直谋求势力扩张的英国人、法国人以充分的借口。为此，李鸿章决定在两广境内"打黑"。

"打黑"除了动用地方治保力量外，还要动用军队。李鸿章深知兵马未动粮草先行的作战策略，而广东大部分税收来自"赌饷"。他初来乍到，还没有谋划出其他经费渠道，只得全面开赌。这一举措立刻受到流亡海外的梁启超的严厉指责。李鸿章明知这无异于饮鸩止渴，但急于打击黑道的他已经无法顾及其他了。

4月1日,英国"长沙"号小商轮在西江被劫掠,港英当局在擅自派遣兵轮前往之后,才通告李鸿章并要求派员"会剿"。李鸿章闻讯,立即派副将王得胜带兵轮赶赴出事地点,会同地方官兵缉捕人犯,就地处死3人,并饬缉捕"余匪",将匪首就地处决。五六月间,广西南宁府属永淳、横州和浔州府属武宣等地会党竖旗起义,李鸿章严饬地方官员和有关防营紧急剿办,并派遣广西提督苏元春亲自督率,他随时过问情况,坐镇指挥。李鸿章惩办黑道心狠手辣,且有生杀大权,据说上任六个月内便杀人上万。

除了"打黑"外,朝廷交给李鸿章的另一个任务是剪除"康党"。但对付"康党",李鸿章似乎很不得力。在抓到因联合马裕藻、叶瀚、章炳麟、蔡元培等人反对废帝的"康党"成员经元善后,他并没有严厉惩处,反而让其逃到澳门。"康党"的其他成员,也都没有被列入"打黑"名单。

李鸿章对搜捕"康党"极为敷衍,甚至同情维新派,暗中帮助"康党"。慈禧对他的这一表现极为不满,甚至一度打算将他开缺。

就在李鸿章"打黑"的同时,华北的义和团声势越来越大,已成燎原之势。义和团,又称义和拳,或贬称为"拳匪"等,是针对西方在华人士包括在华传教士及中国基督徒发起的大规模群众暴动。起初义和团与清朝大部分秘密团体一样,以"反清复明"为口号,反对满族统治,遭到镇压。随着清廷与西方列强矛盾加深,义和团开始支持清廷抵抗西方,改名为"虎神营",口号也改为"扶清灭洋"。如此一来,列强与清廷的矛盾被公开激化,大清国再次陷入列强的环伺声讨中。

光绪二十六年(1900年)4月6日,英、法、奥、意、日、俄、美七国公使发联合照会:限令清廷两个月内剿灭义和团,否则将"代为剿平"。随后,德国也派来军舰与七国军舰聚于天津大沽口外的海面上示威。因是八国结盟,联合出兵,史称"八国联军"。

5月20日,各国公使召开第四次会议。德国公使提出派遣军队登陆，为保护外国人的安全进入北京。这一提议立刻得到各国公使的赞同。最后列强达成一致，限清廷在五天内给予满意答复，不然将再次举行军舰示威。

面对义和团运动的高涨和八国联军的进犯，清廷内部在应如何应对这个问题上发生了严重分歧。军机大臣王文韶、户部尚书杨立山、兵部尚书徐用仪、吏部侍郎许景澄、太常寺卿袁昶等认为此时国家无力与八国同时开战，主张坚决镇压义和团。不巧的是，关键时刻，慈禧最倚重、身居多个要职的权臣荣禄称病不出，但他建议朝廷"抓紧剿办，以免祸乱萌生，而堵塞各国的借口"。李鸿章、张之洞、刘坤一等地方督抚也赞成以剿为主，并坚持"东南互保"。端郡王载漪、吏部尚书刚毅、刑部尚书赵舒翘等人则主张招抚，企图用统编的手法约束和控制义和团，达到为朝廷所用的目的。

5月底6月初，八国联军以"保护使馆"的名义，调兵入北京。

6月6日，八国联合侵华政策相继得到各自政府的批准，侵华战争正式爆发。

进入京城的联军一见到义和团成员就开枪，八国军队几乎都大开杀戒。6月16日，慈禧太后召开御前会议，商讨对策，再次重申停止镇压义和团，如果列强继续进兵，就不惜开战。八国联军根本不理会慈禧的严辞抗议，于19日攻陷大沽炮台。

6月20日，德国公使克林德从东交民巷前往总理衙门办公事途中被清军击毙。当天下午，大批清军和义和团拳民围堵东交民巷的外国使馆。双方展开武装对抗。6月21日，清廷发布宣战谕旨，命令各省督抚招抚义和团，"借御外侮"，申明"与其苟且图存，蒙羞万古，不如大张挞伐，一决雌雄"。

慈禧太后在此危急时刻，敢于与八国联军"一决雌雄"，并非一时冲动，其中深意有三：其一，可借义和团"刀枪不入"之术与洋人放手一搏，如能一举成功，即是伟功一件，可一吐洋人屡屡干涉她"废帝立储"的怨气。如果失败了，也可以抗击八国联军为借口，将义和团的力量引出京城,免遭祸起肘腋之忧。其二,诏书并没有指明向哪国宣战,也没有送达交战国,只是内部传达,即使战败,也为求和留下了余地。其三,诏书是由大小臣工合谋,借光绪帝的名义颁布的,即使战败,"替罪羊"是光绪帝,而不是力主宣战的慈禧太后。因此,对外宣战在慈禧太后认为是"一箭三雕"。

李鸿章、张之洞等人都是官场老手,一眼就看穿了慈禧的用心。朝廷颁下宣战诏书后,李鸿章不禁老泪纵横,用手杖触地:"如果不量力而行,轻易宣战,恐数千年文物之邦从此就要完了!"他在全国督抚都未作声的情况下率先宣称:"此乱命也,粤不奉诏。"但接下来会怎样呢?

义和团和新军在天津紫竹林与八国联军血战,战斗进行了三天三夜后,7月14日天津失陷。沙俄除了随联军进攻北京外,另外又从南、北两路派出千余人马,先是洗劫中国民宅和商铺,后于7月17日将江东六十四屯居民5000余人赶至黑龙江边淹死,于7月21日将海兰泡的5000多名居民枪杀或用斧头砍死,制造了"庚子俄难"。

8月初,八国联军逼近京城。

慈禧见事态愈发严重,料知北京城守不住,在8月底便领着一班近臣化装成百姓,向西逃去。在离开北京的第三天,清廷实际上的最高统治者——慈禧太后发出两道上谕。第一道发给军机大臣荣禄、大学士徐桐及户部尚书崇绮,命令他们留在北京向洋人求和。可是,这位流亡中的统治者哪能想到城破不久,她恩宠有加的荣禄已经跑到保定避祸,而另外两位大臣也相继自尽了。第二道发给身在广州的李鸿章,要求他火速前往北京,与庆亲王奕劻一起主持和议。

国之将亡的危难时刻,不从"乱命"的李鸿章还能力挽颓局,救民于水火之中吗?

四、车马未离鞍 忧国一死难

光绪二十六年(1900年)8月13日,八国联军攻入北京城。两天后，京城陷落。

八国联军总司令瓦德西纵容士兵的一切野蛮暴行，联军所到之处，烧杀淫掠，惨绝人寰，无数居民被逼上了自殒的绝路。更有甚者，列强使馆成员竟在光天化日之下进行杀人竞赛。诸多官邸府院、寺庙民宅、城垣宫苑变为废墟，大量珍贵档案、图书化为灰烬。古玩文物、金银珠宝，尽被劫掠一空。昔日市井繁华之地，昼夜烈焰腾腾，满目疮痍。

每当大清国这架破车深陷泥沼时，慈禧太后最先想到的推车人必是李鸿章，而一旦走出泥沼，她又毫不留情地把他抛弃，任由朝野、国人去唾骂李鸿章。作为大清国的老臣，李鸿章是绝对效忠朝廷的，哪怕牺牲自己的名节和生命也在所不惜。但是，这一次李鸿章万万没想到慈禧太后这么快就要他回京"主持局面"。当电报如雪片般飞来时，他有些犹豫，想来北京的局势和慈禧当前的处境都是十分困难的。在给大清驻德公使吕海寰的电报中，李鸿章说："朝廷尚无主见，即使我去也无济于事。"然而，慈禧并不因李鸿章的迁延而放弃，催促他北上的电报接二连三地发来。

7月3日，宣战不到两周，朝廷单独发给李鸿章第二道圣旨："懔尊前旨，迅速来京，毋稍延刻。"7月7日："前迭经谕令李鸿章迅速来京，尚未奏报启程。如海道难行，即由陆路兼程北上，并将启程日期先行电奏。"7月8日："命直隶总督由李鸿章调补，兼充北洋大臣。"7月9日："如能借到沙俄信船由海道星夜北上，尤为殷盼，否则即由陆路兼程前来，勿稍延刻，是为至要。"7月12日："无分水陆兼程前来。"

慈禧太后在北京如坐针毡地盼望能有人帮她安抚洋人，她恨不得李鸿章快马加鞭即刻进京，赶快去哄洋人，再让洋人这样肆无忌惮地闹下去，她重新训政的大清就要彻底亡国了。由于李鸿章迟迟不动身，慈禧以及给李鸿章下令的权力核心开始在电报里耍起脾气来："现在事机日紧，各国使臣亦商在京……该大臣（李鸿章）受恩深重，尤非诸大臣可比，岂能坐视大局艰危于不顾？"并要求李鸿章"无论水陆，即刻启程,并将启程日期速行电奏"。

慈禧在逃亡之后,发给李鸿章的最后一纸任命是:"着李鸿章为全权大臣。"

李鸿章权衡再三后,决定起程。但他身边的人却力劝他不要前往,道理不言而喻:五年前签订《马关条约》使他蒙受耻辱,是因为他是淮军总指挥、北洋水师实际总指挥,又是北洋大臣。但这次北京的祸端跟他这个两广总督一点关系也没有。何况这次谈判,除了割地赔款,还有其他办法吗?明知是去受辱,为何要自取其辱?但是,为清廷鞍前马后劳顿了一生的李鸿章并未忘记老师曾国藩的教诲,他决定前往!这是作为臣子的责任。

7月17日,77岁的李鸿章在广州登船。临行前,南海知县裴景福问他有什么办法可以使国家少受损失。李鸿章感叹道:"无法预料,唯有竭力磋商,争取宽限时日,尚不知能否办到。我还能有几年活头呢?一日和尚一日钟,钟不鸣,和尚也死了!"

李鸿章乘轮船到达上海后,以身体不适为由暂停前进以观察各国的举动。此时北京城已经沦陷,部下及亲属依然劝他不要继续北上。然而,李鸿章拒绝了,他领的是大清国的俸禄,受的是大清国的顶戴,如今,大厦将倾,正是最需要他的时候,他怎么能袖手旁观呢?

9月29日,李鸿章到达天津,看到自己曾经执政二十多年的直隶总督府在满目疮痍的天津城中,已是一片废墟瓦砾,不禁悲从心生。

10月11日,李鸿章到达北京。眼前的景象更令他不忍目睹:残破的城垣,流离失所的百姓,横行无忌的洋兵……外国联军宣布除了"两个小院落仍属于清廷管辖"之外,整个京城由各国军队分区占领。那两个小院落一个是李鸿章居住的贤良寺,一个是参与联军议和谈判的庆亲王奕劻的府邸。

刚一进京,谈判便开始了。李鸿章与帝国主义列强的谈判既艰辛又旷日持久,但他以虚弱之躯,坚持与十一个国家的外交官周旋。

11月初,联军照会李鸿章和庆亲王,提出议和谈判的六项原则:

惩办祸首；禁止军火输入中国；索取赔款；使馆驻扎卫兵；拆毁大沽炮台；天津至大沽间驻扎洋兵，保障大沽与北京之间的交通安全自由。这六项严重损害大清国家主权的"原则"，令李鸿章气愤不已。第二天，他在谈判桌上指着沙俄代表的鼻子说："你们是一群虎狼！你们的要求太过分，我四万万同胞也不怕流血！"

他终于意识到自己根本无法结束大清国的厄运。而逃亡至西安的慈禧在黄沙烈风中天天盼着李鸿章的"捷报"——"望电报如饥渴"。李鸿章只有日复一日地"竭力磋商"——"每当聚议时，一切辩驳均由李鸿章陈词；所奏朝廷折电，概出李鸿章之手"。这时，李鸿章身体每况愈下，开始出现咳血症状，而且始终不见好转。在内外焦灼的煎熬下，他曾经多次把血吐在谈判桌上，然后掏出手绢擦擦嘴角继续谈判。

数月之后，李鸿章病倒了，起因是在拜会英德公使后回贤良寺的路上受了风寒。故作拖延以"漫天要价"的联军见全权大臣病倒，而且沙俄在东北三省的"小动作"越发频繁，转而沉不住气了，立刻把占尽"中国财力兵力"的议和大纲抛了出来。

李鸿章此时已病得卧床不起。庆亲王拿着议和大纲连连叹气，说这个大纲朝廷断然不会同意，他已经束手无策了，还是请李鸿章想想办法吧。

李鸿章明白，他已经不可能让列强更改其中任何一项条款了。他伏在病榻上，在上奏朝廷的电报中说："近几十年来，每有一次构衅，必多一次吃亏。去年的事变来得尤为仓促，创痛巨深，四海惊心。今议和已成，大局稍定，仍希望朝廷坚持定见，外修和好，内图富强，或者可以渐有转机。"

难以想象病势沉重的李鸿章在写下"必多一次吃亏"这几个字时是什么心情。他毕生致力的"外修和好，内图富强"的愿望，如今回顾实在是一种前途渺茫下的伤心无奈。

十一个国家抛出"最后议定书"后，湖广总督张之洞联合刘坤一声明，力主不能在议和大纲上"画押"。李鸿章对张之洞"不明敌情"

却"局外论事"的轻率做法十分恼火，表示如果坚持不"画押"，谈判马上便会破裂，结果只能是将大清拖入无休止的战乱之中——联军在京城屯兵数万，有随时扩大战争的能力；在这种内外皆危之际，高谈阔论并不能扭转危局，拯救危难。

出乎李鸿章意料的是，远在陕西的慈禧太后很爽快地答应在条约上签字。当时有传闻，说京城里的洋人开出一张名单，上列需要惩处的官员名单。他们警告清廷，这些人只是从犯，之所以不提主犯，是给大清留了些颜面。逃祸在外的慈禧心知肚明洋人所指的主犯正是她自己。因此当她得知议和大纲没有将自己列为祸首，也没有让她交出统治权力后，便给李鸿章回电："敬念宗庙社稷，关系至重，不得不委曲求全。"最后，竟直截了当地示意李鸿章"衡量国家的物力财力，尽量满足洋人的喜好要求"。

光绪二十七年（1901年）9月7日，奕劻、李鸿章全权代表清廷，与十一个国家在北京正式签订了议和大纲的"最后议定书"，这就是后来广为人知的《辛丑条约》。该条约共十二款，还有十九个附件，其主要内容如下：

1. 赔款。清廷赔款各国（共十一国）白银4.5亿两，分三十九年还清，年息4厘，本息共计约9.82亿两，以海关税、常关税和盐税作为担保。

2. 划定使馆区。将北京东交民巷划定为使馆区，成为"国中之国"。中国人不得在区内居住，各国可派兵驻守。

3. 拆炮台、驻军队。拆除大沽及有碍北京至海通道的所有炮台，帝国主义列强可在自北京至山海关沿铁路重要地区的十二个地方驻扎军队。

4. 永远禁止中国人成立或加入任何"与诸国为敌"的组织，违者处死。各省官员必须保证外国人的安全，否则立予革职，永不录用。凡发生反帝斗争的地方，停止文武各等考试五年。这一条标志着清廷完全沦为帝国主义的工具。

5. 对德日"谢罪"。清廷分派亲王、大臣赴德日两国表示"惋惜之意",在德国公使克林德被杀之处建立牌坊。

6. 惩治附和过义和团的官员。从中央到地方被监禁、流放、处死的官员有100多人。

7. 设立外务部。将总理衙门改为外务部,班列六部之首,成为清廷与列强交涉的专门机构。

签订《辛丑条约》是李鸿章九个月的沥血之旅,这次与洋人周旋再次使李鸿章背上了"卖国者秦桧,误国者李鸿章"的骂名。然而,心力交瘁的他已经无力顾及这些了。在谈判中,他一直不停地咳血,但依然强打精神为大清国争取利益。现在,谈判终于结束了,他的身体也垮了。签字结束后,李鸿章再次大口吐血,连日饮食不进,"寒热交作,痰咳不止",此时他渐感自己大限将至,而心中仍然悬着一个纠心的问题:联军不足以亡中国,可忧者在大难之后。他认为国运所关,实有天命,后事实在难以料定。今后大清国将何以自处,又怎样面对列强无穷无尽的勒索?

获悉李鸿章病危后,慈禧也在担忧李鸿章的健康状况。很快,清廷接到盛宣怀致军机处的一份电报:"傅相昨夜吐血幸未再吐,唯头眩体弱,恐难即愈。"军机处接到这封电报后,立马呈送慈禧太后,刚刚转危为安、惊魂未定的慈禧慌了手脚,当即命人复电盛宣怀:"奉懿旨,李鸿章吐血甚深系念,着加意调养,随时详细报告病情。"

11月6日,李鸿章已知自己将不久于人世,于是向儿子李经述口述遗折,呼吁自强。他在遗折中提出了"举行新政"的政治观点:

伏念臣受知遇最早,荣恩最深,每念时局艰危,不敢自称哀痛,只希望稍延余命,重睹中兴,如今怀抱着未遂的志愿而亡,实在难以瞑目。时值京师初复,銮驾未归,和议新成,东事仍然棘手,国之根本大计各方面都令人忧虑。窃念多难兴邦,殷忧启圣,伏读屡次谕旨,举行新政,力图自强。庆亲王等都是臣久经共事之人,此次更是患难与共,定能同心协力,尽心辅佐,揭发弊端,出谋划策。臣在九泉之下,亦无遗憾。

当日,李鸿章再度昏迷。过了很长时间,当他微微睁开眼睛时,有气无力地吟出一首诗:

> 劳劳车马未离鞍,临事方知一死难。
> 三百年来伤国乱,八千里外吊民残。
> 秋风宝剑孤臣泪,落日旌旗大将坛。
> 海外尘氛犹未息,诸君莫作等闲看。

此遗作之妙,在于把对个人悲剧的伤痛转向了对国家命运的担忧。这位跟洋人打了一辈子交道的孤寂老人,至死也没有忘记"海外尘氛",奉劝朝廷内外将海外之事重视起来。

油尽灯枯的李鸿章,已然走到了生命的尽头。奕劻、伍廷芳、马玉昆等人都赶来守候在榻前,默默掉泪。这时,沙俄驻华公使雷萨尔不顾拦阻,强行闯进李鸿章的住室。

伍廷芳上前用手一拦,厉声问道:"公使先生,你要干什么?"

雷萨尔手中挥舞着一份关于把整个东北作为沙俄"保护地"的文件,嚷道:"李鸿章答应过我国政府,一旦和谈成功,他就在这份文件上签字!"

伍廷芳质问:"什么文件?"

雷萨尔不依不饶,仍大声吵闹:"最大限度维护沙俄在东三省利益的文件!"

伍廷芳不理会他的一面之词,只说:"李傅相病势严重,不能签字。"

雷萨尔斜眼望着伍廷芳,一字一顿地说:"他在装病!"说着用力推开伍廷芳,径直走到李鸿章病榻前,大声说:"中堂大人,请你照两国约定在这份文件上签字!"说完他强迫李鸿章的助手拿出官印来。

虚弱的李鸿章早已被雷萨尔吵醒,他闭着眼睛不理会雷萨尔的蛮横要求,继而引发大吐血。

雷萨尔见状,并不收敛。待李鸿章平复后,他再次把文件递到李鸿章面前。得到李鸿章的拒绝后,雷萨尔颇不快地离开。在他走后,为了朝廷和洋人周旋数十年的李鸿章此时已经无法说话,泪水溢出眼眶,流满了脸颊。守在身边的人恸哭不已,说:"李中堂不能走啊!大清不能没有中堂啊!"李鸿章的眼睛又缓缓睁开,身边的人对他说:"沙俄一事,朝廷自会应对,中堂且放心。据报,两宫不久就能抵京了。"

这天,回京途中的慈禧复电李鸿章:"为国宣劳,忧勤致疾,着赏假十日,安心调理,以期早日就痊,等大局全定,荣膺懋赏,有厚望焉。"李鸿章聆旨,两目炯炯不瞑,张口似乎要说什么。

当李鸿章的老部下周馥赶到贤良寺时,他已身着殓衣,处于生命的弥留状态。周馥哭着附耳轻声道:"老夫子有何心思放不下,不忍去呢?公所经手未了事,我辈可以办了。请放心去吧!"话毕,李鸿章缓缓闭上眼睛,放心西去。

李鸿章去世当天,回銮途中的慈禧太后一行正好到了荥阳,周馥的电报接踵而至:"李鸿章中堂业经逝世了。"慈禧拿着周馥的电报,不禁失声大哭。这一哭,既是为李鸿章哀悼,也是为自己神伤:"大局未定,倘有不测,这如此重担,更有何人分担?"她下了一道懿旨:"大学士、一等伯爵、直隶总督李鸿章,器识渊深,才猷宏远,由翰林倡率淮军,戡平粤、捻诸匪,居功甚伟。朝廷特沛殊恩,晋封伯爵,诩赞纶扉内阁。复命总督直隶兼充北洋大臣,匡济时艰,辑和中外,老成谋国,具有深衷。去年京师之变,特派该大学士为全权大臣,与各国使臣妥立和约,悉合机宜。方冀大局全定,荣膺慰赏,邃闻溘逝,震悼深良。李鸿章着先行加恩,照大学士例赐恤,赏给陀罗经被,予谥文忠,追赠太傅,晋封一等侯爵,入祀贤良祠,以示笃念忠臣之意。其余饰终之典,再行降旨。"

美国《纽约时报》记者在李鸿章逝世第三天，就从北京发回一篇报道，题目为"李鸿章因和外交官争论病逝"，副标题为"和沙俄公使激烈争论后剧烈吐血"：

北京11月9日电：与沙俄驻华公使雷萨尔为中国东北条约问题激烈争论，直接导致李鸿章的逝世。美国公使馆降了半旗。致哀者和李鸿章的家属将根据中国传统为李伯爵烧纸钱，供他在另一个世界里享用。大街上挂起了致哀的旗子。所有衙门里的随从人员都穿着丧服。鼓手们在房子周围敲打着鼓。

逃亡在外的梁启超闻讯，即写下一挽联云：

太息斯人去，萧条徐泗空，莽莽长淮，起陆龙蛇安在也？
回首山河非，只有夕阳好，哀哀浩劫，归辽神鹤竟何之。

被李鸿章推荐接任直隶总督职位的袁世凯也亲书祭文，其中一段这样评价李鸿章的事功：

手平匪乱，朽拉枯摧。邻邦握手，敦睦无猜。我公之政，游刃恢恢。我公之德，山岳巍巍。出将入相，振外耀中。湘乡并驾，他人难同。天佑我朝，生此巨公。中兴伟业，青史奇功。

不久，慈禧太后又降旨："着赏银5000两治丧，原籍及立功省份，着建立专祠，并将平生事功政绩宣付国史馆立传。灵柩回籍时，沿途地方官妥为照料。任内一切处分，悉予开复；应得恤典，该衙门察例具奏。其子刑部员外郎李经述，着赏给四品京章；工部员外郎李经迈，着以五品京堂用；记名道李经方，等守丧期满除服后以道员遇缺简放。其孙户部员外郎李国杰着以郎中即补；李国燕、李国熙着以员外郎分部行走；李国熊、李国熹均着赏给举人，准其一体会试，以示笃念忠臣之意。"

清廷给了死后的李鸿章以莫大的荣誉：谥号"文忠"，追赠太傅，晋封一等侯，国史馆为他立传，在他当过官、立过功的地方建立专祠，地方官岁时致祭，列入祠典。

光绪二十九年（1903年）李鸿章的灵柩被运回合肥，葬于东乡夏小郢，即今合肥城东的大兴集。这个墓整整修了十六个月，据传墓地的墓道用从英国进口的耐火砖砌成。碑额中间刻有"清故文华殿大学士直隶总督太傅一等侯李文忠公神道碑"二十四个字。

李鸿章的一生，是传奇的一生，他曾自述为少年科第、壮年戎马、中年封疆、晚年洋务。他和曾国藩、左宗棠、张之洞（一说胡林翼）并称为"晚清四大名臣"。历史上对他的评价趋于两极，有人认为他是丧权辱国的罪人，是卖国求荣的罪臣，是"宰相合肥天下瘦"的弄权者；但也有人评价他是中国变革的先驱，是晚清朝中最早领悟到中国必须变革才能应对"三千年未有之大变局"的重臣，他大力呼吁中国"自强"，并身体力行办洋务、练海军、办外交，他尽力推动中国向近代化方向挪动，受到西方世界的尊崇。然而，历史是无情的，任何人、事都是一体两面。后世对李鸿章的评说，也必然是一言难尽，唯盼今人能借古喻今，读史明鉴，如此而已。

附录　李鸿章年表

1823年（道光三年），李鸿章出生。

1844年（道光二十四年），应顺天府乡试，考中第八十四名举人；同年与周氏完婚。

1847年（道光二十七年），中进士，列二甲第十三名，朝考后改翰林院庶吉士。同年受业曾国藩门下，讲求经世之学。

1850年（道光三十年），授武英殿编修，国史馆协修。

1853年（咸丰三年），受命回乡办理团练，助剿太平军；李鹤章随兄从军。

1855年（咸丰五年），因率团练收复庐州之功，"奉旨交军机处记名以道府用"。

1856年（咸丰六年），随同福济等先后攻克巢县、和州等地，后叙功赏加按察使衔。

1857年（咸丰七年），安徽巡抚福济奏报李鸿章丁忧，为父守制，结束为时五年的团练活动。

1858年（咸丰八年），太平军再次攻占庐州，焚毁李家祖宅。

1859年（咸丰九年），李鸿章赴江西，入曾国藩幕僚。

1861年（咸丰十一年），李鸿章原配夫人周氏卒于江西。同年奉命回乡组建淮军。

1862年（同治元年），率淮军赴沪作战，与华尔洋枪队共剿太平军。12月，授江苏巡抚。

1863年（同治二年），淮军攻克苏州，诱杀太平天国八降王，授太子少保，并赏穿黄马褂。奏准设立上海广方言馆。

1864年（同治三年），太平天国被镇压。李鸿章因功加赏一等伯爵，赏戴双眼花翎。同年，次子李经述出生。

1865年（同治四年），署理两江总督，奏请创办江南机器制造总局，标志着洋务运动开始。

1866年（同治五年），受命钦差大臣，专办剿捻事宜。

1867年（同治六年），授湖广总督，仍在军中办理剿捻。

1868年（同治七年），捻军被镇压，加太子太保衔，并以湖广总督协办大学士。

1870年（同治九年），授直隶总督兼北洋通商事务大臣，成为洋务派首领。

1871年（同治十年），与曾国藩联名致函总理衙门，奏请选派聪颖子弟赴美留学。此为中国官派留学生之始。

1872年（同治十一年），创办上海轮船招商局，实行官督商办。加赏武英殿大学士。

1874年（同治十三年），授文华殿大学士。开办多家军工、民用企业。

1875年（光绪元年），督办北洋海防事宜，着手组建北洋海军。与英国签订《中英烟台条约》。

1879年（光绪五年），美国前总统格兰特来到天津，访晤李鸿章。架设天津与大沽间的电线。

1884年（光绪十年），中法战争爆发。梁鼎芬弹劾李鸿章有"六可杀"之罪。

1885年（光绪十一年），与日本全权代表伊藤博文签订《天津条约》。与法国公使签订《中法新约》。

1888年（光绪十四年），北洋水师正式成立。

1892年（光绪十八年），办七十大寿，慈禧、光绪帝赐以厚礼。继配夫人赵氏卒于天津。

1894年（光绪二十年），甲午战争爆发，中日海军黄海大战，北洋舰队大败。

1895年（光绪二十一年），赴日议和，签订《马关条约》。失直隶总督、北洋大臣职务，投闲置散。

1896年（光绪二十二年），奉命出使俄、德、英、法、美等国。签订《中俄密约》。

1897年（光绪二十三年），授总理衙门行走，赋闲京师，居贤良寺。

1898年（光绪二十四年），奉命勘查山东黄河工程。暗中保护维新派人士。

1899年（光绪二十五年），署理两广总督。

1900年（光绪二十六年），"庚子事变"爆发。奉命北上与八国联军谈判议和。

1901年（光绪二十七年），与俄、英、德、法、美、日、意、奥、西、荷、比十一国签订《辛丑条约》。11月17日，在北京贤良寺病逝，享年79岁。